CORAÇÃO VALOROSO

OBJETIVA

MARIANE PEARL

CORAÇÃO VALOROSO

A VIDA E MORTE DE MEU MARIDO DANIEL PEARL

Tradução
S. Duarte

OBJETIVA

EDITORA OBJETIVA LTDA. Rua Cosme Velho, 103
Rio de Janeiro – RJ – CEP: 22241-090
Tel.: (21) 2556-7824 – Fax: (21) 2556-3322
www.objetiva.com.br

Capa
Romildo Gomes

Revisão
Umberto Figueiredo
Antônio dos Prazeres
Neusa Pesanha

Editoração Eletrônica
Abreu's System Ltda.

C928c

Crichton, Sarah e Pearl, Mariane

Coração valoroso: A vida e morte de meu marido Danny Pearl / Mariane Pearl e Sarah Crichton. Tradução de S. Duarte. - Rio de Janeiro: Objetiva, 2004

276 p.: ISBN 85-7302-593-X

Tradução de: *A mighty heart: The brave life and death of my husband Danny Pearl*

1. Pearl, Daniel (1963-2002) - Biografia. 2. Terrorismo. I. Pearl, Mariane (co-autora) II. Título

CDD 923

Prólogo

ESTE LIVRO foi escrito para você, Danny, porque você teve coragem para esse ato eminentemente solitário: morrer com as mãos acorrentadas, mas com o coração indômito.

Escrevi-o para fazer-lhe justiça e para dizer a verdade, e para mostrar que você tinha razão: a tarefa de transformar o mundo cheio de ódio cabe a cada um de nós.

Fiz isso porque, ao lhe tirarem a vida, os terroristas queriam também matar a mim e a seu filho, Adam. Queriam matar todos aqueles que se identificavam com você.

Escrevi este livro para desafiá-los, sabendo que sua coragem e sua flama são capazes de trazer inspiração a outras pessoas; para homenagear todos os que ajudaram e apoiaram nossa família durante aquela época horrível, criando uma ponte emocional capaz de nos sustentar.

Escrevi-o para você, Adam, para que saiba que seu pai não foi um herói, e sim um homem como os outros. Um herói comum, de coração valoroso.

Este livro é para você, para que você seja livre.

Capítulo 1

23 DE JANEIRO de 2002. Quatro horas da manhã.

Em breve o dia vai raiar em Karachi. Nos braços carinhosos de Danny, sinto-me segura. Gosto desta posição, que em inglês se chama a "posição da colher".* Ficamos como colheres numa gaveta, encostados um no outro, cada qual ajustado às formas do outro. Gosto desses doces momentos de abandono e da paz que me trazem. Não importa onde estejamos — na Croácia, em Beirute, em Bombaim —, esse é o meu abrigo. É nossa maneira de enfrentar o desafio, de encarar o caos do mundo.

Acordando, procuro as palavras corretas para descrever este lugar. Imagino que seja um castigo para todos os jornalistas ter de escrever um artigo e, ao mesmo tempo, vivê-lo. Não sei se jamais conseguirei conhecer Karachi. Desde o início desconfiei desta cidade, embora tivéssemos vindo para cá a fim de descobrir se ela merece a má reputação que tem. Antigamente era relativamente tranqüila, até mesmo sonolenta, mas na década de 1980 tornou-se um entreposto do tráfico de armas e drogas. Hoje em dia, a cidade é um enigma intrincado, ao mesmo tempo decadente e animalesca, transformada por metástase em uma capital de ódio cego e militância violenta.

O povo paquistanês está igualmente dividido. Os que nasceram em sua própria pátria odeiam os imigrantes muçulmanos que vieram da Índia quando os dois países foram separados, em 1947. Os maometanos sunitas desprezam os xiitas. Desde 1998, mais de 70 médicos foram as-

* "Spooning", no original. (N. do T.)

sassinados em Karachi, a maioria xiitas abatidos por fanáticos sunitas. E os fundamentalistas pró-Talibã, que aqui lançaram profundas raízes, detestam o resto do mundo.

Há muita gente nesta cidade, mas ninguém parece ser capaz de contar toda a população. Serão dez milhões? Doze? Catorze? A maior parte do território do Paquistão fica longe do mar, espremida entre a Índia e o Afeganistão, com segmentos das fronteiras chegando ao sudoeste do Irã e aos recantos mais distantes da China. Karachi, porém, situada na costa morena do mar da Arábia, é o principal porto do Paquistão e, portanto, atrai como um ímã os emigrantes que vêm do interior do país ou de além das fronteiras, de zonas ainda mais pobres: aldeias afegãs, Bangladesh, regiões rurais da Índia. Durante os dias, vêem-se os pobres tostando ao sol inclemente, vendendo legumes e jornais em esquinas poeirentas. À noite, desaparecem no labirinto das ruas, dando à cidade uma atmosfera que indica mau presságio. A nossos olhos, esta cidade do Terceiro Mundo brilha com luz mortiça, mas Karachi atrai os extremamente pobres como uma tocha acesa atrai os vaga-lumes.

Raramente fico acordada enquanto Danny dorme, principalmente depois que fiquei grávida. Um raio suave de luz penetra em nosso quarto e, enquanto volto a um doce torpor, esqueço pouco a pouco os mistérios de Karachi e volto para junto de meu marido neste nosso morno espaço privilegiado. Juntos, somos capazes de fazer com que a noite dure um pouco mais.

Sete horas. Danny empurra com o pé a porta do quarto. Traz café e biscoitos secos, talvez dormidos, para combater os surtos de náusea que ainda sinto de manhã. Às vezes tenho de correr ao banheiro para vomitar, logo que acordo. Danny empalidece só com o barulho. Parece tão infeliz com meu sofrimento, que eu trato de abafar o som. Ele acha que a gravidez me faz ficar melancólica. Há poucos dias, li por acaso um *e-mail* um tanto indiscreto que ele mandara para seu amigo de infância Danny Gill, na Califórnia:

> Alô!... A barriga de Mariane está crescendo bastante. Vale a pena ver. A data de chegada é maio, o lugar do impacto é

Paris. Ela sente muitas náuseas, às vezes fica melancólica, tem fome mais cedo do que o normal, se impacienta, mas só com os paquistaneses, e tem desejos sexuais quando outros sintomas não atrapalham...

Para mim também é difícil prever o estado de espírito de Danny. Não sei se é por estar prestes a ser pai, ou porque o mundo enlouqueceu nos quatro meses seguintes à destruição do World Trade Center, que destruiu também muitas certezas. Danny é o chefe do escritório do *Wall Street Journal* no sul da Ásia. Os terroristas islâmicos militantes podem atacar em qualquer parte do mundo, mas o coração (se é que pode ser chamado assim) da rede fica aqui, nesta região, e a tarefa é assustadora.

Danny e eu sempre trabalhamos juntos. Eu o acompanho na maior parte das entrevistas que faz, e ele vem à maioria das minhas. Mas não me deixo enganar. Ele é mais experiente como jornalista e trabalha para uma das mais poderosas organizações noticiosas do mundo, enquanto eu sirvo principalmente à rádio e TV estatais da França, cujos recursos mal bastam para pagar minha passagem de metrô em Paris. Nossas diferenças de experiências e de cultura, porém, nos tornam bem ajustados mutuamente. Percebemos com naturalidade quando devemos ficar calados e deixar que o outro fale.

Procuro divertir Danny para ajudá-lo a esquecer suas preocupações, e trato de fazer silêncio quando ele quer concentrar-se. Cada um provoca o outro com infindáveis debates filosóficos: sobre a verdade e a coragem, sobre a maneira de lutar contra idéias preconcebidas, sobre a forma de aprender com outras culturas e de respeitá-las. Mesmo assim, tentar compreender a natureza das atividades terroristas é lançar-se em um reino de trevas.

O dia já está ficando quente. Para me confortar, Danny me recorda que hoje é o último dia de sua missão no Paquistão. Amanhã iremos para um hotel cinco estrelas em Dubai e descansaremos nas areias do golfo Arábico. Não é o caminho mais direto para nossa casa em Bombaim, mas o Paquistão e a Índia estão em conflito e não existe conexão direta entre esses dois países vizinhos. Em guerra por causa do território contestado da Cachemira, nas cadeias de montanhas do Himalaia, os dois levaram sua animosidade histórica a tal ponto, que o mundo receia que um deles lance um ataque contra o outro. Tanto o Paquistão quanto a Índia utilizaram a Cachemira como pretexto para justificar recentes aumentos de sua capacidade bélica. Ambos possuem armas de destruição em massa e ambos dão mostras de estar dispostos a usar essas armas. Penso nos policiais de Karachi, que patrulham as ruas vestidos com uniformes andrajosos, sem outras armas a não ser seus cassetetes.

A tensão é palpável. Podemos senti-la nas vozes de nossos amigos paquistaneses. No dia 24 de dezembro de 2001, ocasião rara em que coincidiram o Natal, a Hanukkah e o Eid-ul-Fitr, o fim do Ramadã, Danny recebeu uma nota de um amigo nervoso em Peshawar, cidade relativamente instável na fronteira entre o Paquistão e o Afeganistão:

> Feliz Eid e Natal para você. Por favor, dê notícias de sua mulher. Os exércitos indianos estão preparados para lutar contra nós, mas não sabem que os muçulmanos sacrificarão suas vidas pelo Islã. Em caso de guerra, a Índia ficará dividida em muitos pedaços e os muçulmanos sofrerão.
>
> Minhas preces são para que DEUS proteja meu país de seus inimigos.
>
> O clima no Paquistão, e especialmente em Peshawar, não é bom para os negócios... Por isso termino pedindo que Deus continue a olhar por nós e por toda a família de vocês.
>
> Com meus melhores votos,
> Wasim*

Wasim é diretor de uma fábrica de massas comestíveis. Danny o conheceu há dois anos no aeroporto de Teerã. Muçulmano muito con-

* Esta nota aparece no original escrita em inglês incorreto. O mesmo ocorre em alguns outros textos ao longo do livro, sobretudo em *e-mails* enviados pelos seqüestradores de Daniel Pearl e algumas das cartas dirigidas a Mariane Pearl por pessoas cuja língua materna não é o inglês. Nesses casos, o tradutor julgou inútil tentar transpor essa linguagem para o português, limitando-se a traduzir o sentido óbvio sem se preocupar com a gramática e sintaxe dos redatores. Da mesma forma, o original contém a transliteração dos nomes próprios paquistaneses segundo a grafia da língua inglesa, que o tradutor apenas adaptou para o alfabeto português, conservando, no entanto, letras como o "K", como em "Karachi", e o "W", como no nome "Wasim", pois essa é em geral a maneira pela qual as pessoas originárias dessa região do mundo costumam transliterar seus nomes no Brasil. (N. do T.)

servador, Wasim desconfia dos ocidentais em geral, mas fomos visitá-lo em dezembro passado e ele nos tratou como hóspedes especiais, conquistando-nos com guloseimas locais, carnes grelhadas e doces, convidando-nos a visitar os mercados durante o Ramadã. Passando por uma loja, pegou um par de sapatos de saltos altos que nenhuma esposa muçulmana de respeito ousaria usar, e insistiu em comprá-los para mim. Em outra noite, tivemos a honra de ser convidados para jantar em casa dele, uma mansão de dois andares num bairro populoso da cidade. Logo que chegamos, Danny desapareceu numa nuvem de homens, enquanto sete mulheres se juntavam para cuidar de mim. Sentadas em tapetes, com as pernas cruzadas e tendo retirado os véus, esquadrinharam-me com curiosidade intensa, sem pedir desculpas, enquanto me faziam comer três pratos de almôndegas de carne com arroz.

Danny respondeu a Wasim:

> Desejamos feliz Natal, Hanukkah e Eid. Mariane e eu vamos levar meu colega e nosso fornecedor de tapetes para um jantar de Natal. Assim, seremos três muçulmanos, dois judeus e um budista, o que pode parecer o começo de uma piada de avião, mas talvez seja uma boa maneira de desejar paz na Terra ou, pelo menos, na Cachemira. Danny.

Estamos hospedados em casa de uma boa amiga e colega de Danny no *Wall Street Journal*, Asra Q. Nomani, mulher muito pouco convencional. Muçulmana nascida na Índia, Asra cresceu no estado americano de West Virginia, e está em Karachi para terminar as pesquisas para um livro que está escrevendo sobre o tantra. Em geral, tantra se refere às práticas sexuais ilustradas no *Kama-sutra*; Asra afirma estar tratando de seu aspecto espiritual. É uma mulher de baixa estatura e feminina, porém de físico atlético e muito bonita. Tem uma beleza afirmativa: os cabelos escuros caídos até os ombros brilham por causa do óleo que os indianos usam para massagens diárias na cabeça, e as maçãs do rosto, amplas e salientes, dominam sua fisionomia, assim com os olhos negros, tão grandes, que em repouso ela se assemelha a uma antiga imagem de Saraswati, a deusa que possui todos os ensinamentos dos Vedas, desde a sabedoria até a devoção. Neste mundo, porém, Asra se coloca atrevidamente na vanguarda. Em geral, as mulheres solteiras em Karachi não moram sozinhas, mas isso não foi problema para Asra, que alugou uma casa enorme num bairro com o estranho nome de Fase Defensiva 5.* Mais do que isso, recentemente se apaixonou por um homem da elite paquistanesa, nove anos mais jovem do que ela. É um rapaz bonito, que imediatamente me pareceu um tanto vazio.

Para nos acolher, Asra plantou flores na entrada da casa, que fica em um condomínio fechado, um dos mais luxuosos de Karachi. Nele, as casas são vigiadas por um grupo de homens raquíticos, que se revezam numa guarita cuja finalidade é protegê-los do constante calor. Os moradores são pessoas de cargos elevados no exército ou no governo, ou talvez no crime organizado. Diz-se que o terrível gângster Daud Ibrahim, considerado um bárbaro sanguinário, possui uma propriedade nesse bairro. Danny tinha a idéia de fazer uma matéria sobre ele para o jornal.

Dentro da casa, Asra preparou para nós um verdadeiro quarto de lua-de-mel. Temos flores e velas aromáticas de pinheiro, um frasco de óleo de massagem e outro de espuma de banho. À esquerda de nossa cama, uma pequena janela com tela de metal dá para um pátio e por ela se vê um cômodo com uma cama de armar ao lado de uma corda onde estão penduradas roupas infantis. Ali ficam os empregados da casa, Shabir e Nasrin, que também poderiam ser considerados parte dos móveis e utensílios, pois Asra os contratou quando alugou a casa. Visitei o quarto deles. Nada possuem. Dormem no chão, e a filhinha ainda muito pequena, Kashva, que parece uma bonequinha de cabelos curtos, se deita aninhada entre os dois. Nasrin está grávida. Não ouso acrescentar "como eu", pois os destinos de nossos filhos serão muito diferentes.

Danny fecha a cortina, ocultando a cena, com um gesto perfeitamente simbólico da maneira pela qual em toda parte tratamos da pobreza. Nosso quarto de lua-de-mel já parece ter sido atravessado por um pé-de-vento. É a forma característica de Danny quando chega para hospedar-se em algum lugar. Abre a mala e espalha todo o conteúdo. Meias. A revista francesa em quadrinhos que ele usa para aprender meu idioma natal (e que o diverte muito). Apetrechos de barbear. O bandolim acha-

---

* "Defense Phase 5", no original. (N. do T.)

tado, feito à mão em Bozeman, Montana, mais fácil de carregar do que o violino. No andar de cima, as ferramentas de seu ofício já tomaram conta do escritório de Asra: um *laptop*, um Palm Pilot com o teclado especial que Danny usa quando viaja, diversos aparelhos eletrônicos, uma máquina fotográfica digital, pilhas de recibos de despesas e blocos de notas da marca Super Conquérant, que ele compra às dúzias nas papelarias em Paris.

Danny sai do banheiro vestido de cuecas, com o telefone celular na mão. É um desses raros homens cujos olhos, de um verde amendoado, sempre os denunciam; é incapaz de ocultar o que quer que seja, especialmente quando está com ânimo brincalhão. Sorrio, porque o acho bonito e porque meu amor por ele é total. Sem largar o telefone, ele desliza sob o lençol. Cuidadosamente, coloca-se sobre meu corpo e alcança minha barriga arredondada, começando uma conversação particular com nosso filho numa língua que somente eles dois conhecem. Compreendo apenas que promete muitas coisas para o momento em que ele aparecer. Meus dedos se entrelaçam em seus cabelos castanhos e espessos.

Danny costuma ir aos cabeleireiros mais inesperados. Frase engraçada, essa. Quanto mais pitoresco for o salão, mais feliz ele fica. Na maioria das vezes os barbeiros não falam nada de inglês, mas dessa forma sempre se pode esperar um resultado surpreendente. É assim que Danny encara o mundo: com confiança. Quando nos mudamos para Bombaim em outubro de 2000, a primeira coisa que ele fez foi ir ao cabeleireiro em nossa ruela. Talvez fosse a primeira vez em que o homem cortava os cabelos de uma pessoa da raça branca, mas possuía uma antiga cadeira de barbeiro com assento de couro claro e sujo e braços estofados de vermelho. Sentei-me num banco logo atrás de Danny, observando o trabalho pelo espelho. Tudo era silêncio, exceto o zumbir das moscas e o tinir da tesoura. De repente, percebi que aquele lugar não era para mulheres. Bem, pensei, a culpa é do hiato cultural; vou ficar aqui mesmo. O barbeiro começou a massagear a cabeça de Danny com tanto vigor, que a fazia balançar para a frente e para trás. Danny parecia estar envergonhado e evitava me olhar pelo espelho. Comecei a rir nervosamente, até meus olhos lacrimejarem. Mas logo senti que eram lágrimas de verdade ao assustar-me com a idéia de que íamos morar ali mesmo, naquela mesma ruela, cheia de ratazanas, onde as mulheres não eram bem-vindas e onde todos pareciam carrancudos, rígidos, frios. Ali eu ia ser estrangeira, alguém de fora.

Danny ainda está conversando com o "Embrião", que é como o chamamos; acho que está dizendo que ele vai ser menino. Ficamos sabendo disso na véspera da viagem a Karachi, numa clínica sofisticada em Islamabad, a capital do Paquistão, onde não apenas fazem ultrasonografias pré-natais, mas também afirmam ser capazes de influenciar o sexo da criança.

"MENINO! É UM MENINO! VIVA, VIVA! *Rock and roll*!! TREPADA BOA, MEU CHAPA! Nós somos CRAQUES, amigo! Nós sabemos TREPAR!" Foi esse o *e-mail* que Danny mandou para Danny Gill. "Não me entenda mal, uma menina também seria ótimo. Mas É UM MENINO! ORA VIVA! ORA VIVA! ESTE MUNDO É DOS HOMENS!!!"

Na verdade, me sinto um pouco estranha, com o sexo masculino dentro de mim. Quando digo isso a Danny, os olhos dele se iluminam, como sempre acontece quando ele vai fazer uma brincadeira.

— Ora essa, querida — diz ele — foi assim que isso começou...

Hoje de manhã, Danny está mais solene.

— É incrível como a gente é capaz de amar alguém que ainda não conhece — admira-se ele. Diz que pretende estudar toda a *Enciclopédia Britânica* para poder responder às perguntas que as crianças sempre fazem, como "Por que é que o céu não cai?".

Danny se levanta e acaba de se vestir. Os óculos lhe dão uma aparência de seriedade, e no trabalho ele sempre se veste com discreta elegância. Talvez tenha um fraco por gravatas bonitas, mas em nada se parece com um *baroudeur*, um desses jornalistas aventureiros vestidos com roupas de safári, prontos para agir.

Estou resfriada. A temperatura já está em 35ºC, mas estou resfriada e tenho dor de cabeça. Hoje à noite, vai haver um jantar na casa e não tenho vontade de fazer nada. Vou precisar de toda a minha energia para a entrevista que preciso gravar para a rádio francesa, com o diretor de uma organização que procura proteger mulheres da violência doméstica. Assim como na Índia, onde esse horrível problema recebeu maior atenção, os abusos domésticos proliferam aqui, com uma quantidade assustadora de mulheres que apanham dos maridos ou coisa pior — vítimas de ataques com ácido e até mesmo queimadas vivas.

O programa de Danny para aquele dia está especialmente frenético, com encontros seguidos, como aviões estacionados lado a lado num aeroporto movimentado. Sempre é assim no último dia de uma missão: há muito mais entrevistas a fazer, muitas pistas a seguir. Entre outros compromissos, ele terá de visitar um perito em crimes cibernéticos, alguém no consulado dos Estados Unidos e um representante da Agência Federal de Investigações do Paquistão (FIA). Tem encontros marcados com o diretor do Departamento de Aeronáutica Civil para falar de vigilância das fronteiras, pois o Paquistão está tentando evitar que os terroristas transformem Karachi em esconderijo privilegiado. Mais urgente do que tudo o mais, está investigando ligações entre Richard C. Reid, o detestável homem da bomba no sapato, e um sacerdote muçulmano radical em Karachi.

Desde a fracassada tentativa de Reid de explodir um avião num vôo entre Paris e Miami em 22 de dezembro, vários fatos ficaram comprovados, especialmente o seguinte: Reid agia por ordem de alguém da rede Al Qaeda no Paquistão, muito possivelmente nesta cidade. Ele deveria ter tomado um vôo no dia 21 de dezembro, mas foi interrogado no aeroporto em Paris durante tanto tempo, que mandou um *e-mail* para alguém no Paquistão, perguntando: "Perdi o avião, que devo fazer?".

A resposta anônima foi: "Trate de pegar outro tão logo possível."

Quem seria a pessoa no Paquistão? O jornal *Boston Globe* informou que Reid havia estado na casa do xeique Mubarak Ali Shah Gilani, em Karachi, líder espiritual aparentemente respeitado. Mas Gilani seria mais do que um conselheiro espiritual para Reid? Teria sido ele quem o mandara viajar no vôo de Paris a Miami? Depois de várias semanas procurando chegar a Gilani por meio de intermediários, Danny finalmente parece ter conseguido marcar uma entrevista com ele. Devem encontrar-se no fim da tarde.

Nos compromissos da manhã de hoje, Danny deverá estar acompanhado por um novo "intermediário", um homem chamado Said. Os intermediários são indispensáveis aos correspondentes. Em regiões onde tudo precisa ser decifrado, desde os discursos governamentais até a linguagem corporal, eles servem de tradutores multidimensionais. São também guias. Said não está começando bem. Acaba de telefonar para dizer que está perdido. Isso preocupa Asra.

— Que intermediário é esse, que nem sabe andar em Karachi?

Said é repórter do *Jang*, o maior jornal em língua urdu. O jornal diz ter cerca de dois milhões de leitores, isto é, segundo Danny, a mesma tiragem do *Wall Street Journal*; mas as comparações terminam aí. Finalmente Said chega, com uma hora de atraso. O que mais chama a atenção nele, além da camisa xadrez de estilo ocidental e calças com vinco, é o nervosismo que aparenta.

Depois que Danny sai, a grande casa fica em silêncio. Do outro lado da rua, papagaios de um verde intenso tagarelam, agradável mudança em relação aos corvos negros e topetudos que constituem inevitável companhia no sul da Ásia. Na sala principal, Nasrin varre o chão agachada, com uma vassoura caseira de gravetos amarrados com um cordão. A filha, Kashva, a segue como uma pequena sombra. Minhas tentativas de cativá-la acabam por assustar a menina, mas Danny a fascina, pois as crianças sempre o acham mais atraente do que eu.

Minha dor de cabeça me aterra. Recordo nostalgicamente o tempo em que podia tomar aspirina. Volto a nosso quarto para repousar um pouco e sonhar com Danny, que está trabalhando na cidade. Adoro a maneira pela qual a camisa que ele cuidadosamente passa a ferro de manhã invariavelmente acaba amarrotada e fora das calças à tarde. Danny invade os escritórios dos outros, sempre com as mãos cheias de coisas, equilibrando o gravador portátil, blocos de papel, canetas e documentos que saem de envelopes pardos. Ele conquista as pessoas com grande naturalidade. Creio que é por causa de uma sutil combinação de sua infantilidade com boas maneiras. Ou será porque Danny jamais mente?

No início de seu trabalho no *Wall Street Journal*, ele ficou conhecido por suas deliciosas chamadas de primeira página, pequenos trechos que o jornal coloca em uma coluna no meio da página. Uma vez falou do maior tapete do mundo, que estava sendo tecido no Irã ("É uma cidade pequena em busca de um assoalho grande de verdade"). Em Astracã, escreveu sobre os vendedores de caviar que aumentam a produção injetando hormônios nos esturjões para que produzam mais ovas, mais tarde colhidas com uma espécie de cesariana para peixes ("Assim nasceu a cirurgia com sutura sem pontos para os esturjões"). Danny é capaz de construir uma narrativa inesperada a partir das coisas mais corriqueiras.

Mas o que mais admiro é a maneira pela qual Danny aprofundou e ampliou suas reportagens nos anos recentes. O território que ele explora agora é menos previsível. O mundo que percorre é cheio de opiniões estreitas e conflitantes. Esquadrinha becos, liga os pontos de contato, explica os "efeitos borboleta", isto é, como o menor movimento em algum lugar pode ter conseqüências importantes em outra parte. Vejo Danny crescer e assumir responsabilidades como jornalista e como homem. Está cada vez mais genuinamente interessado num mundo que abarca de maneira ambiciosa. Faz-me acreditar no poder do jornalismo.

Há um ano, em Bombaim, sob a forte influência espiritual da Índia, puxei minha cadeira de escritório para perto da escrivaninha de Danny e perguntei qual o valor que ele considerava mais essencial — em outras palavras, qual era, em sua opinião, sua religião pessoal. Não falava de uma religião herdada de alguma tradição, mas dos valores que ele colocava acima de qualquer outra coisa. Danny, que na ocasião estava trabalhando em um artigo sobre produtos farmacêuticos, disse que compreendia a pergunta e que ia pensar. Poucos minutos mais tarde, aproximou sua cadeira da minha.

— Ética — declarou, com ar de triunfo. — A ética e a verdade.

Logo sua convicção foi testada, quando foi ao estado de Gujarat, no norte da Índia. A região sofrera um forte terremoto, com muitas vítimas. Nem eu nem ele havíamos antes feito reportagens sobre desastres naturais, e, ao chegarmos próximo ao epicentro, o horror tomou conta de nós. A crosta terrestre parecia ter-se esfacelado sob a ação da poderosa força, e era fácil perceber que centenas de vítimas estavam soterradas pelos escombros. Observamos em silêncio a retirada de um cadáver. Por toda parte, sentia-se o odor da morte.

Eu fazia parte de um grupo de repórteres para uma publicação francesa. Ao mandar meu artigo, um dos redatores achou que minhas descrições não eram "suficientemente vívidas" e tratou de inventar uma série de detalhes cintilantes. Voltando a Bombaim, Danny e eu jantamos com essa pessoa. Era um repórter mais experimentado, no entanto, somente falava do desprezo que sentia pelo jornalismo. Falava de ilusões e mentiras, do noticiário em termos de espetáculo. Parecia completamente indiferente a qualquer sentimento de responsabilidade, sem nenhuma consideração com a verdade. Dava a impressão de estar semimorto.

Após o jantar, Danny sentou-se a sua escrivaninha, onde ficou muito tempo, com a cabeça entre as mãos, deprimido. Já havia escrito um artigo sobre as conseqüências econômicas do terremoto, mas não fora capaz de esquecer o mau cheiro dos corpos em decomposição nem a sensação de que não tinha conseguido descrever de maneira adequada o que vira. Por isso, acrescentou:

> Como é a zona de terremotos na Índia, na realidade? Cheira mal. Dá náuseas. Não se pode imaginar o mau cheiro de várias centenas de cadáveres que se decompõem durante cinco dias, enquanto as brigadas de busca vão retirando os escombros de prédios nesta cidade. [...] Fala-se em vários totais de mortos — 25 mil, 100 mil —, mas ninguém sabe, na verdade. E não é somente devido à quantidade que a imprensa do mundo inteiro veio para cá. A AIDS vai matar um número maior de indianos neste ano, mas não terá a mesma cobertura. No estado de Orissa, na Índia, já surgem relatos de fome generalizada por causa da seca. No Afeganistão, os refugiados morrem de frio nos acampamentos. Mas o terremoto significa morte súbita, que é uma história muito mais atraente. [...]

Deitada em nossa cama na exótica casa de Asra, esperando passar a dor de cabeça, folheio ao acaso um caderno de notas em que comecei a escrever há três semanas, da última vez em que estivemos aqui. Comemoramos o Ano-novo com Asra e seu jovem amante, e eles nos levaram a inúmeras festas pouco interessantes, nas quais todos se vestiam de preto, como em Nova York ou Bombaim. No carro, entre um lugar e outro, tomei notas (e a irregularidade de minha letra mostra o entusiasmo crescente do Namorado):

> Karachi, 31 de dezembro de 2001, 22h45. Três jornalistas que vão passar a noite de Ano-novo em Karachi. Os três estão

apaixonados. Felizes. [...] Alguma apreensão pelo que possa acontecer em 2002? Nem uma palavra que possa indicar temores. Se mencionamos o nome de bin Laden, é só para fazer piadas.

Cheguei de Paris nesta manhã. Atravessei meio mundo para estar junto de meu amado marido com o bebê que vai chegar. Trouxe um pouco de queijo de minha loja de artigos finos preferida, em Montmartre, e um pouco de uísque escocês para Danny, numa garrafinha.

Este camarada dirige feito um louco. [...]

Danny volta para casa antes das quatro da tarde, para me ver rapidamente. Como de costume, corro para ele e aperto meu rosto contra seu pescoço. Ali me deixo ficar, querendo embriagar-me com seu cheiro, querendo sentir seu suor. Não quero estar longe dele. Às vezes, quando saio, ao voltar o encontro à porta da rua, à minha espera. Ele me abraça e me diz que teve saudades. Me aperta com uma das mãos e com a outra acaricia meu rosto, dizendo:

— Minha mulher, minha vida.

De vez em quando, gosto de afastar-me dele por alguns dias apenas, só para saborear essa sensação que temos — dolorosa, mas deliciosa — da ausência do ser amado. Só pelo prazer de vê-lo novamente, quando ele vem me buscar no aeroporto. Ou de ler os *e-mails* que ele me manda de alguma parada no caminho, pelo simples prazer de ouvi-lo dizer "Estou chegando". Somente quando estou outra vez em sua companhia é que me sinto inteira.

Em termos convencionais, não sou boa esposa. Não sei costurar nem passar a ferro. Só consigo cozinhar um único prato, e nunca me lembro de comprar papel higiênico. O bom é que Danny não parece notar (exceto no caso do papel higiênico). Nossa cumplicidade se enriquece a cada dia, feita de momentos difíceis, novos desafios, alegrias genuínas. Danny adora orgulhar-se de mim. Em outubro passado, no festival de cinema em Montreal, ganhei um prêmio por um documentário controvertido que fiz para a televisão pública francesa e alemã sobre a averiguação genética feita por Israel. Segundo a Lei de Regresso israelense, praticamente qualquer judeu tem o direito de regressar à terra ancestral. Mas como dizer se alguém é realmente judeu? Para poder saber quem possui as qualificações, as autoridades do país usam testes de DNA, a fim de verificar as características genéticas dos candidatos. Meu filme explorava as implicações políticas e sociológicas desse processo, que são confusas e perturbadoras. No momento em que soube da notícia, Danny, que estava no Kwait, me mandou um *e-mail*: "Minha querida ganhou um prêmio!", assinado: "Marido Orgulhoso."

É hora de partirmos. Estou atrasada para minha entrevista com o perito em violência doméstica; Asra tem algumas coisas a fazer antes do jantar, e Danny precisa ir ao escritório central da Cybernet, um provedor de internet, para ver que informações poderá conseguir sobre os *e-mails* de Richard C. Reid. Dali irá a mais dois encontros marcados, até que finalmente chegue ao misterioso xeique Gilani. Corremos todos pela casa, enchendo as bolsas com nossos apetrechos — gravadores, telefones celulares, blocos especiais de notas, computadores de mão. Como é possível que numa casa tão grande ainda nos atrapalhemos uns aos outros?

Asra liga para o hotel Sheraton, a fim de que mandem um carro para cada um de nós. Em Karachi, não é bom arriscar. Segundo o protocolo convencional, deve-se contratar um carro e chofer de confiança para levar-nos aos compromissos, e esperar-nos em cada parada. Embora já tenha viajado pelo mundo inteiro e feito reportagens nos lugares mais perigosos, Danny continua a acreditar na segurança. É por natureza um homem cauteloso. Quando nos mudamos para Bombaim, ele quase enlouqueceu o concessionário de nosso automóvel ao fazer questão de mandar instalar cintos de segurança no banco de trás de nosso Hyundai Santro. *Como, no banco de trás?* O homem achou engraçado; Danny achava indispensável.

O Sheraton não tinha carros disponíveis. Isso nunca havia acontecido antes. Asra tentou outro serviço de aluguel de carros e motoristas, mas também nesse a espera seria longa, pelo menos 20 minutos. Se esperarmos tanto tempo, Danny chegará tarde ao primeiro encontro, o que comprometeria o segundo e ameaçaria o terceiro. Desesperados, mandamos Shabir, o empregado, trazer dois táxis da esquina. Como se isso os fizesse chegar mais depressa, Danny saltita nas pontas dos pés. Olha repetidamente para o relógio de prata que lhe dei de presente em seu último aniversário, quando fez 38 anos. Finalmente Shabir reaparece em sua bicicleta, trazendo dois táxis. Aceno a Danny para que tome o primeiro, pois ele está mais apressado. Depois de jogar a bolsa para dentro do carro, ele me segura pelo pescoço com a mão, puxa-me para junto de si e beija meu rosto. Depois mergulha no assento de trás do táxi.

Em poucos segundos, Danny desaparece.

Capítulo 2

Eu cozinho no máximo duas vezes por ano, e sempre o mesmo prato, o único que minha mãe, Marita, que era cubana, conseguiu convencer-me a aprender. O *picadillo* que ela fazia é um prato de carne moída perfeitamente equilibrado, confortador e surpreendente, com passas e pedaços salgados de alcaparras escondidos entre o picadinho e os tomates e as cebolas. Neste país muçulmano, não é possível comprar a carne de porco que geralmente misturo, mas neste jantar haverá tudo o mais — feijão-vermelho em vez do mulatinho, banana-da-terra, abacate e arroz branco. Acho que é o prato certo para levar um pouco do orgulho latino à atmosfera pesada de Karachi e para comemorar nossa iminente partida. Durante vários meses, estivemos concentrados em terrorismo, guerra, ódios religiosos e étnicos. Estivemos mergulhados nisso e agora precisamos respirar um pouco.

Esta noite, na casa de Asra na rua Zamzama, os convidados serão alguns de seus novos amigos, a maioria dos quais ela conheceu por intermédio do Namorado. São paquistaneses jovens, bonitos e ricos, analistas financeiros de companhias multinacionais, corretores, gente do mundo da alta tecnologia. Asra está especialmente contente, porque um dos convidados é um senhor feudal, "de verdade". É um rapaz bem-nascido, de família antiga, herdeiro de uma das que têm controlado esse território desde que os colonialistas britânicos o exploraram há mais de dois séculos. É claro que o mundo moderno modificou o antigo sistema feudal, que evoluiu desde a formação relativamente recente do Paquistão. Mas ainda me parece bárbaro que os senhores feudais continuem a exercer autoridade quase divina sobre os camponeses, limitando o acesso à instrução, a um sistema jurídico decente e, naturalmente, à terra.

Ouvimos dizer que a família de nosso convidado possui cerca de 60 mil hectares nesta província, o que é notável, pois a reforma agrária deveria ter limitado a propriedade fundiária a no máximo 370 hectares.

O rapaz está noivo, mas somente pode ver a noiva entre sete e nove da noite, quando acompanhado, e por isso virá sozinho. Quanto aos demais, tenho dúvidas sobre diversos deles, mas Asra é solteira e está procurando organizar sua vida em Karachi. Dois dois dias atrás, ela se sentia tão infeliz, que parecia prestes a desistir e ir embora do país. O que a fez resolver ficar foi o entregador que veio trazer o *biryani* de galinha que ela encomendara. O rapaz tinha jurado entregar o pedido dentro de meia hora, e ela duvidou.

— Oh, claro, *inshaallah* — disse ela, encolhendo os ombros em sinal de derrota — se Deus quiser. — Mas ele chegou dois minutos antes do prazo.

— Você é extraordinário! — disse Asra. — Você me salvou de abandonar o Paquistão.

O pobre entregador não tinha idéia do que ela estava dizendo, mas o motivo era o seguinte:

— Considerei aquilo um sinal de Deus. Ele me deu esperanças de que esta sociedade é capaz de ser eficiente. — Assim, resolveu ficar.

Acabei compreendendo que Asra segue uma lógica própria.

Talvez seja por causa da diferença de suas duas identidades. Nascida na Índia, de pais muçulmanos, e tendo crescido em Morgantown, no estado de West Virginia, ela carrega as cicatrizes psíquicas comuns a todos os que arrancaram suas raízes de um país e terminaram por descobrir que não é fácil transplantá-las para outro. Em Morgantown (considerada numa pesquisa "a melhor cidade pequena a leste do Mississippi"), ela ajudou o pai a abrir a única mesquita da cidade. Nada fácil. Em 1992, concordou em regressar ao Paquistão para casar-se com um muçulmano. Também não era coisa fácil, como se pode imaginar.

O pai do homem com quem ela se casou sentou-se com Asra durante a lua-de-mel e descreveu sua nova identidade.

— Em primeiro lugar, você é muçulmana. Em segundo, é paquistanesa. Em terceiro, sua língua é urdu.

Asra sentiu-se como uma gata de coleira. Procurou ser uma boa recém-casada. Fez todas as visitas, falando pouco e tratando de fazer-se bonita, com sapatos dourados de Stuart Weitzman.*

---

* Marca de luxo, conhecida nos EUA por seus modelos extravagantes. (N. do T.)

O casamento durou menos de três meses.

Asra estava outra vez morando em West Virginia quando, como diz ela, "a região em que eu tinha nascido de repente se tornou o centro do mundo", e sentiu-se obrigada a regressar e relatar a história. Como estava de licença no *Wall Street Journal*, ofereceu-se a duas outras publicações: a revista Salon.com, na internet, e o *Dominion Post* de Morgantown.

Os artigos para o jornal de sua cidade são escritos em forma de cartas aos colegas de colégio de Samir e Saffiah, seu sobrinho e sobrinha queridos, e os personagens principais são Merve e Blink. Merve é um pequeno unicórnio de pelúcia, e Blink é... bem, é difícil dizer. Talvez um asno. Esses animais de brinquedo viajam com Asra por todo o sul da Ásia, e pelo Himalaia até Allahabad. Chegaram mesmo ao Afeganistão, porém não por muito tempo.

Logo que foi permitido aos jornalistas cruzar a fronteira entre o Paquistão e o Afeganistão, no final de outubro e em novembro, Asra resolveu também enviar reportagens da frente de batalha, mandando para o *Dominion Post* as aventuras de Merve e Blink a caminho de Kabul. Os despachos de Asra sempre são ilustrados com uma foto de Merve e Blink no lugar da ação, e por isso, já tendo penetrado um quilômetro em território afegão, ela parou para tirar os dois bichinhos da sacola, a fim de fazer a fotografia. Ao erguer os olhos, viu afegãos ameaçadores, apontando para ela os rifles Kalishnikov. Pouco depois, os guias começaram a mostrar-se intratáveis e rudes, com ar de desprezo. A expressão dos olhos deles a aterrorizou. Era uma mulher viajando sozinha, num país onde por mais de cinco anos não se via um rosto de mulher descoberto. Asra voltou, chorando lágrimas de frustração até o Paquistão.

Pode ser que de vez em quando ela seja irresponsável, mas acho encantadora sua fantasia. Quem mais arriscaria a vida para levar dois animaizinhos de pelúcia ao Afeganistão?

Danny ainda está em seu encontro da tarde, mas já acabei a entrevista com o perito em violência doméstica. Ao sair de meu compromisso, vejo à minha espera o corpulento motorista de táxi que me trouxe. Anteriormente, ao me colocar no táxi, Asra ordenara peremptoriamente: *"Kheyal karoe"*, cuide bem dela; e ele, aparentemente, pretende fazer exatamente isso. A maioria dos paquistaneses pertence a um destes quatro grupos étnicos: Punjab, Baluch, Sindh ou Path. Meu chofer é da etnia Path, barbado, de ombros e sorriso largos. A intervalos regulares, ele me examina pelo espelho retrovisor e pergunta:

— *Teek hay?*

Sim, estou bem. Minha cabeça ainda dói, mas vou sobreviver.

Asra e eu precisamos fazer compras para o jantar de hoje à noite, e o bondoso chofer vai comigo buscá-la e em seguida vamos ao Agha, uma mercearia freqüentada por estrangeiros e pela elite de Karachi. É muito mais fácil fazer compras aqui do que em Bombaim; encontramos tudo o que é necessário. Enquanto enchemos nossas cestas, conversamos sobre o virulento sentimento antiamericano que se percebe no ar. Isso está nos enervando. É uma coisa sistemática, que pouco tem a ver com os fatos ou com sua análise. Vê-se nas pessoas, e não apenas nos islâmicos conservadores. É uma raiva bem-comportada, um bom assunto de conversa para os amigos do Namorado, descansando num fim de semana na Praia Francesa do mar da Arábia. Esta noite, em nosso jantar, vestidos com ternos Armani, trazendo cartões de crédito da American Express nas carteiras, não deixarão passar a oportunidade de externar seus sentimentos, sem se preocupar com os nossos. Asra e eu estamos nos transformando em duas patriotas pouco comuns, mesmo sabendo que os americanos estão fazendo o possível para transformar a cultura em uma caricatura.

Enquanto fazemos compras, Danny chama pelo telefone. Acabou seu encontro na Cybernet.

— Acho que encontrei o endereço eletrônico do homem da bomba no sapato — diz ele, entusiasmado. Está a caminho de seu compromisso das sete horas, se atrasará um pouco para o jantar, mas acha que chegará antes das nove. Diz que me ama muito e me chama "querida".

A conversa é curta. Em Karachi, tudo é correria no fim do dia. Os camelôs se concentram, o tumulto do tráfego piora, os crentes saem das mesquitas, e a cidade, predominantemente masculina, fica ainda mais cheia de gente. Imagino Danny em algum lugar nessa massa de seres humanos, ansioso por gravar mais uma voz antes que termine o dia. Sorrio, pensando em seu entusiasmo juvenil.

Antes, ele havia estado com Randall Bennett, encarregado da segurança regional no consulado dos Estados Unidos em Karachi. O consulado é um conjunto de prédios um pouco afastados da rua, ocultos por barreiras de concreto, ao lado do hotel Marriott. Ali, pediu conselhos a Bennett para seu encontro com o xeique Gilani.

— Será seguro? — perguntou Danny.

— Respondi que a única maneira segura para ele seria que a conversa fosse em um lugar público movimentado — recordou Randall mais tarde. — Ele disse que pretendiam encontrar-se no restaurante Village e que estava satisfeito com isso. Concordei.

Danny encontrou-se então com Jamil Yussuf, homem de negócios de grande sucesso em Karachi, que preside uma organização pouco corriqueira, chamada Comissão de Ligação Polícia-Cidadãos (CLPC). Yussuf organizou o grupo em 1989, indignado com a onda de seqüestros que ameaçavam a comunidade de negócios. A polícia de Karachi era ineficiente no combate a essa ameaça e, por isso, Yussuf mobilizou colegas, transformando-os em um grupo sofisticado de lutadores contra o crime. O CLPC tratou de 275 casos de seqüestro desde sua instalação, e os casos foram reduzidos em 75 por cento.

Se alguém conhece os riscos de Karachi, esse alguém é Yussuf.

— É seguro encontrar Gilani? — perguntou Danny.

— Desde que você fique em lugar público — respondeu Yussuf.

Danny em seguida chamou Asif, o intermediário que usara anteriormente em Islamabad. Foi Asif quem originalmente o pôs em contato com a pessoa que prometera levá-lo ao sacerdote. Às seis e meia, Danny perguntou a Asif:

— É perigoso encontrar Gilani?

— Depende de onde seja o encontro — respondeu Asif. — Mariane também vai?

Danny disse ao chofer do táxi que o deixasse no restaurante Village, próximo ao hotel Metrópole. Nas décadas de 1960 e 1970, antes que o primeiro-ministro Zulfiqar Ali Bhutto tentasse aplacar os fundamentalistas proibindo as bebidas alcoólicas e os clubes, o Metrópole era o lugar da moda para beber e dançar. Hoje em dia, é um hotel barato, para viajantes de poucos recursos. Ali Danny iria encontrar o homem que o levaria ao misterioso xeique Mubarak Ali Shah Gilani.

❋ ❋ ❋

Depois de várias semanas metida na poeira do Paquistão, quero me sentir bonita esta noite, como mulher. Tiro de minha mala o único vestido que ainda me serve e que é suficientemente modesto para Karachi. É preto, com uma espécie de *chemisier* branco de crochê; pareço um pouco com um pingüim. Asra veste calças pretas de náilon com babados nos tornozelos. Possui dez calças desse tipo. São perfeitas para estar com a elite paquistanesa — folgadas sem ser demasiado amplas, suficientemente vistosas para ir a festas, especialmente com saltos altos.

Colocamos no som o disco *Live*, de Springsteen, Asra acende velas e eu enfrento a montanha de ingredientes que me esperam na cozinha. Por volta das oito, chamo Danny ao telefone, para fazer contato. Sempre agimos assim: se um de nós vai sozinho a um encontro, o outro chama a cada hora e meia, aproximadamente, para ter certeza de que tudo está bem. O telefone dele está desligado. Pode haver dezenas de motivos para que desligue o telefone, mas ele não costuma fazer isso. "O assinante não pode ser encontrado no momento. Por favor, tente mais tarde", diz a voz feminina de robô, que em seguida repete a mensagem em urdu. Vou acabar detestando essa voz.

Os convidados começam a chegar. Entram com cigarros acesos, os homens bem barbeados e bem-vestidos, as mulheres em elegantes conjuntos pretos, com sapatos da moda e maquiagem modesta. Recebo-os com palavras de boas-vindas, mas estou preocupada. Reúnem-se na sala, falando rapidamente em urdu e em inglês, interrompendo-se com risadas. A maioria é de amigos de infância, que se sentem bem juntos. Os convidados se acomodam, com garrafas de cerveja Murree compradas em um contrabandista, e Asra cuida da sala de jantar. Estou na cozinha, cozinhando o *picadillo* além do ponto. A cada 15 minutos, ligo para Danny, e continuo recebendo o mesmo diabo de mensagem.

Asra leva o jovem senhor feudal para ver a casa. No andar de cima, mostra o agradável estúdio onde trabalha. É um cômodo de forma estranha, um paralelogramo equivocado. A escrivaninha é uma das menores que já vi, tão pequena, que o *laptop* de Danny parece grande em cima dela.

— Então, aqui é a célula da CIA? —, pergunta o rapaz, com um riso contido.

Asra não responde, mas não creio que tivesse achado muita graça na brincadeira, assim como eu, quando ela me contou mais tarde. Por que existe sempre essa suspeita de que os jornalistas sejam espiões? O jovem senhor feudal pode ter achado divertido, mas num país tenso e paranóico como o Paquistão, uma piada assim nunca é engraçada.

Já são dez horas. O Namorado, impaciente, aparece junto ao fogão.

— Ei, todos têm de trabalhar amanhã — diz ele.

Percebo que, quanto mais rapidamente levarmos os convidados para a mesa, mais depressa eles irão embora. Poucos minutos mais tarde, quase não ouço os elogios gentis dos comensais em volta da mesa. Finjo comer e sinto que estou com sorte — os convidados pouco esperam de mim. Instintivamente, ponho as mãos na barriga e em meu coração junto os três — Danny, nosso filho e eu. Esquecendo a conversa animada, rezo, pronunciando em silêncio *Nam Myoho Renge Kyo*,* o mantra budista que há mais de 18 anos venho repetindo. Para meu imenso alívio, os convidados comem rapidamente, e todos partem antes das 11, menos o Namorado.

Sem dar atenção aos restos da festa, vou ao estúdio de Asra e coloco as idéias em ordem. O Namorado se deita em um dos sofás e puxa Asra para perto de si. Abraçando-a, acende um cigarro de haxixe. Com a voz empastada, diz:

— Talvez tenham levado ele a uma *madrassa* onde não haja telefone. Ou talvez esteja fora da cidade. Quando a gente sai de Karachi, fica sem comunicação. Isso acontece.

Ele me irrita de verdade. O que ele não entende é que isso nunca aconteceu, nem no Kosovo, nem na Arábia Saudita, nem no Irã. Onde quer que Danny tenha estado, sempre encontra um jeito de chegar a um telefone para me ligar.

Asra e eu deixamos o rapaz com seu fumo e nos juntamos no computador de Danny, procurando pistas. Examinamos o calendário e os *e-mails*. "Chaudrey Bashir Ahmad Shabbir", leio em voz alta. Asra escreve o nome e o número do telefone.

---

* Título do principal ensinamento do primeiro Buda (Sidarta Gautama), conhecido como Sutra do Lótus, segundo o qual todos os seres vivos têm condições de atingir a iluminação ou o esclarecimento. (N. do T.)

Bashir. É ele quem deveria levar Danny a Gilani.

Encontramos diversos *e-mails* de Bashir nos arquivos de Danny, com o endereço eletrônico nobadmashi@yahoo.com.

— Estranho — diz Asra.

— Por quê?

— *Nobadmashi* significa "não fazer o mal" em urdu.

Toda a troca de mensagens é estranha. Examinamos todas ansiosamente, sem conseguir entender seu significado integral. Bashir e Danny evidentemente têm estado em contato há algum tempo. Em 16 de janeiro, quando estávamos em Peshawar, ele escreveu:

> Muito obrigado por seus artigos — gostei de lê-los e imprimi-os para Shah Saab [Gilani]. Ele foi a Karachi para passar alguns dias e estou certo de que poderemos vê-lo quando ele voltar. Lamento não ter respondido antes, mas estava preocupado, cuidando de minha mulher, que está doente. Por favor, reze pela saúde dela.
>
> Esperando vê-lo em breve,
> Adaab,
> Chaudrey Bashir Ahmad Shabir

Três dias depois, Danny recebeu outro *e-mail*, inusitadamente verborrágico:

> Caro Sr. Pearl,
>
> Lamento ter estado fora de contato com o senhor anteriormente... acho que perdi seu número de telefone... penso que lhe dei o número de meu irmão mais velho da última vez, mas ao voltar para casa descobri que ele tinha vendido o telefone! Pedimos uma linha e logo que paguemos às "pessoas importantes" poderemos consegui-la. O Paquistão é assim mesmo! Minha mulher voltou do hospital, *alhamdolillah*,* e tudo isso foi muito revelador. Os pobres que ficam doentes e têm de ir para o hospital neste país sofrem muito, realmente. Mais uma

* Expressão em árabe, que no contexto pode significar "com a graça de Deus". (N. do T.)

> vez compreendi que minha família tem muito que agradecer. O xeique diz que a gratidão é a essência da fé.
>
> Falei ontem com o secretário do xeique, que me disse que ele leu seus artigos e que terá prazer em recebê-lo. No entanto, ainda se passarão alguns dias antes que volte a Karachi. Se Karachi estiver em seu programa, ele poderá recebê-lo lá. [...]

Ao saber disso, Danny mudou nossos planos e colocou Karachi em nosso "programa", apesar de nossa intenção de sair do país muito em breve. Bashir reagiu rapidamente à notícia:

> É pena que o senhor deixe o Paquistão tão rapidamente — espero que tenha gostado de sua estada. Vou organizar um encontro seu com o xeique em Karachi na terça ou quarta-feira, dependendo da agenda dele [...] Ele me dará o número de um de seus *murids* [discípulos], que o senhor poderá chamar ao chegar. O *murid* o levará a ele. Por favor, apresente meus respeitos ao xeique e peça-lhe que continue a recordar de mim em suas orações.

Bem. Agora sabemos que Bashir não foi o intermediário com quem Danny deveria encontrar-se naquela tarde, e sim um *murid*. Quem seria, então? E, aliás, quem é esse xeique?

Procuramos "Gilani" no Google. Para alguém descrito como líder "secreto" de uma "obscura seita muçulmana", há muita coisa sobre ele na internet. Naturalmente, Danny e eu havíamos conversado um pouco sobre Gilani, mas eu não sabia que em 1998 um relatório do Departamento de Estado dos EUA definira sua organização, Jamaat al-Fuqra, como "um grupo terrorista dedicado ao *jihad*, ou guerra santa, contra os Estados Unidos". Nem que o FBI considera seus membros responsáveis por pelo menos 17 atentados à bomba e 12 assassinatos no país. Gilani fundara o grupo no Brooklyn, em Nova York, há pouco mais de 20 anos, e desde aquela época células de muçulmanos radicais, na maioria americanos de origem africana, haviam-se espalhado pelos Estados Unidos, desde o interior rural da Virgínia até as montanhas Rochosas no estado do Colorado e o sopé das serras da Califórnia. Levou mais de 100 discípulos americanos ao Paquistão para treinamento religioso e militar, e há outros adeptos no Caribe e na Europa.

Danny saberia disso tudo? Saberia que "especialistas em terrorismo suspeitam de que al-Fuqra seja apoiada — ou pelo menos aceita — por funcionários influentes do governo paquistanês"? Ou que há suspeitas de que Gilani tenha vínculos com os terroristas que puseram uma bomba no World Trade Center em 1993?

— Só porque está na internet não quer dizer que seja verdade —, disse Asra, percebendo minha preocupação.

Mesmo assim, estou com medo. As mãos de Gilani estão manchadas, direta ou indiretamente, com o sangue de diversas vítimas. Nossa presunção mais plausível é que Danny tenha sido detido à força numa *madrassa* por esse homem ou seus subordinados.

A voz do Namorado se ergue novamente do sofá.

— Provavelmente o convidaram para passar a noite. É uma gente muito hospitaleira.

Sinto vontade de empurrá-lo para o chão.

Asra tenta me acalmar.

— Ora, claro, de manhã vão dar a ele uma omelete paquistanesa com pimentões e cebola, um pouco de *roti* e o mandarão para casa. Ele vai chegar aqui chateado, porque não o deixaram telefonar.

— Tenho de ir trabalhar amanhã — geme o Namorado em seu poleiro.

— Vá dormir — diz Asra suavemente. — Nós o acordaremos a tempo.

Danny havia baixado o artigo do *Boston Globe* de 6 de janeiro, que o fizera sair em busca de Gilani. No artigo, a repórter Farah Stockman fazia a ligação entre Reid e o sacerdote. Nada do que dizia Stockman me tornava menos preocupada.

"Ao longo dos anos", escreveu Stockman, "Gilani exportou jovens para lutar no *jihad* contra o governo indiano em Cachemira, contra os russos na Chechênia, contra os sérvios na Bósnia e contra os israelenses. Organizou campos de treinamento em Abbotabad, no Paquistão, a cerca de três horas de automóvel da capital, e em outras partes do país." Um dos lugares onde os seguidores de Gilani estudam e se preparam é Lahore, "no extremo oriental do Paquistão, onde viveram diversos líderes espirituais e militantes da Cachemira, e onde há *madrassas*, as escolas de preparação dos líderes do Talibã".

"'[Reid] esteve lá', disse um funcionário, referindo-se às instalações de Gilani em Lahore, protegidas por um muro [...] Um membro da família de Gilani também afirmou que Reid havia visitado o lugar."

No artigo, Stockman citava Khalid Khawaja, amigo íntimo de Gilani, que negou qualquer ligação entre os dois. "Ele não é um dos seguidores e nenhuma das pessoas de nosso sistema o conhece", dizia Kawaja, falando de Reid.

O desmentido é *pro forma*, mas a menção ao "amigo íntimo" nos dá calafrios. Khawaja é um personagem fascinante, mas duvidoso, uma dessas pessoas que parecem conhecer todo mundo, pelo menos nos círculos islâmicos militantes. Antigo agente de informações e oficial da força aérea, Khawaja adora conversar com jornalistas, especialmente americanos. Gosta de observar a expressão de seus rostos ao dizer-lhes que é amigo de Osama bin Laden. Danny e eu entrevistamos Khawaja diversas vezes, assim como Asra, e o achamos, como dizia Danny sem rodeios: "Boa gente, mas um tanto doido."

Danny e eu estivemos com ele em Islamabad pouco depois dos ataques de 11 de setembro, e mais recentemente no início de janeiro, num escritório que ele utiliza em uma casa relativamente vazia num condomínio fechado, aparentemente reservado a militares. Asra o visitou em sua verdadeira casa em setembro, quando esteve hospedada com uma tia pelo lado paterno.

— Talvez você queira entrevistar nosso vizinho — disse a tia, com ar solícito. — É um religioso, amigo de bin Laden e do Talibã. Lutou com a resistência afegã.

Assim, acompanhada pela tia e pelo tio, Asra fez uma visita a Khalid Khawaja, e os três o ouviram polidamente em sua raivosa arenga sobre a retidão do *jihad* muçulmano contra os Estados Unidos.

Asra observava-o todas as manhãs quando ele, após as preces, passava pela rua, com as mãos cruzadas às costas, fazendo sua caminhada diária em volta do pequeno parque. Certo dia, ela o acompanhou, e durante o passeio ele contou que juntamente com o influente homem de negócios Mansur Ejaz, americano de origem paquistanesa, e o antigo chefe da CIA James Woolsey, procurara fazer um acordo que teria evitado a guerra entre os Estados Unidos e o Talibã. A tentativa fracassou.

Khawaja contou uma história semelhante a Danny e a mim e, embora não tivéssemos podido confirmar todos os fatos, estávamos inclinados a acreditar em parte. Porém muito do que Khawaja dizia era absoluta e abjeta invenção:

— Sabem quem estava por trás do ataque ao World Trade Center e ao Pentágono? — perguntou-nos Khawaja em setembro. — Os judeus, o Mossad;* só podem ter sido eles.

Não era a primeira vez em que ouvíamos falar da "teoria dos judeus". No dia anterior, nós a tínhamos ouvido de Hamid Gul. Diretor dos serviços de inteligência do Paquistão (ISI) entre 1987 e 1989, Gul é considerado o arquiteto do *jihad* afegão, o mentor da guerra dos *mujahedins*** contra a ocupação soviética, financiada pela CIA. Dez anos atrás, Gul era o homem mais poderoso da região; alguns o chamavam "o 'poderoso chefão' do Talibã". Mas o poder, como uma amante infiel, o abandonou sem olhar para trás. Novas alianças haviam sido formadas, e Hamid Gul não fazia parte delas.

A amargura era visível por trás de sua firme diatribe. Gul demonstrava a mesma exaltação fanática que tínhamos visto em Khawaja e em muito outros com quem estivemos nos dias seguintes ao 11 de setembro. Era uma profunda sede de vingança, longamente insatisfeita; um desejo avassalador e ardente.

Depois de uma hora de monólogo durante o qual Gul fez questão de afirmar que Osama bin Laden não poderia ter tido nada a ver com os ataques, ele se inclinou para nós, com ar de conspiração.

— Sabem — disse ele — que os quatro mil judeus que normalmente trabalham no World Trade Center estavam ausentes naquele dia?

Enquanto eu viver, lembrarei com admiração a frieza com que Danny reagiu.

— Verdade? — disse ele, sem qualquer traço perceptível de ironia.

A "teoria" é que os que perpetraram o ataque haviam informado secretamente os funcionários judeus das torres gêmeas para que não fossem trabalhar e, portanto, escapassem ao terrível destino. Essa alegação aparentemente se originou no Al Manar, o canal de TV do Hezbollah, o partido islâmico libanês, pouco depois do 11 de setembro. Tão logo esse

---

* Serviço secreto israelense. (N. do T.)

** Guerrilheiros muçulmanos. (N. do T.)

horrível boato chegou à internet, encontrou dedicados adeptos em todo o mundo fundamentalista.

Num artigo enviado dez dias após os ataques, Danny escreveu: "A teoria de que judeus, ou israelenses, organizaram os ataques de 11 de setembro contra os Estados Unidos está ganhando credibilidade entre intelectuais muçulmanos, num preocupante sinal de que a globalização pouco serviu para superar diferenças de percepção."

No Paquistão, informou Danny, pilotos, cientistas e peritos haviam-se reunido para analisar os fatos, e concluíram que os ataques não poderiam ter tido sucesso sem a ajuda dos serviços americanos de inteligência ou dos israelenses. "Oficiais da Força Aérea paquistanesa opinam sem o devido cuidado que o 'Mossad é a única organização capaz de ter feito isso'. Jornais respeitáveis da Arábia Saudita, do Paquistão e dos Emirados Árabes Unidos publicam notícias que sugerem suspeitas, vindas de autoridades, de que alguns israelenses estejam envolvidos nos ataques. [...] Um comentarista paquistanês disse sexta-feira à BBC que a atitude americana de beligerância 'dá crédito' às teorias conspiratórias que aparecem na internet."

Aí está o mesmo antigo ódio, do tipo que nos faz pensar se a humanidade jamais será capaz de aprender as lições de sua própria história. Ainda assim, Danny e eu nos recusamos a permitir que isso nos derrote em nosso trabalho de jornalistas. Nós nos consideramos como artistas na corda bamba, cuidadosos e insistentes em nossa cruzada para construir pontes no mundo. Em seu trabalho, Danny luta por libertar-se de dogmas e de alianças. Não é fácil permanecer imparcial, mas isso torna mais agudas a maneira de ver e a independência de Danny. Ele não representa um país, nem uma bandeira, e sim apenas a busca da verdade. Está aqui para erguer um espelho e obrigar as pessoas a olharem para si mesmas. Que melhor maneira pode haver de respeitar a humanidade?

O *Wall Street Journal* nunca publicou o artigo de Danny sobre a conspiração judaica. Danny mandou um *e-mail* a seu chefe: "O artigo não saiu hoje e não está na lista de prioridades. Por favor, diga-me se isso se deve a que por acaso tenha passado despercebido, ou por falta de espaço, e não porque as pessoas receiem dizer a nossos leitores o que a gente daqui realmente pensa!".

Em mensagem dirigida a um amigo, ele foi ainda mais enfático: "Fico indignado ao ver que estamos dispostos a dissecar o psiquismo oriental ao infinito, exceto quando isso for capaz de ofender nossos leitores judeus. [...] Talvez eu seja apenas paranóico", concluiu ele, "ou esteja entrando numa conspiração judaica de minha própria invenção."

Não podemos imaginar que teoria Khalid Khawaja pudesse estar preparando quando, durante sua arenga em nosso encontro, repentinamente soltou uma pergunta incidental:

— Que é que você é? — indagou ele a Danny. — É cristão?

Sem um momento de hesitação, Danny respondeu:

— Sou judeu.

A resposta surpreendeu Khawaja.

— É mesmo?

Estávamos preparados para a pergunta, senão naquele dia, talvez em algum outro momento. Sempre que se viaja, e especialmente nos países menos desenvolvidos, as pessoas tratam de categorizar os demais, de maneira rápida e clara. De que lado você está? Ou, o que é mais pertinente: *Você é meu inimigo?* Serei eu seu inimigo? Em nosso caso, a pergunta era sempre irrelevante e tinha somente uma resposta: Viemos aqui como jornalistas.

O pai e a mãe de Danny são judeus. A mãe dele, Ruth, nasceu em Bagdá, no Iraque, descendente de judeus iraquianos que vinham ou do tempo da destruição do templo de Salomão (586 a.C.) ou de um pouco depois, da época do segundo exílio (70 d.C.). O pai dele, Judea, nasceu em Israel, mas a família havia regressado pouco antes ao Oriente Médio. O avô de Judea, judeu hassídico, mudara-se para Israel em 1924, após ter vendido o que possuía na Polônia. Juntou-se a 25 famílias para fundar uma empresa de laticínios *kosher* numa aldeia nova chamada Benei Beraq. A mãe de Judea fugiu da Polônia e chegou a Israel na véspera do Chanukah, em 1935. (Os pais dela, um irmão e uma irmã ficaram na Polônia e foram mandados para Auschwitz. Somente uma irmã sobreviveu.) Ruth e Judea se conheceram no Instituto de Tecnologia Technion-Israel, em Haifa, e depois de casados se mudaram para os Estados Unidos, onde Danny nasceu em 1963.

É uma história rica, e Danny se orgulha dela. Não é religioso, mas certa vez me disse que se algum dia sentisse necessidade de falar com Deus, voltar-se-ia primeiramente para a religião que seus ancestrais praticavam. Mesmo assim, recusa-se a ser definido por sua herança, ou por qualquer outra coisa. É verdade que se considera judeu e norte-americano. Mas Danny é também jornalista e músico. Da maneira pela qual eu o vejo, Danny é um homem livre.

Cerca de meia-noite um carro aparece na rua. Asra e eu corremos para a varanda pintada de branco, rezando para ouvirmos a campainha da porta, que sempre achamos muito alta. Mas isso não acontece.

Resolvemos que se Danny não voltar até as duas da manhã, chamaremos as autoridades.

Que autoridades, porém? Na polícia do Paquistão, a corrupção é endêmica; Danny e eu há vários meses estamos pesquisando esse tema. Na verdade, chamar a polícia talvez seja a pior coisa a fazer agora. Poderíamos falar com os serviços paquistaneses de informação? As atividades do ISI, a agência que coordena os serviços de informação, são sombrias, assustadoras. Já nos disseram que é "um reino dentro de um Estado"; sabemos que pouca coisa neste país acontece sem que o ISI fique sabendo. Mas, e se o ISI estiver envolvido? Devemos falar primeiro com o consulado americano?

Resolvemos confiar em nossa própria gente. Asra chama um repórter do *Jang*, que tínhamos conhecido em Peshawar. Ele tem notícias, mas não sobre Danny. Ghulam Hasnain, colaborador da *Time* e da CNN, desapareceu. Alguma relação com Danny? Difícil saber.

— Pode nos dar o telefone da casa dele? Podemos falar com a mulher dele? Ver se há alguma coincidência? — pergunta Asra.

— É muito tarde para ligar — diz o repórter do *Jang*. — Não devemos incomodá-la.

Já passa da meia-noite, e ele está a caminho do Clube de Imprensa de Karachi, onde vai passar o resto da noite. Ao chegar, perguntará aos colegas, mas duvida que consiga informações úteis. Suspeitamos de que tenha razão, especialmente se forem verdadeiros os boatos que ouvimos de que a maioria dos que freqüentam o Clube de Imprensa nas horas mortas vai lá para ver filmes pornográficos trazidos de contrabando do aeroporto de Dubai. (Em Dubai, pode-se comprar qualquer coisa.) O jornalista nos sugere que fiquemos em contato, e Asra segue o conselho ao pé da letra. Durante toda a noite telefona para ele a intervalos regulares, acordando-o a cada vez. O homem não tem notícias a dar.

Telefonamos para o consulado americano. Uma voz sonolenta responde:

— Cabo Bailey, em que posso ajudar?

Com medo de parecermos amedrontadas, explicamos a situação com calma exagerada. Mas qualquer que seja o tom de voz que utilizamos, não conseguimos convencer o cabo Bailey de que o assunto é sério e que se trata de uma emergência. É evidente que ele imagina que Danny reaparecerá de madrugada, bêbado e desorientado, depois de uma farra fora de casa. Esse tipo de chamado não é raro em um consulado, mesmo em país muçulmano.

— Ligue novamente às seis da manhã — ordena o cabo Bailey com voz cansada. — Peça para falar com Randall Bennett, o encarregado da segurança regional.

Bennett. É um dos homens com quem Danny esteve hoje. Pelo menos, poderá saber onde está Danny.

Juntas, diante da pequena escrivaninha, Asra e eu não dizemos uma só palavra desnecessária. Sinto que ela está comigo. Nossos cérebros giram a mil, mas nossos atos são controlados e nossas vozes não tremem. Chamo repetidamente o telefone de Danny, que nunca responde. Alertamos o *Wall Street Journal.* Vejo Asra observar minha barriga arredondada, enquanto ela explica a situação de maneira cautelosa, quase tranqüilizadora, ao editor internacional John Bussey, chefe de Danny.

Bussey faz a pergunta que esperávamos fazer a ele:

— Que acham que devemos fazer?

Precisamos urgentemente de aliados aqui. Por enquanto, parece que não temos nenhum.

— O governo de Musharraf está procurando ser imparcial — diz Asra. — Acho que podemos confiar nos militares.

Dias antes, ao salvar das garras do filho do vizinho um gato perdido, ela havia conversado longamente com a mãe do menino. Durante a conversa, a mulher revelou ser parente do comandante militar de Karachi, o principal representante militar do presidente Pervez Musharraf na província.

— Ela vai se levantar para a prece matinal — diz Asra. — Podemos ir à casa dela e pedir que ela nos apresente a ele.

Bussey vai mandar o colega de Danny que está no Casaquistão, o correspondente Steve LeVine. Steve já morou no Paquistão e conhece bem o país. Será bom tê-lo perto.

Mentalmente, continuo a conversar com Danny. "Vamos tirar você disso", prometo, mas tenho de admitir que temos poucas pistas, e o que me diz minha intuição não me tranqüiliza. Recuso-me a libertar minhas emoções, receio abrir as portas ao temor que me atormenta. Aparece um tique nervoso em meus olhos e sinto frio, o que é um estranho prazer, porque se trata de uma dor aceitável, comparada com o medo de que Danny possa estar em perigo. Lembro-me da piada sobre o homem que bate com a cabeça numa parede de concreto para esquecer a dor de dentes.

Lá fora está escuro como breu. Faltam várias horas para o chamado do muezim, que marca o fim da noite. Eu daria tudo para estar com Danny neste momento, onde quer que esteja. Sei que ele não tem liberdade de movimentos. Por que não prestei mais atenção às circunstâncias do encontro dele? Por que não fui mais vigilante? Por que não fui com ele? Eu não estava tão doente assim. Por que...

Pare, digo a mim mesma. Pare de pensar assim. Lamentar só servirá para desperdiçar energias — não questione a realidade.

Se isso durar mais tempo, terei de informar aos pais de Danny. São pessoas preocupadas, será doloroso, mas terão de saber. Poucos meses antes, quando estávamos em Paris, Judea encontrou na internet uma notícia de que 200 árabes haviam atacado pessoas de origem judaica no Champs-Elysées. Danny jamais conseguiu confirmar essa notícia, mas seu pai se preocupou tanto, que nos exortou a sair de Paris. Em seu *e-mail* a Danny, ele acrescentou, com veemência: "Quem está falando é seu pai comedido, e não sua mãe medrosa."

Na família Pearl, geralmente quem dá o alarma é Ruth. Ao percorrermos os *e-mails* de Danny em busca de alguma pista, Asra e eu encontramos uma troca de mensagens da véspera entre mãe e filho. Danny escreveu: "Estamos na bela casa de Asra em Karachi, e nos sentimos em férias, embora eu ainda esteja trabalhando na mesma antiga matéria do terrorismo. [...]" Ruth havia feito uma cirurgia recente, e ele perguntava: "Tudo bem com você?".

"Sim", respondeu ela, "estou como nova." Em seguida, acrescentou: "Li que o estresse, principalmente na 26ª semana de gravidez, que é quando o cérebro se desenvolve, pode causar autismo na criança. Cuide bem de sua mulher e trate de não estressá-la (inclusive não falando a ela sobre isso). [...] Com amor, Mamãe."

Antes de ligar para a casa deles em Los Angeles, isolo-me no quarto de Asra, procurando acalmar as batidas frenéticas de meu coração. Enterro as unhas de uma das mãos nas costas da outra. A dor física me ajudará a controlar-me. Onde li isso? Ruth e Judea atendem juntos, como de costume, ela no telefone da cozinha, e ele no estúdio do andar de cima. Fazem perguntas precisas, que procuro responder da melhor maneira possível.

— Vamos esperar notícias suas — dizem eles.

Sei que estão morrendo de medo, mas controlam seus sentimentos. São pessoas corajosas. Antes de desligar, no entanto, Ruth me faz a pergunta que tenho certeza foi a primeira que lhe ocorreu:

— Alguém sabe que somos judeus? Alguém sabe a nosso respeito?

Respondo:

— Não se preocupe. Ninguém sabe.

Mas isso não é verdade, digo a mim mesma ao desligar. Alguém sabe: Khalid Khawaja. Antigo agente da ISI, amigo de Gilani, amigo de Osama bin Laden, ou pelo menos ele assim diz.

5h58 da manhã. Resolvemos telefonar para Khawaja, não porque confiemos nele, mas porque não podemos imaginar quem seria confiável, e seria útil tentar chegar próximo a Gilani pelos meios que temos.

— *As-salam alaykum* — diz Asra. — Que a paz esteja consigo.

— *Wa'alaykum as-salam* — responde Khawaja.

Asra não perde tempo.

— O senhor conhece meu amigo Danny Pearl. Ele tinha um encontro com o xeique Gilani ontem às sete da noite, e não voltou para casa. Precisamos de sua ajuda para encontrá-lo.

— Ah — diz Khawaja. — Certamente isso é algum tipo de cilada, talvez outra conspiração da CIA, porque Gilani jamais concordaria em receber um jornalista, muito menos estrangeiro.

Asra faz o possível para não perder a paciência com Khawaja, porque precisamos dele. Implora que ele deixe a política de lado e me ajude.

— A mulher dele está aqui comigo. Ficou a noite toda acordada, está muito preocupada, e está esperando um filho.

Khawaja não resiste à tentação de fazer um sermão.

— Pense nos sofrimentos das mulheres afegãs cujos maridos estão sendo mortos pela guerra dos Estados Unidos contra o Talibã — diz ele. — Pense nas mulheres e crianças inocentes que estão morrendo com as bombas americanas. Pense nos paquistaneses desaparecidos também, dos quais não se sabe o paradeiro. Pense...

O chamado do muezim para a prece matinal corta o ar e nos salva da litania de Khawaja. Furiosa, Asra bate o telefone e solta uma saraivada de palavrões, aos quais acrescento alguns. Ela cobre a cabeça com uma *dupatta* e saímos, ainda no escuro, porque as preces matinais começam antes do alvorecer, quando a claridade ainda não emergiu. À luz mortiça do poste, caminhamos para a casa da vizinha e apertamos ansiosamente o botão da campainha.

Ninguém responde. Apertamos mais algumas vezes e depois corremos para o muro divisório, erguendo-nos para olhar pelas janelas, buscando sinais de movimento. Sentimo-nos envergonhadas, vagamente culpadas, como crianças que tentam roubar maçãs do vizinho.

Asra volta à porta da frente e recomeça a tocar a campainha. Finalmente, uma mulher aparece na varanda, com a *dupatta* na cabeça, como se fosse começar a rezar ou tivesse acabado de fazê-lo. É uma silhueta na escuridão; mal lhe divisamos a fisionomia, e ela permanece de pé, ouvindo o apelo de Asra.

Depois de algum tempo, ela responde:

— Primeiro tenho de ir trabalhar. É numa escola local. Vou tentar entrar em contato com ele quando voltar.

Ao ouvir isso, percebemos que não podemos esperar ajuda dessa mulher.

Afasto-me, enquanto ela ainda está falando. No estúdio, desperto o Namorado. Ele sai da casa sem pentear os cabelos, sem sequer perguntar se nossos esforços deram algum resultado.

Já podemos procurar Randall Bennett no consulado americano. Bennett confirma que esteve com Danny na véspera. Não demonstra alarma, mas nos aconselha a chamar imediatamente as autoridades, que ele considera "irmãos de confiança".

— Chame Tariq Jamil, subinspetor-geral. É ele quem dirige as operações policiais no campo. Depois entrem em contato com Jamil Yussuf na Comissão de Ligação Polícia-Cidadãos. Somos muito bons amigos.

Tariq Jamil leva menos de um minuto para compreender o que está acontecendo.

— Dê-me seu endereço. Vou já para aí.

Ao desligarmos, Asra e eu nos olhamos como se tivéssemos recebido notícias realmente boas. Que mais podemos fazer? Já são 12 horas sem saber de Danny.

Capítulo 3

MEU PAI ERA pessoa genial, matemático que falava sete línguas. Mas era também triste, e suicidou-se quando eu tinha nove anos de idade. Minha mãe, no entanto, adorava a vida. Gostava de gente e de música e, acima de tudo, adorava dançar. Quando ela dançava, nada mais importava, a não ser o ritmo do momento. Ela visivelmente absorvia o ritmo e começava a mover-se de maneira sutil, tranqüilamente sensual. Um sorriso involuntário lhe vinha aos lábios, como se não conseguisse evitar compartilhar seu deleite, e irradiava serenidade e contentamento. Essas danças lhe enchiam a vida e iluminavam minha infância.

Nos anos recentes, minha mãe havia-se tornado figura bem conhecida em Paris, devido às festas cubanas clandestinas que ela dava aos domingos, festas tão populares que 400 a 500 pessoas faziam fila para entrar. Gente da direita, da esquerda, homens idosos de terno, chapéu e sapatos engraxados, mulheres de luvas brancas e saias de babados. Alguns traziam crianças, outros traziam cachorros. Todos dançavam.

Essa era a missão de minha mãe, afastar a solidão que se abatia sobre Paris nos fins de semana, e reunir todos sob a bandeira da música cubana que ela tanto amava. As festas de Marita baseavam-se nos *guateques*, os tradicionais bailes camponeses de Cuba. Todos os domingos, ela ocupava um espaço, por exemplo, uma garagem, e a transformava numa espécie de cenário cinematográfico. Estendia uma corda de roupa e pendurava peças de vestuário — camisas de gola olímpica, roupas de baixo, qualquer coisa — para lembrar as casas da comunidade de

Havana, chamadas *solares*. Organizava bares que seviam *mojitos* e mesas cheias de leitão assado, mandioca, arroz *con pollo*. Músicos de todos os calibres subiam ao palco e rompiam em música:

Sandunguera tú te vas por encima del nivel
No te muevas más así
(Moça festeira, você é demais
Não balance mais assim)

Do meio-dia à meia-noite, minha mãe passava de um a outro, triunfante; era uma mulher comum que conseguira realizar uma ambição modesta, porém nobre.

Eu estava dançando com minha mãe, quando vi Danny pela primeira vez, no outono de 1998. Ele já tinha me visto. Era um apartamento tipo estúdio, diante do Palácio Elysée, na festa de aniversário de uma amiga comum. Danny estava de pé sozinho, com um copo de uísque na mão, rodeado por um grupo alegre. Vestido de terno escuro tradicional e com óculos redondos e pequenos, ele nos olhava, a minha mãe e a mim, absorto em nossa dança. Nossa cumplicidade o fascinava. Olhava para mim como se fosse um extraterrestre elegante que vislumbrasse espécimes terráqueos, deliciado, mas um tanto perplexo. Tinha o corpo ligeiramente curvado para a frente, como se quisesse nos dar alguma coisa, ou talvez obter alguma coisa que tivéssemos conosco.

— Vocês dois são jornalistas. Precisam se conhecer — disse alguém, à guisa de apresentação. Danny me deu seu cartão de visita. Fiquei impressionada com o gesto e com o que li: "Daniel Pearl, Correspondente para o Oriente Médio, *The Wall Street Journal*". Comparado com o dele, meu próprio cartão dava pena, mas, mesmo assim, entreguei-o a ele. Somente continha meu nome, Mariane von Neyenhoff, e um número de telefone.

Ele disse que sua base era Londres, mas viajava constantemente, com preferência declarada pelo Irã. Falei do programa de rádio que eu desenvolvera e que apresentava na Rádio França Internacional, *Migrations*, com base no conceito de que os migrantes internacionais são ao mesmo tempo os grandes aventureiros e os verdadeiros cidadãos do século XXI. E outra coincidência: por acaso, ele estava trabalhando em um artigo sobre imigrantes para a Arábia Saudita.

Encostados numa parede, conversamos sobre a perda de referências quando uma pessoa deixa sua pátria. Sobre o fato de que os estrangeiros são sempre vistos como intrusos e sobre a necessidade de construir novas raízes, à medida que o mundo vai-se tornando uma aldeia global.

Os olhos de Danny iam de minha mãe, que continuava a dançar, para mim, que continuava a propalar minhas teorias.

— Você devia ir ao Irã, mandar artigos de lá — disse ele, com seu sorriso tímido, porém atraente.

— Não é possível — disse eu. — A rádio não tem dinheiro para que eu viaje.

— Talvez eu possa ajudar a encontrar uma maneira.

Somente quando ele se preparava para sair da festa é que percebi que Danny estava acompanhado. Sua amiga era exatamente o oposto de mim na aparência física: alta, loura, de olhos azuis. Mais tarde soube que era uma estilista alemã de roupas íntimas. Com ar possessivo, levou Danny consigo, deixando no ambiente o aroma de seu perfume.

Duas semanas depois, Danny me mandou dois artigos seus com pormenores sobre a situação dos imigrantes na Arábia Saudita. O bilhete renovava o convite para ir ao Irã. Eu o imaginava vestido com o mesmo terno e a mesma gravata, com o mesmo olhar encantador e curioso, viajando por países exóticos. Ele era para mim um mistério interessante, e eu tinha vontade de vê-lo novamente, apesar da mulher que o acompanhava naquela noite.

Pouco mais tarde, Danny fez outra breve aparição. Numa escala entre duas conexões aéreas, escapou do aeroporto Charles de Gaulle para me trazer um livro que achava que eu devia ler, *Shah of Shahs,** do jornalista polonês Ryszard Kapuscinski, sobre o último imperador do Irã e os acontecimentos que levaram à revolução islâmica de 1977.

— Sabe — disse ele — estou procurando uma casa em Teerã — e eu pensei, meu Deus, este cara é louco, e é uma pena, porque gosto dele.

Quando ele se foi, comecei a ler o livro e fiquei fascinada. Pensei, bem, ele pode ser maluco, mas eu nunca havia lido uma peça jornalística tão original, vívida e fluente. Como Danny gostara tanto do livro, e achou que eu também gostaria, fez-me pensar, afinal, que realmente tínhamos algo em comum. Eu não sabia bem o quê, mas era alguma coisa forte.

---

* Rei dos Reis. (N. do T.)

Ao voltar a Paris após uma viagem a Cuba, agradeci com uma carta longa, escrita em várias folhas de papel. Falei da visita do papa à ilha, importante porque até aquela visita os católicos se arriscavam a ir para a cadeia em Cuba. Falei da corrida aos dólares num país em que diatribes antiimperialistas ainda cobrem os muros da cidade de Havana, cada vez mais decadente. Contei que as pessoas nas ruas me consideravam prostituta, porque eu tinha aparência de cubana, mas andava com amigos estrangeiros. Falei do altíssimo preço da carne e do raro dom que possuem os cubanos de saborear o presente, apesar de tudo.

E disse que gostaria de revê-lo.

Durante meses, não tive notícias. Um dia, ele telefonou, com voz de urgência. Ao que parece, minha carta tinha ficado misturada a um monte de papéis aos quais ele não dera importância enquanto viajava. Somente ao regressar a Londres, percebera o endereço da remetente e recuperara a carta.

— Quando poderei vê-la? — perguntou ele.

Ele tinha planos, e eu também. Mas em breve telefonou da Espanha com uma proposta concreta. Tomaria o trem de Madri a Paris e chegaria a tempo de preparar um café da manhã para mim. Achei engraçado, porque adivinhei seus pensamentos: se por acaso o encontro não desse em nada, ele ainda teria tempo de tomar outro trem para Londres naquela mesma tarde.

Na manhã seguinte, às oito horas, minha porta se abriu para receber Danny, queimado de sol e em boa forma, com a camiseta de uma pizzaria. Numa das mãos trazia uma mala bem cheia e na outra uma sacola também cheia. Debaixo do braço, um estojo de bandolim. Saudou-me com um sorriso gigantesco e correu diretamente para a cozinha, onde extraiu da sacola meia dúzia de ovos, um frasco de tomates secos, cebolas, dois pimentões vermelhos e laranjas espanholas. Percebendo que deixara as ervas aromáticas na mala, puxou-a para o meio da sala (que eu arrumara de forma impecável em sua honra) e, remexendo em seu interior, tratou de espalhar tudo — tudo mesmo — por cima do carpete. Blocos de notas, meias sem par, camisas amarrotadas. Encontrou as ervas e correu de volta à cozinha.

Curvado sobre o fogão, Danny parecia um maestro regendo uma sinfonia. Tinha os cabelos eriçados pelo esforço e pelo calor. Ainda sorrindo, entregou-me um prato, no qual jazia sua obra-prima fumegante.

— Aqui está — anunciou com um gesto de imenso orgulho. Minha cozinha estava um caos. Muda até aquele momento, explodi em riso.

Naquela tarde, Danny não tomou o trem para Londres. Quando a noite chegou, preparamos para ele uma cama no chão da sala. Éramos ainda muito tímidos para confessar que tínhamos vergonha. Danny desapareceu no banheiro e emergiu com expressão muito séria, vestindo pijamas de listras vermelhas. Comecei a rir novamente. Ele me ajudou a forrar o colchão, segurando duas pontas do lençol. Em seguida, após fazer cuidadosa mira, atirou-se ao chão, com os braços estendidos como numa cruz, tentando segurar os dois cantos do colchão ao mesmo tempo, como um personagem de desenho animado. De repente, percebi o que me atraía tanto: Danny se entregava completamente a tudo o que fazia.

Em quantas camas diferentes nós dois dormimos durante os quatro anos a partir de quando nos conhecemos? Elas já se confundem. No contrato de casamento que redigimos juntos e lemos em voz alta no casamento, em 1999, proclamamos: "Prometemos descobrir juntos novas coisas, novos lugares e novas pessoas, e considerar nossa vida em comum como uma obra de literatura." Descobrimos muitas coisas juntos em pouco tempo.

No computador, Danny compilava uma lista com o título "Lugares Onde Estivemos".

Paris
Londres
País de Gales
Port-Vendres
Barcelona
Los Angeles
North Adams, MA
Rhode Island
Washington, D.C.
Nova York
Seattle

Vancouver
Istambul
Sul da Turquia
Líbano
Croácia
San Francisco
Grécia
Holanda
Israel
Cuba
País Basco
República Dominicana
Hong Kong
Cingapura
Índia
Catar
Paquistão

Chegamos pela primeira vez a Karachi há quatro meses: 12 de setembro de 2001. Viemos de avião de Nova Délhi, cujo aeroporto quase nos aterrorizou, de tão tranqüilo. Observei Danny procurando controlar suas emoções, buscando conforto em atos conhecidos. Passeou pelos corredores da loja de *duty-free*, examinando diversas prateleiras de imagens de Ganesh, o deus-elefante indiano. Era possível comprar um Ganesh de cerâmica, madeira, plástico, poliéster, qualquer material imaginável. Contei a Danny que Ganesh é o favorito dos motoristas de táxi, porque se acredita que ele é capaz de remover todos os obstáculos. Danny se esforçou por demonstrar interesse, mas parecia alheio. Naquele dia, todos estavam atordoados.

Equilibrou caixas de chocolate nos braços. Em todos os aeroportos, Danny acumulava guloseimas, com a intenção de distribuí-los aos filhos de novos conhecidos. Mas sempre se esquecia, e as balas e chocolates acabavam ficando nos quartos de hotel, envelhecidos ou derretidos.

Havia apenas um cliente no *duty-free*, um jornalista alemão, que também ia para o Paquistão. Estava comprando uísque, que pretendia introduzir às escondidas. Com um sorriso estranho, disse-nos:

— Tenho minhas fontes. A guerra começa na próxima semana, e puffffttt! O Afeganistão vai ser varrido do mapa.

Ficamos olhando para ele.

Dois dias antes, tínhamos estado numa aldeia do povo *mushahar*, em Bihar. Bihar é o lugar onde Sakiamuni Buda foi iluminado e onde Gandhi adquiriu o nome de Mahatma (grande alma); eu tinha ido lá para fazer o perfil de um discípulo de Gandhi para uma revista francesa. Hoje em dia, Bihar tem a honra de ser o estado mais pobre e mais anárquico da Índia. Se é possível quantificar essas coisas, as aldeias dos *mushahar* são talvez as mais carentes. O nome significa "comedores de ratos", e a gente desse povo realmente tem um prato feito com esses roedores. Após séculos de procriação dentro das mesmas famílias e falta de ferro na alimentação, os habitantes assumiram aparência monstruosa, com grandes bócios salientes no pescoço. Parecia que tínhamos viajado no tempo, de volta à Idade Média.

Ainda sob o choque do 11 de setembro, estávamos nos esforçando para regressar ao século XXI, onde o mundo "civilizado" se encontrava em caos. Tínhamos visto os ataques pela CNN, quase ao mesmo tempo que aconteciam. Estáticos diante da TV, vimos John Bussey — "É o meu chefe! Meu chefe!", gritou Danny — relatar com emoção e clareza o que estava vendo das janelas da redação do *Wall Street Journal*.

Os escritórios do *Journal* ficavam do outro lado da rua em relação ao World Trade Center. Bussey escreveu um relato assustador sobre aquela manhã, que foi publicado na primeira página do jornal no dia seguinte. Resumia de maneira vívida o que vira do nono andar, o estrondo da colisão do primeiro avião e o que ocorrera em seguida: "Grandes colunas de fumaça subiam para o céu. Labaredas intensas consumiam os pavimentos mais elevados acima do ponto de impacto. Os destroços caíam nas ruas, enormes pedaços de metal cujo eco, ao bater no chão, se ouvia a vários quarteirões de distância. A rua estava cheia de papelada de escritórios. Num estacionamento próximo, a dois quarteirões da explosão, os carros estavam em chamas." Descreveu, com terrível exatidão, as pessoas que saltavam, "numa fuga desesperada".

Permaneceu na redação descrevendo a cena para o sócio televisivo do *Journal*, a CNBC, e quase ficou tempo demais. A Torre Sul desabou, e a redação "se encheu de cinzas, pó de concreto, fumaça, os detritos da

Torre Sul". Conseguir sair do prédio foi um perigoso desafio. Nada, porém, se compara ao que aconteceu em seguida: "[Quando] eu caminhava pela rua, procurando me recompor... a segunda torre começou a cambalear. Ouvi um rugido metálico, como se fosse um trem passando por um viaduto elevado em Chicago. O bombeiro que estava perto de mim gritou: 'Vai desabar! Corra!' 'Correr, para onde?'."

John poderia facilmente ter sido um dos milhares que morreram naquele dia.

Mesmo estando do outro lado do mundo, nós sabíamos, e isso nos abalava, e ali, na sala de estar do aeroporto internacional do Paquistão, procuramos freneticamente conseguir uma conexão pela internet para entrar em contato com amigos e colegas. Quando finalmente conseguimos, havia mais de mil *e-mails* para Danny.

Danny havia feito arranjos para que um segurança pessoal nos apanhasse no aeroporto de Karachi. Mesmo em "circunstâncias normais", o aeroporto da cidade tem a reputação de ser um dos mais violentos do mundo, e ladrões constantemente interceptam na estrada os viajantes a negócios. E aqueles tempos não eram normais.

Não era possível deixar de reparar em nosso segurança. Numa das mãos, tinha um pedaço de papelão onde estava escrito "Mister Peul" e, na outra, uma submetralhadora AK-47. Vestia roupas militares e botas de combate, e seus olhos eram de um atraente azul-turquesa. Levou-nos a um jipe de tração nas quatro rodas que mais parecia um tanque de guerra. Dentro, imóvel, outro homem armado. Ao entrarmos na cidade, os olhos azul-turquesa se moviam para todos os lados no rosto impassível. Era como estar protegido por um grande gato alerta.

Um nevoeiro de hostilidade pesava sobre a cidade. Ali estávamos para fazer as grandes perguntas: Quem eram os responsáveis pelos ataques? Quem os financiava? Quem protegia os terroristas? Nos dias que se seguiram, os Estados Unidos obtiveram tênue apoio do Paquistão, mas se o jornalista alemão estivesse correto e os EUA se preparassem para bombardear o Afeganistão, o governo de Karachi manteria seu apoio? Musharraf seria vítima de um golpe de Estado, como se murmurava?

Por toda parte, encontrávamos cidadãos de Karachi que se sentiam ofendidos pelo que consideravam um preconceito ocidental fortemente negativo em relação ao Islã. Danny mandou um *e-mail* a um amigo em 17 de setembro: "Um alô de Karachi, que seria uma grande cidade se não tivéssemos medo de sair do hotel."

Queríamos entender aquele mundo, mas não era fácil saber por onde e como começar. Não era possível abordar pessoas na rua e atirar-lhes perguntas. Entramos em contato com um intermediário local, para que nos ajudasse. Said havia sido recomendado por um conhecido nosso, mas não gostamos dele, e ele não foi de grande ajuda. Mesmo assim, conseguiu organizar para nós um encontro com um grupo que em essência servia de corpo feminino auxiliar do partido militante islâmico Jaish-e-Mohammed. Nunca entendemos sua função específica, mas era impossível deixar de notar sua fúria.

O encontro foi num apartamento de dois quartos num bairro grande de classe média em Karachi. Um dos quartos de dormir estava completamente vazio; o outro, circundado por cadeiras simples. Todas, menos uma, estavam ocupadas por mulheres cobertas dos pés à cabeça por *burkhas* negras, que escondiam suas feições, mas não sua ira. Havia também um homem, o prefeito municipal de Karachi, vestido com um *salwar kamiz* branco. No meio do quarto, havia duas cadeiras. Eram para nós. Éramos diferentes.

Durante o que pareciam ser muitos minutos, mas provavelmente foram apenas segundos, ninguém fez qualquer ruído. Finalmente, Danny falou.

— Por onde começamos? — perguntou ele, suavemente. — Gostaríamos muito de saber o que vocês estão pensando nestes dias.

As mulheres reagiram agressivamente. Delas partiam ruídos selvagens. Uma delas, particularmente indignada com a cobertura dos ataques de 11 de setembro pela CNN, censurou a imprensa ocidental por atribuir a responsabilidade a uma rede de grupos islâmicos militantes. Grupos como o dela.

— Que provas eles têm? — perguntava ela. — Eles não têm provas.

Ao mesmo tempo que nos interrogavam, também nos examinavam. Danny é da raça branca, mas de aspecto moreno. Eu me parecia um pouco com elas. Ninguém perguntou por minha origem ou religião, mas percebi mais uma vez a vantagem de sermos um casal racialmente mesclado. Não se pode definir um casal misto. Não se pode presumir conhecer coisa alguma a respeito, individualmente ou em conjunto. E isso não é simplesmente porque as barreiras convencionais não se aplicam, e sim porque essas barreiras não têm sentido para nós. Estamos livres para criar algo novo. Danny me chama "minha mulata".

No bairro de classe média de Paris onde cresci, muitas vezes as pessoas achavam que eu e meu irmão Satchi éramos argelinos. Isso não era verdade, mas não impedia que brutamontes racistas perseguissem meu pobre irmão. Certa noite, tendo saído para dançar, voltou cambaleante para casa, com o rosto coberto de sangue, que correra quando o agrediram com uma barra de ferro. Mas em geral, eu e ele, meio cubanos e meio holandeses, com maior número de correntes étnicas do que as pessoas poderiam imaginar, éramos considerados "exóticos".

Meu pai era filho ilegítimo de um judeu holandês, comerciante de diamantes, homossexual desagradável que somente uma vez fizera amor com uma mulher, e conseguira engravidá-la. Em seu leito de morte, confirmou para minha mãe essa história extraordinária. Pouco se interessou pelo filho ou pela mãe dele. Quando os nazistas ameaçaram invadir a Holanda, minha avó e meu pai caminharam a pé até o sul da França para escapar, e lá meu pai cresceu. O resto da família morreu no Holocausto. Meu pai se transformou em aspirante a revolucionário, viajando pelo mundo de um ponto de tensão a outro e chegando a Havana em 1960, a tempo de pegar a revolução cubana. Ali conheceu minha mãe, Marita. Ela vinha de família pobre, era negra, e seu avô era chinês. Evidentemente, tinha sangue espanhol e africano, e quem sabe o que mais. Acho que a história tinha se esforçado para que eu gostasse de ser um pouco de tudo.

No início de nosso relacionamento, Danny resolveu que a epítome de minha parte francesa era o hábito de tomar café, e considerou seu dever proporcionar-me o precioso néctar negro. Somente uma vez fracassou nessa missão. Estávamos em Dubrovnik, na Croácia, e precisávamos tomar um avião para a capital, Zagreb, às seis da manhã. A guerra fervia na vizinha Kosovo e o hotel estava vazio. O homem da portaria se recusou a abrir a cozinha; mal-encarado e robusto, não era alguém com quem valesse a pena discutir. Danny ficou tão deprimido, que tomei coragem e rumei para o aeroporto sem a droga que meu metabolismo exigia. Mas essa amarga experiência nos ensinou uma lição: depois disso, nunca mais fomos a lugar algum sem apetrechos de café reunidos por Danny — uma chaleira, uma cafeteira francesa, enormes quantidades de café comprado em Paris ou em Dubai, moído pessoalmente por ele e guardado em pequenas latas, açúcar e adoçantes.

Por isso percebi que alguma coisa importante estava acontecendo naquela manhã de junho de 2000, quando Danny irrompeu em nosso quarto de dormir sem trazer minha xícara matinal.

— Ei, querida! Quer ir morar em Bombaim?

— Claro — respondi, ainda que não tivesse certeza.

Enquanto Danny confirmava no computador sua candidatura ao posto de chefe do escritório do *Wall Street Journal* no sul da Ásia, eu olhava a torre Eiffel pela janela de nossa sala de estar. Desde a comemoração do milênio, ela estava iluminada com lâmpadas azuladas, que não eram visíveis na claridade da manhã de primavera. A missão, como Danny explicara, significava a cobertura de todo o sul da Ásia: Sri Lanka, Paquistão, Butão, Nepal, Bangladesh, a Índia e todo o bilhão de seus habitantes. Eu já conhecia Danny há dois anos e tinha imensa confiança nele. Era evidente para mim que depois de cinco anos cobrindo o Oriente Médio, a carreira dele estava estacionada. Ele precisava de um desafio novo e mais amplo. Ao mesmo tempo, tinha muito receio da Índia. Em minha cabeça, desfilava um conjunto de imagens: vacas sagradas e elefantes pachorrentos, crianças famintas, mãos estendidas, mendigando, enchendo quilômetros e quilômetros de favelas.

Ao chegarmos em outubro a Bombaim, minhas apreensões pareciam um doce sonho infantil. Danny e eu não trocamos uma só palavra enquanto nosso avião sobrevoava um panorama de absoluta miséria. Abaixo de nós havia montanhas de lixo, e os telhados de zinco dos barracos se estendiam infinitamente. Pode parecer rude, mas eu não conseguia afastar do pensamento a imagem de rostos marcados pela varíola, ou pior, pela lepra.

Nosso avião aterrissou no aeroporto Chatrapati Shivaji, nome de um rei guerreiro do século XVII cuja vida foi um símbolo de progresso e segurança. Danny tinha reservado um hotel cinco estrelas no bairro de

Bandra, ao norte de Bombaim, onde vivia a elite de Bollywood.* (Sempre tive um fraco por filmes indianos. Acho-os divertidíssimos, com suas elipses e seus cenários que tomam tanta liberdade com a realidade.) Disseram-nos que nosso quarto era no "décimo quinto andar", mas o prédio tinha somente sete pavimentos. Nosso carregador se mostrou espantado com nosso espanto e explicou que era uma questão de prestígio para um hotel ter muitos andares.

Nossa janela dava para o litoral mais triste que já vi. O mar, de cor marrom suja, cheirava a esgoto. Papéis engordurados flutuavam na água. Os únicos toques de cor nesse panorama cinzento eram os saris das mulheres, que caminhavam curvadas. Um menino batia com um galho num macaco, obrigando-o a dar saltos-mortais ao ritmo de um disco arranhado do Michael Jackson, com a música "Beat It". Não creio que a música tivesse sido escolhida intencionalmente.**

Danny aproximou-se de mim na janela. Cheirava a repelente de mosquitos com que tínhamos untado nossos corpos. Para dar-nos mutuamente coragem, falamos dos que tinham vindo antes de nós. Lembramos de um correspondente da BBC que, na mesma situação alguns anos antes, percebeu que iria cobrir um país onde tinha medo até mesmo de andar pela rua. Falamos de vários casais que sabíamos terem sido incapazes de sobreviver a missões como aquela.

— Se conservarmos o bom humor, estaremos bem — disse Danny. Essa era outra das promessas de nosso contrato de casamento. Falávamos muito nele. Danny tinha o texto em seu celular, e eu, em meu computador:

> *No nono dia do 12º mês do ano 5759 a partir da criação da Terra, correspondente ao 21º dia do oitavo mês do ano 1999, como normalmente se conta o tempo no país chamado França.*
>
> *Na presença de queridos membros da família e amigos, Mariane van Neyenhoff e Daniel Pearl estabelecem o seguinte contrato:*

---

* Combinação de "Bombaim" e "Hollywood". Assim se chama o centro da indústria cinematográfica indiana, uma das maiores do mundo. (N. do T.)

** Jogo de palavras entre "beat" (bater, espancar) e "beat" (ritmo). (N. do T.)

Prometemos envelhecer juntos, mantendo-nos um ao outro jovens, conservando nosso sentido de humor e compartilhando amor e segredos.

Prometemos descobrir novas coisas, lugares e pessoas juntos e considerar nossa vida em comum como uma obra literária.

Prometemos compartilhar nossa felicidade com amigos e parentes.

Prometemos não permitir que o dinheiro, a falta dele ou o transcurso do tempo nos modifique.

Prometemos cada qual dar valor à felicidade do outro pelo menos tanto quanto a nossa própria, apoiar a criatividade do outro e sempre manter a fé na força do amor do outro.

Mesmo com essas promessas, Bombaim continuou a ser difícil. Lutamos para conseguir um apartamento, e trouxemos da França as coisas essenciais, inclusive a poltrona de couro azul de Danny, de tamanho muito grande, da marca Barcalounger. Boa parte de suas melhores idéias lhe tinham vindo nesse assento elefantino, que o seguia por todo o mundo. Ele se preocupou com a possibilidade de que tanto couro ofendesse os hindus que veneram as vacas, e chegara a pedir conselhos a amigos pelo *e-mail.* Eles lhe asseguraram que não haveria problema, desde que o possuidor original da pele não tivesse sido morto por ele próprio.

Acontece que a Índia é um dos maiores produtores e consumidores de couro, como Danny descobriu e escreveu em um artigo intitulado "Quantas maneiras existem de tratar uma vaca? Na Índia hinduísta, muitas". É preciso "certo esforço para conciliar os negócios e a religião quando se trata de couros", escreveu ele. "A religião hinduísta proíbe comer carne bovina e matar vacas, mas permite tirar o couro de uma vaca 'caída', ou que tenha morrido de morte natural. Os muçulmanos, que podem matar vacas, trabalham nos matadouros e açougues. Mas no caso de vacas 'caídas', o trabalho é feito por hindus de casta inferior, pois tirar a pele de um animal morto por causas naturais é contra as crenças islâmicas."

Havia muito o que aprender ali, e estávamos fazendo esforços para compreender as coisas. Porém não tivemos tempo para realmente nos instalarmos em Bombaim. Um mês antes de Danny completar seu primeiro ano como chefe do escritório do sul da Ásia, o mundo pareceu ter perdido seu centro de gravidade. Primeiro Nova York, depois o Afeganistão, a Índia, o Paquistão... *Le monde ne tourne plus rond*, pensei eu, o mundo já não gira como antes. E o sul da Ásia se tornara sua região mais quente.

Capítulo 4

— SÃO SETE HORAS — diz Asra, como se eu não soubesse.

Asra tem o olhar mais cativante que conheço. Parece estar perpetuamente espantada, e com a falta de sono seus olhos estão ainda maiores e mais negros do que nunca. São quase perturbadores. Nunca a vejo piscar, embora certamente ela o faça.

Tomou banho de chuveiro e vestiu-se como para uma expedição: calças de safári, camiseta Nike preta e justa e botas de operário. Tirei o vestido que tinha escolhido para agradar Danny e vesti um uniforme de guerra parecido, inclusive as botas. Boas para dar pontapés em traseiros.

Nem por um momento imagino que Danny tenha sido vítima de um acidente de automóvel ou que tenha sido assaltado e deixado à margem da estrada. Sei que foi capturado por militantes islâmicos. Sei bem disso. Dentro de mim sei que foi seqüestrado por gente que seqüestrou seu próprio deus, isto é, gente que subverteu o conceito de *jihad*, a guerra santa, transformando-o em algo torcido e equivocado. Muitos muçulmanos haviam explicado o *jihad* a mim e a Danny como o processo mais corajoso que uma pessoa possa empreender. Os militantes no *jihad* lutam consigo mesmos para sobrepujar suas próprias limitações, a fim de contribuir para a sociedade como um todo. Essa batalha lenta e difícil, o verdadeiro *jihad*, é o que os budistas chamam "revolução humana".

O alívio da madrugada terminou, e o calor novamente envolve Karachi em seu abraço. Penetra todos os ambientes e faz a poeira dançar aos raios do sol. Ouvimos portas de carros batendo na rua Zamzama, quando os vizinhos começam a sair para o trabalho.

Asra e eu continuamos juntas diante do *laptop* de Danny, tentando reconstruir seus últimos movimentos antes de seu desaparecimento. Encontramos o nome do discípulo que deveria encontrá-lo no restaurante Village e levá-lo ao xeique Gilani: Imtiaz Siddique. Discamos o número que Siddique dera a Danny: foi desligado.

Asra começou a organizar uma cronologia dos acontecimentos. Juntas, elaboramos um gráfico para ajudar-nos a manter corretamente os nomes e visualizar o mar de informações em que navegamos. No centro de uma grande folha de papel branco, escrevemos: DANNY. Ao lado de seu nome, escrevemos "xeique Mubarak Ali Shah Gilani". Acrescentamos os nomes de Bashir e o de Siddique. Depois seguimos adiante, colocando Khalid Kawaja e Mansur Ejaz, o homem de negócios bem relacionado que sugeriu a Danny contatar Khawaja.

— Chame o intermediário costumeiro de Danny — diz Asra.

Esse é o gorducho Asif, em Islamabad. Provavelmente, não tem a menor idéia do que nos está acontecendo. A esposa atende e fica nervosa quando digo que quero falar com seu marido.

— Ainda está no banheiro — diz ela.

— Preciso falar com ele agora.

Peço a Asif que responda diretamente a minhas perguntas sem fazer outros comentários. O que ele ouve o desperta mais do que um banho frio.

Sim, responde, o encontro foi arranjado por ele. Danny fazia questão de encontrar Gilani, e a melhor maneira de fazer isso foi falar com alguém "bem relacionado com esse tipo de gente".

— Que tipo de gente?

Gente do movimento do *jihad*. Nesse caso, um jovem de constituição bastante frágil que serve de porta-voz do Harkat-ul-Mujahidin, grupo militante recentemente posto fora da lei pelo presidente Musharraf. Como é o nome desse porta-voz? Arif. Meu coração vacila entre Asif, o intermediário, e Arif, o Porta-voz dos terroristas. Resolvo chamar o primeiro de Asif-intermediário e o outro de Porta-voz da Jihad. Isso ajuda.

— Como é ele?

— Um tanto sofisticado, de barba comprida.

Asra pergunta se ele usa as calças amplas, chamadas *salwar*, mais curtas do que o costume, pergunta estranha mas importante, porque entre os fundamentalistas tornou-se moda levantar a bainha das calças. Diz-se que o profeta Maomé sugeriu esse hábito a fim de que seus discípulos não sujassem as calças na lama das estradas. Em seu constante esforço para provar sua ortodoxia, os fundamentalistas muçulmanos adotaram a moda. O Porta-voz do Jihad usava *salwar* curto.

— Estava limpo? — pergunta Asra.

Estremeço, mas trata-se de outra pergunta instrutiva, porque os paquistaneses costumam queixar-se da higiene pessoal dos afegãos. Antes que ela continue por esse caminho, interrompo com uma pergunta que vem me torturando:

— Esse Porta-voz do *jihad* tem ligações com a Al Qaeda?

Silêncio mortal. Posso ouvir a respiração pesada de Asif, mas ele nada diz.

— Danny sabia disso?

Mais silêncio, mais respiração ofegante.

— Por que você não avisou? Seu dever é nos proteger. *Por que nos traiu?*

Os intermediários devem saber como navegar nos limites vagos entre o que é suficientemente seguro e o que não é. É preciso confiar no intermediário e depender dele. Minha cabeça se enche de ira. Fico quase muda de raiva.

— Prepare-se, Asif. A polícia já vai chegar. — Desligo o telefone.

Asra e eu ocupamos tão pouco espaço, junto à pequena escrivaninha, que o resto da casa parece imenso. Enquanto ela navega no computador de Danny, buscando mais informações, esquadrinho as pilhas de seus pequenos blocos de notas. Em cada um deles está grampeado o cartão de visitas de Danny, que anotou metodicamente o lugar em que estávamos no momento. De Jaipur a Doha, todos os nossos movimentos estão escrupulosamente registrados, porém na estenografia inventada por Danny quando estudava jornalismo em Stanford. Não consigo decifrá-la. Acabarei por verificar que ninguém é capaz disso. O FBI iria contratar os maiores criptólogos para tentar decifrar a estenografia pessoal Pearl. Ninguém conseguirá.

No *back-up* de seu Palm Pilot encontramos letras de dezenas de canções: "The Harder They Come", "What a Wonderful World", "Love Minus Zero", de Bob Dylan... "My love speaks like silence/Without ideals or violence..."* E inúmeras listas engraçadas, todas misturadas.

* "Meu amor fala com a voz do silêncio/Sem ideais nem violência". (N. do T.)

"Coisas de que se pode gostar nos alemães: curiosos, boa cerveja, acolheram muitos refugiados, pontuais, produziram Beethoven, não são piores do que os austríacos, mulheres enérgicas, pedem desculpas pela guerra." Sempre otimista, há uma lista de *"Coisas agradáveis em Bombaim"*. É uma lista curta. Há relações de livros lidos e de frases aprendidas em francês. Essa aumenta sempre.

forcenées — maníacos
suppôt — capanga, assecla
la risée — objeto de ridículo
boucher un coin — surpreender
la branlette — masturbação
se goinfrer — empanturrar-se
prendre des gants — tratar com luvas de pelica
frémir — tiritar

Quando descobri pela primeira vez a mania de Danny de organizar listas, achei isso um tanto desconcertante, especialmente quando vi que ele tinha começado uma lista a meu respeito. Meu orgulho ficou ferido. Será que precisava ser lembrado de como eu era? Mas ele explicou que os itens da lista seriam excelente material para uma canção que pretendia escrever para mim, ou sobre mim. Além disso, disse ele, à medida que fosse aumentando a lista, ela se transformaria numa ode épica à mulher que amava, quando ficássemos velhos.

Está bem. Paro em minha pesquisa para ver quantos itens já havia na lista. Dezesseis.

COISAS QUE AMO EM MARIANE

Ouve Led Zeppelin de manhã
Diz que não gosta de bobagens comerciais sobre casamento
Dança com ou sem música
Não acha que seja preciso desistir de certas coisas quando envelhecer
Fica envergonhada no dia seguinte
Não tem medo de chorar

Gosta de coisas banais — fogo, velejar — sem ser banal
Deixa-me ser bobo sem ficar envergonhada
Não leva meu pai muito a sério
Vai na frente com os pilotos
Posso dizer qualquer coisa a ela
Gosta de comprar bichos de pelúcia
Sobe em cima de mim quando estou trabalhando
Usa a mesma blusa durante dois dias se tiver vontade
Caminha com um passinho bonito
Tem incrível capacidade para ver os outros e a si própria de maneira clara

— São nove horas — diz Asra.

Já se passaram quase três horas desde que chamamos a polícia; devem chegar em breve. Levantamo-nos e guardamos as garrafas de cerveja da véspera e escondemos o computador de Danny e o meu para poder conservar o controle sobre peças importantes de informação. Sabemos que os homens paquistaneses nem sempre aceitam de bom grado a colaboração de mulheres profissionais. É essencial que nos conservemos participantes e livres para fazermos o que acharmos conveniente a fim de encontrar Danny. Ficamos em guarda.

Asra tira as botas e calça outra vez saltos altos. Eu não. Continuo vestida para a guerra.

Tariq Jamil está sentado na ponta do sofá da sala, cercado por meia dúzia de seus homens, nenhum dos quais olha para nós. Tampouco quiseram sentar-se. Deferentemente, mantêm as cabeças baixas, enquanto Jamil se dirige a eles em urdu. Nesse momento, eles assentem com um gesto.

— *Ji sir.*

Asra tenta fingir que não compreende, mas seu olhar a trai.

— Shhhh — diz Jamil a um de seus subordinados. — Ela está ouvindo.

Jamil é o subchefe de polícia de Karachi. É um homem baixo, vestido com o uniforme verde-oliva da polícia paquistanesa. Tem o bigode cuidadosamente aparado e seus olhos são pequenos e redondos, como bolas de gude pretas. Com voz pausada, comedida e sedosa, pede que lhe contemos o que sabemos. À medida que discorremos sobre o dia de ontem e o que descobrimos durante a noite, ele nos examina. Quanto mais avançamos, mais preocupado ele se mostra.

— E a senhora está grávida — diz ele finalmente, fitando minha barriga.

— Que detetive astuto — murmuro para mim mesma.

Do lado de fora, a rua está tomada por uma falange de jipes em mau estado e veículos militares pouco impressionantes. A campainha toca a cada momento, e mais um homem desconhecido entra na casa. Quantos poderão caber? Os homens de Jamil saúdam seus compatriotas com uma continência. Os recém-chegados, a maioria vestida à maneira ocidental, vão de cômodo em cômodo como se alguma coisa essencial sobre o desaparecimento de Danny houvesse de alguma forma escapado aos demais. Na cozinha, tomam nota dos restos do jantar da noite anterior; na sala, abrem gavetas e disfarçadamente folheiam os papéis próximos ao telefone.

Por que não estão lá fora, procurando Danny em Karachi? Observo desalentada a cena. Recordo aqueles seriados de TV a que eu assistia quando mocinha, aborrecida nas tardes de domingo: a polícia chega, junta pistas. A esposa da vítima aparece, com os braços cruzados, a voz embargada pela tristeza, o rosto coberto de lágrimas.

Louca para fazer com que Jamil leve seus homens para as ruas, Asra pega o telefone e chama John Bussey, para mostrar que *Gente Importante* nos Estados Unidos também espera que alguma coisa seja feita. Ao telefone, ela se atrapalha com as siglas de Jamil, fazendo com que ele sorria. Não creio que seja homem de sorrir muito freqüentemente.

Asra entrega o fone a Jamil. Ouço-o assegurar a Bussey que "a polícia fará todos os esforços possíveis para encontrar Danny". O uso desse lugar-comum acaba com o resto de confiança ao qual eu me agarrava.

Uma fadinha de cabelos curtos navega por entre todos esses homens, com os olhos negros arregalados como se jamais pudesse ter imaginado ver tantos adultos juntos. É Kashva, a filha dos empregados. Vestida com uma saia longa, descalça e suja, ela vagueia, de boca aberta. Percebo que a aparência estranha e assustadora de sua fisionomia vem da maneira pela qual seus olhos estão maquiados. As mães paquistanesas passam *kohl*,* de cor escura como fuligem, nas pálpebras das crianças, a

---

* Espécie de cosmético oriental. (N. do T.)

fim de protegê-las de feitiços. Elas ficam parecendo anjos do mal. Se alguém lhe dirige a palavra, Kashva corre para junto da mãe, que está ocupada varrendo o tapete. Utilizando um método completamente ineficiente, agachada, a mãe percorre toda a casa, varrendo com a primitiva vassoura caseira. Nesse ritmo, levará o dia inteiro para limpar a casa.

Embora ninguém levante a voz, diversos entre os homens não conseguem esconder a excitação. Esse caso é de alta visibilidade, e eles estão contentes por participarem da investigação. Asra procura ficar a par da situação da melhor maneira possível. Boa jornalista que é, acompanha os homens, pedindo seus nomes completos e títulos profissionais, que registra em um bloco de notas. Alguns dos homens ficam evidentemente chocados. Não estão acostumados a serem interrogados, especialmente por uma mulher americana, nascida na Índia e que fala urdu, morando sozinha em uma casa alugada pela quantia aparentemente irracional de 40 mil rupias por mês, nessa Karachi louca e sem lei. SSP, DIG, DSP, CID — ela só consegue siglas. O caderno de notas parece encher-se de todo o alfabeto, como se ela atirasse as letras ao ar e as fosse recolhendo ao acaso. A única que conheço realmente é ISI, e embora seja razoável presumir que gente dessa agência esteja presente, esses homens não gostam de revelar suas verdadeiras identidades.

Entra um homem baixo, de uniforme e quepe, precedendo cada passo com o bater agourento de sua bengala. É apresentado a mim como Kamal Shah, inspetor-geral ou IG. Calmo e de maneiras suaves, ouve o relatório respeitoso de Tariq Jamil, feito em voz baixa. Um policial se inclina e diz mais algumas palavras no ouvido do IG. Todos parecem estar compartilhando segredos pessoais. Começo a achar irritantes esses pequenos mistérios, mas me esforço por manter a calma. Examino a linha de comando. Evidentemente, Jamil está imediatamente subordinado ao IG, e este ao governador da província de Sindh, a quem agora telefona. A conversa é em urdu, mas o IG, de vez em quando, diz em inglês:

— Isso é importante, senhor, é importante...

Alguns homens se adiantam para entrevistar-me. Por que Danny queria encontrar Gilani? De que maneira surgiram os problemas? Alguns dias mais tarde, o ministro do Interior, Moinuddin Haider, me informaria em tom de acusação:

— O Paquistão recebeu três mil jornalistas durante toda a guerra no Afeganistão, e nenhum desapareceu até agora.

A conclusão é clara: Danny, de alguma forma, é o culpado pelo que aconteceu. Deve ser imprudente ou foi longe demais.

— Isso não é provável — respondo — e posso mostrar por quê.

Para começar, se Danny fosse uma espécie de caubói, estaríamos no Afeganistão. Tão logo se tornou evidente que haveria uma retaliação americana ao 11 de setembro, os jornalistas trataram de tomar posição para entrar no Afeganistão. Nós, não. Esperamos um filho e achamos que seria muito perigoso ir para lá. Além disso, Danny já tinha experimentado a reportagem de guerra, quando fora mandado à Bósnia, em 1999. Lá testemunhara o que acontece depois dos massacres e viu como é a vida num mundo cheio de franco-atiradores e campos infestados de minas. Não tinha interesse na adrenalina da reportagem em zonas de perigo.

Mesmo assim, o *Wall Street Journal* não desejava ficar alheio. Estávamos trabalhando em Islamabad, quando o editor de notícias, Bill Spindle, mandou um *e-mail* a Danny em que perguntava: "Aliás, seria muito difícil a você pedir um visto para o Afeganistão? só se for preciso... Bussey quer muito que alguém entre no Afeganistão — está muito interessado, se quer saber..."

Danny respondeu rapidamente e com firmeza:

> Meu entendimento, pelos últimos despachos da Reuters, é que os jornalistas estrangeiros que vinha cobrindo as prisões dos colaboradores de ajuda externa já saíram do Afeganistão... É fácil conseguir um visto em Délhi para o norte do Afeganistão, mas é preciso passar por três países para chegar lá e finalmente se chega ao enclave controlado por Massud, que está morto...
>
> Eu recusaria ir para o Afeganistão, em parte porque mandei a Bussey há mais de um ano um *memorandum* sobre segurança dos repórteres, sobre coisas tais como os procedimentos para manter contato regular e saber se os editores sabem o que fazer se um repórter desaparecer, se precisamos de treinamento de guerra que alguns jornalistas obtêm, se precisamos levar equipamento de emergência e coisas assim — e ele não respondeu. Não tenho treinamento para ser correspondente de guerra, e não creio que seja comportamento responsável para um jornal mandar gente sem instrução adequada para uma situação dessas.

> Naturalmente, não vou ensinar nada a Bussey, que passou por alguma coisa ainda mais horripilante do que qualquer outra que eu possa experimentar [o ataque às Torres Gêmeas] — *insha'allah.* DP.

Danny e eu não tínhamos interesse pela guerra, e sim pelo desafio representado pela paz. Freqüentemente as pessoas consideram a paz como a simples ausência de guerra, mas ela é, na verdade, o resultado de atos corajosos feitos para iniciar um diálogo entre civilizações. Tanto eu quanto Danny víamos nossas profissões como uma forma de contribuir para o diálogo, permitir que opiniões de todas as partes fossem ouvidas, e servirmos de testemunhas.

Nossa ética jornalística era robusta, mas nossa vulnerabilidade era grande. Na época que trabalhou como repórter nos Bálcãs, Danny havia telefonado a Nova York, a fim de debater com seus editores o conteúdo de um artigo que estava escrevendo.

— Ah! Danny, a propósito, onde é que você está? — perguntou o editor. Pergunta básica, feita inocentemente; mas Danny se indignou ao perceber que havia sido mandado a uma zona de guerra sem que seus superiores se preocupassem em recordar-se de onde ele estava.

"[Obrigado] por toda a excelente cobertura sobre o Kosovo que você mandou para o jornal...", dizia um *e-mail* de um dos principais editores para ele, no verão de 1999. "Você trabalhou muito bem, e valorizou a imagem do jornal com esse artigo. [...] Por isso, obrigado. Vamos ficar de olho em você para a próxima guerra."

Isso não era o que Danny esperava ouvir.

Logo que regressou a Paris, redigiu um documento detalhado, intitulado "Memo sobre Proteção a Jornalistas", o mesmo que mencionou quando o editor internacional Spindle o sondou sobre a ida ao Afeganistão. O *memorandum* se revelaria extraordinariamente premonitório e instrutivo.

> MEMO SOBRE PROTEÇÃO A JORNALISTAS
>
> Primeiro, um aspecto de caráter geral: muitos de nós ouvimos o jargão de que o *Journal* "não manda ninguém a lugares peri-

gosos". Há um pouco de verdade nisso. É menos provável que um correspondente do *WSJ* esteja em um comboio militar saindo de Freetown do que algum jornalista da APTV ou da Reuters. Não sentimos a pressão que sentem os correspondentes da TV, ou os que trabalham pelo telégrafo, para que sejam os primeiros a chegar a uma zona de guerra, e isso é bom. Mas isso também pode induzir o jornal a uma falsa sensação de segurança. A verdade é que mandamos gente ao Kosovo enquanto ainda havia tiroteios, e sem o tipo de preparação que o jornal faria se estivéssemos mais acostumados com esse tipo de coisa. Também fomos à Chechênia. [...] Cada vez mais os estrangeiros se transformam em alvos em lugares como o Oriente Médio e o sul da Ásia.

Se ocorrer um seqüestro ou prisão, sabemos como reagir?

Danny era suficientemente ambicioso para saber que uma missão "quente" tinha de ser quente. Para ele, porém, a questão era administrar os riscos do caminho, em vez de deixar que os riscos assumissem o controle.

MANTER CONTATO — Durante os últimos anos, tivemos repórteres detidos em vários lugares. Felizmente, isso não durou mais do que um dia. Mas existe o perigo de que um repórter fique desaparecido durante vários dias sem que ninguém perceba. Muitas vezes eu informei meu editor ou seu assistente que faria contato diário, e que se eu não o fizesse eles deveriam chamar-me, mas quando passava alguns dias sem chamar, jamais recebi um telefonema. [...] Deveria no mínimo fazer parte dos deveres dos editores saber o paradeiro dos repórteres que se dirigem a situações arriscadas. Deveriam ter um sistema... que lhes recordasse entrar em contato com esses repórteres, e uma lista de números a chamar caso houvesse dúvida sobre a segurança deles. [...] [O] primeiro contato (depois do cônjuge) deveria ser o tradutor/intermediário, depois outros jornalistas no país, em seguida a agência governamental responsável por jornalistas visitantes e, finalmente, a embaixada americana ou a seção de interesses.* Esses números deveriam estar disponíveis para quem estiver encarregado do contato com os repórteres ou que seja acordado no meio da noite por alguém preocupado com o repórter.

Há outros números que devem ser chamados em caso de desaparecimento de um repórter: primeiro, o Comitê Internacional da Cruz Vermelha, 011-41-22-734-6001 (telefonista 24 horas), 730-2088 (secretariado de imprensa) ou 734-8280 (fax). O CICV pode verificar em prisões se o repórter foi preso, e pode organizar trocas de mensagens. Segundo, o Comitê de Proteção de Jornalistas, 212-465-1004; essa organização sabe a forma de exercer pressão pública, se necessário, para que alguém seja solto...**

ORIENTAÇÃO — Quanto mais tempo um(a) repórter passa no campo, maior risco corre. Assim, uma forma de reduzir o risco é desestimular reportagens de que a sede em Nova York não necessita ou não poderá utilizar. Mas em lugares como o Kosovo, a decisão sobre onde ir e o que fazer é tomada no máximo até as oito da manhã, e a resposta de Nova York pode não chegar senão tarde demais. Evidentemente, não se pode pedir que a Primeira Página tome decisões instantâneas, ou que o editor internacional as tome às duas da madrugada. Mas se houver uma maneira de apressar as respostas nos casos em que alguém esteja em uma zona "quente", isso seria de grande ajuda...

DINHEIRO — Ainda há muitos países nos quais os cartões de crédito não servem para nada. Levar dólares é obrigatório no Irã, e em grande parte da ex-Iugoslávia, os marcos alemães são indispensáveis. Não temos, porém, um bom sistema para abastecer rapidamente os jornalistas de dinheiro antes das viagens. Além de custar caro ao *Journal* (50 dólares cada vez que troco um cheque de mil dólares para obter francos na França,

* Quando um governo não mantém relações diplomáticas com outro país, em geral solicita-se oficialmente à embaixada de um país amigo que cuide dos interesses desse governo em tal país. (N. do T.)
** O prefixo 011 se refere a chamadas a partir dos Estados Unidos. (N. do T.)

mais a perda na taxa de câmbio quando troco francos por dólares) e tempo (esperar pelo dinheiro antes de partir), isso pode suscitar problemas de segurança. Se o dinheiro acabar em um lugar difícil, será preciso permanecer mais tempo do que o necessário, esperando a chegada de recursos. Em Montenegro, os jornalistas gastavam um dia para ir a Dubrovnik e voltar, a fim de sacar dinheiro nas máquinas, expondo-se a situações hostis na estrada, sem razão válida. Além disso, quando o dinheiro começa a acabar, as pessoas passam a economizar, deixando de lado o motorista habitual, indo a lugares sem o intermediário, saindo do hotel principal — coisas que são potencialmente arriscadas. Sugestões: manter uma conta corrente em lugares estratégicos, onde seja possível obter cinco ou seis mil dólares para uma viagem. Desenvolver um sistema... que permita aos editores transferir dinheiro eletronicamente aos repórteres, sem ter de preencher formulários nem depositar fundos no Citibank. Uma opção é o serviço da Western Union, mas é dispendioso e seria necessário manter um monte de dinheiro vivo em Nova York, e alguém teria de levá-lo a uma agência da Western Union...

TREINAMENTO — Existem pelo menos dois cursos de treinamento disponíveis para jornalistas que fazem cobertura de guerras. Os aspectos militares desagradam algumas pessoas — os repórteres deveriam receber treinamento de ex-soldados de forças especiais? Mas Craig Copetas, que seguiu um desses cursos há alguns anos, diz que foi útil diversas vezes e acha que deveria ser obrigatório. Outros que não fizeram cursos concordam com isso. Os cursos tratam de coisas básicas como primeiros socorros (p. ex., como fazer um torniquete), armamentos (p. ex., como reconhecer se a arma apontada para nós está "armada e carregada"), psicologia humana (p. ex., como parlamentar com gente hostil nas barreiras), dirigir veículos (p. ex., como sair de situações perigosas) e coisas variadas, como que tipo de roupa usar para não se transformar em alvo, como agir em climas extremos, como manter-se em segurança durante manifestações, como evitar minas. Uma firma chamada Centurion Risk

Assessment Services mantém um curso no Reino Unido, que recebeu elogios de jornalistas. (O *New York Times* e a BBC já mandaram gente para lá.) O curso feito por Copetas foi o da Andy Kain Enterprises (repórteres da CNN e da BBC o freqüentaram), e existe no Reino Unido e outros lugares. Os três correspondentes da Reuters apanhados na emboscada em Sierra Leone aparentemente haviam sido treinados pela Centurion; dois sobreviveram, um morreu. O preço do curso, que pode durar de três a cinco dias, parece ser de 500 dólares por dia. Anexo um artigo do *The New Yorker* sobre o curso.

EQUIPAMENTO — As pessoas ficam nervosas com os coletes à prova de bala, mas se tivermos que usá-los é melhor levá-los a sério, em vez de dizer, como de costume, "Acho que há cinco anos havia um colete desses no escritório em Paris". Do lado negativo, são desconfortáveis, pesados (dois quilos e meio) e quentes. Do lado positivo, um modelo adequado pode proteger contra fragmentos de granadas e projéteis, assim como contra armas de fogo de uso manual, e não é preciso usá-los o tempo todo. Exemplo: pode-se conservar um no carro quando se viaja próximo a uma zona de batalha, e vesti-lo se o tiroteio começar. Diversos colegas dizem que em algumas ocasiões gostariam de ter tido esse equipamento. O problema é que é necessário que seja do tamanho correto, e é preciso saber a maneira de usá-lo.

Daí em diante, o *memorandum* de Danny era *ainda mais* específico. Não foi adotado.

Sentada no sofá ao lado do chefe de polícia, é difícil não recordar mentalmente o *memorandum*, ponto por ponto.

Tariq Jamil murmura em urdu ao telefone, e outro homem de aspecto profissional, de seus 30 anos, gentil e sorridente, vestido de terno, faz um sinal discreto para que eu me aproxime dele. Diz-me pertencer a um departamento policial que também tem uma sigla — assim como Asra, eu já não dou atenção às siglas — e pede uma foto de Danny "para fins do inquérito". Por acaso, tínhamos feito recentemente fotos para documentos, e eu as procuro na bolsa de Danny. Ao retirar uma, o olhar doce e irônico de Danny cruza com o meu, e de repente alguma coisa começa a gritar dentro de mim. Experimento um instante de puro pânico. Sinto um desejo urgente de correr pelas ruas gritando o nome dele, exigindo que ele me seja entregue *imediatamente*.

Sou ao mesmo tempo Danny e nosso filho, e me sinto revoltada.

A angústia que corre em minhas veias vai muito além da noite infernal que acabei de atravessar. Num segundo, sinto uma terrível afinidade não somente com as vítimas de 11 de setembro, mas também com os meninos que sofrem lavagem cerebral, a fim de tornar-se instrumentos de morte em nome de um Islã inventado. Uma sensação de que tudo é terrivelmente absurdo toma conta de mim.

Dois homens de pé do outro lado da sala me observam. Um, de pouco mais de 40 anos, aparenta notável elegância. Fuma como um ator de um filme dos anos 40 — sem compulsividade, sem uma atitude deliberada, porém perfeitamente à vontade. Suas roupas caem perfeitamente bem no corpo esbelto, e os cabelos e bigode têm laivos grisalhos. Há uma certa nobreza em seu porte. O companheiro é mais jovem, igualmente elegante e bem-apessoado. Tem nas mãos um bloco de notas, mas não o usa. Ambos parecem esperar pacientemente que cesse o tumulto antes que comecem a trabalhar. Percebo que estão começando a participar. Como não os notamos antes?

Caminho até eles, e o mais velho me aperta a mão.

— Sou o SSP, CID.

— Sim.

— E este é Dost, MI — acrescenta ele, acenando com a cabeça para o companheiro sem despregar os olhos dos meus.

— Sim.

Ambos têm uma presença que me agrada. Recordando a opinião favorável de Asra sobre os militares, pergunto se são das forças armadas.

— Já fui — diz o mais velho, sorrindo. — Eu era capitão no exército, mas agora sou o chefe da CID.

Fico esperando, rezando para que ele explique que diabo significa "CID", mas ele não o faz. O jovem vem em meu auxílio:

— A unidade contraterrorismo.

Et voilà. Apesar de ter passado a noite em claro, nunca estive tão alerta em minha vida. Claro, penso, é isso mesmo. É disso que precisamos. O chefe da unidade contraterrorismo encarregar-se da busca de Danny — boas notícias, embora minha reação seja apenas instintiva.

Um laço invisível sempre me uniu a Danny. Quando ele tem medo, eu tenho medo; quando ele sofre, eu sofro. Sinto-me estimulada pela coragem que ele demonstra, onde quer que esteja.

— Capitão — digo, bruscamente —, ouça, o tempo é curto. Precisamos encontrar meu marido, depressa. O senhor é profissional, mas eu sou sua melhor aliada.

Explico os motivos pelos quais Asra e eu devemos estar no centro do inquérito. Relato o que já fizemos. Levo-o a ver nosso mapa. Peço que fique junto de nós. Ele me olha diretamente nos olhos, pensativo, exalando uma calma olímpica. Não sei dizer se se trata de um extraordinário autocontrole ou se é simplesmente um alheamento profissional.

— Vamos trabalhar juntos — diz ele, finalmente, e acrescenta: — A senhora não dormiu esta noite.

Asra encontra-nos no corredor e rapidamente a apresento. Desde que chegaram, o Capitão e Dost observaram a maneira eficiente pela qual ela supervisiona a casa. Sem que tivéssemos percebido, ela já ganhou a estima deles.

O Capitão aponta para os saltos altos de Asra.

— Tire esses sapatos — diz ele, com firmeza. — Calçados assim podem ser aceitáveis para a elite paquistanesa, mas outros os consideram provocantes. São também pouco práticos. — Asra obedece.

Mais tarde, falando com um amigo, refiro-me ao "Capitão" usando esse apelido espontâneo. Meu amigo fica assombrado.

— Você o rebaixou em três graduações — protesta ele.

— Mas não conheço as hierarquias militares e francamente não dou muita importância a elas. Para mim, o Capitão é o homem que irá guiar-me através de um sistema do qual tenho boas razões para desconfiar. Ele é o comandante de nosso barco.

A hora do almoço deve estar próxima, porque a casa vai ficando vazia. O Capitão e Dost sentam-se à mesa de jantar, para onde trouxemos o *laptop* de Danny que estivera escondido. Asra e eu resolvemos partilhar com eles o que tínhamos descoberto durante a noite, e também um pouco de *biryani* de frango. Mais tarde, o Capitão me diria:

— Pensei comigo: "Aconteceu uma coisa gravíssima na casa, uma coisa incontrolável, mas essas duas senhoras estão tentando comportar-se de maneira normal. E estão procurando manter as esperanças." — Ele gostou de nós, realmente. — E quando me mostraram o mapa que fizeram, compreendi que iam ajudar-me. Elas não sabem como, mas vão me ajudar, percebi isso logo de saída.

O telefone do Capitão toca sem cessar, a maior parte chamadas de superiores que sentem a pressão aumentar. Continuo a discar o número do celular de Danny a cada 15 minutos, sempre me assustando com a voz mecânica da gravação. Também ligo regularmente para Siddique, o homem que Danny deveria ter encontrado. Do outro lado, a mesma voz vinda do inferno. Somente usamos nossos celulares, porque resolvemos que ninguém deve ocupar a linha fixa, para o caso de Danny chamar. Uma folha de bloco, presa ao receptor com fita adesiva, diz: "Não use. Telefone de Danny." O único aparelho que Dost trouxe é uma secretária eletrônica, preparada para gravar algum chamado dos seqüestradores. O problema é que o telefone está ligado à máquina, que por sua vez está conectada com a tomada da sala, e em algum lugar há um defeito na fiação, o que nos obriga a examinar os fios a cada 20 minutos aproximadamente, a fim de certificarmo-nos de que o telefone continua funcionando.

Asra começa a conversar com Dost como se fossem companheiros de mesa em um banquete. Tanto Dost quanto o Capitão já estiveram nos Estados Unidos. Na verdade, ambos estavam em Nova York no dia 11 de setembro, para uma conferência internacional sobre terrorismo.

— Oh, isso é *inacreditável*! — exclama Asra. — Qual é exatamente sua função? — pergunta ela.

Sua experiência é no campo de informações, responde Dost. Imagino que isso seja bom.

— Diga-nos o que sabe sobre Gilani — peço.

— Nada sabemos a respeito dele — é a resposta. Como é possível que não conheçam o homem? Minha bela confiança começa a desvanecer-se.

— A família de Gilani — explica ele — era de zeladores de um santuário histórico da seita Sufi, na região de Lahore. Gilani é uma figura muito respeitada em Lahore. Isso é tudo o que sabemos.

Sinto-me arrasada. Esses pobres-diabos não sabem de nada. Somente naquele momento dou-me conta de que as autoridades americanas ainda não se dignaram a fazer-nos uma visita. Exausta, agarro o telefone e chamo Randall Bennett no consulado americano.

— Como estão as coisas? — pergunta ele, em tom de preocupação.

— Estou ótima, ótima! Meu marido foi seqüestrado, ninguém sabe merda nenhuma sobre quem o levou, e você está aí sentado em vez de ajudar, claro, estou ótima!

Em tom condescendente, Bennett pede que me acalme, fingindo que a situação está sob controle. Quando lhe digo que vou me queixar em Washington, ele responde que, apesar das aparências, não está sentado em seu escritório e sim trabalhando para que Danny seja libertado, e acrescenta que dentro de duas horas virá à nossa casa.

Dost e o Capitão ouviram minha altercação sem dizer palavra.

— Precisamos que ele venha — diz o Capitão simplesmente, e depois começa a interrogar-me, desta vez sobre questões de saúde. Em que ponto da gravidez estou? Quando dormi pela última vez? O que comi? Manda que eu me deite no sofá.

— Sou casado — diz ele — e sou pai. Sei tudo sobre gravidez, sei dos sentimentos e dos hormônios. Sei tudo. E lhe digo o seguinte: vamos encontrar seu Danny. Mas a senhora tem de cuidar de si mesma e do bebê.

Obedecendo, penso que ninguém nunca tinha falado assim comigo desde que meu pai morreu, 27 anos atrás. A voz dele, esquecida depois de muitos anos, volta à minha memória. Era uma voz empastada por causa dos cigarros que ele fumava sem cessar, uma voz a que meu irmão e eu obedecíamos sem discussão, não apenas porque tinha autoridade, mas porque também possuía um pouco de doçura. Normalmente, não gosto de que me dêem ordens, mas isto é diferente. Está bem, penso, posso confiar no Capitão.

Tenho medo de adormecer, como se o sono fosse tornar as coisas mais reais, e a realidade já é um pesadelo. Dost faz o possível para ajudar-me.

— Se a senhora dormir — diz ele —, talvez tudo isso seja somente um sonho e Danny esteja aqui quando acordar.

Alguém toca a campainha da porta. Percebo que formamos uma equipe ao emergirmos juntos da sala de jantar, fechando cuidadosamente a porta de vidro atrás de nós, a fim de impedir que olhos indiscretos vejam os mapas e o resto. Shabir, o empregado, anuncia Najib, repórter do *Jang*. É a pessoa que Asra havia chamado antes e que falara sobre o colaborador do *Time* desaparecido.

Asra volta-se para o Capitão e Dost, sem saber se devemos falar com Najib. Dost dá a primeira ordem em nosso incipiente treinamento intensivo em táticas policiais, nessa terrível mistura de agentes de inteligência, policiais de verdade, terroristas e gente bem-intencionada.

— Podem ir, mas não revelem nada a ele. Façam perguntas e apenas ouçam o que ele tem a dizer. Tomem notas mentais.

Najib, alto e magro, não chega a entrar na casa.

— Sou repórter policial do *Jang* — diz ele.

Tem aspecto de um Pathan e veste um *salwar kamiz* branco. Desconfio de toda a imprensa paquistanesa, que não parece cultivar a objetividade e a neutralidade. Mais do que isso, desconfio instintivamente de Najib. Mal disfarça o fato de que considera o seqüestro de Danny um verdadeiro furo jornalístico. Declara que acaba de voltar do restaurante Village, onde ouviu "gente que conheço por aí" dizer que Danny saiu de lá acompanhado por dois homens de barba.

— Posso contar mais, se a senhora responder às minhas perguntas — acrescenta.

Durante um breve instante, sinto alucinações. Vejo Najib transformado em ave de rapina, com os olhos pequenos destituídos de humanidade. Volto para dentro da casa sem nem mesmo preocupar-me em responder.

Conto ao Capitão a proposta de Najib. O jornalista deve saber mais, porém não posso tratar com ele; quero que seja interrogado pela polícia. Mas o Capitão não tem pressa em fazer-lhe perguntas.

— É melhor que os jornalistas não se intrometam — diz.

— Vamos começar pelo que sabemos — prossegue. — Temos três números de telefone. Temos o número do celular de Imtiaz Siddique, que deveria levar Danny a Gilani. Temos o número do celular de Bashir, que apresentou Danny a Siddique. E temos o número do celular de Danny. Isso é nosso ponto de partida.

— Mas isso é muito pouco — protesto.

O Capitão acende outro cigarro e concorda, num gesto de cabeça.

Capítulo 5

Asif, o intermediário, chega de Islamabad às cinco horas da manhã seguinte. A expressão sonolenta de sua fisionomia desapareceu completamente. Os olhos estão tão arregalados, tão vermelhos, que ele me lembra o personagem Alex de *Laranja Mecânica.* Quando abro a porta, sua expressão de terror me faz recuar. As têmporas latejam tão visivelmente, que me sinto envergonhada, em vez dele. Asif entra na casa sem se dar conta; a mão que estende, e que eu não aperto, brilha de suor.

— Eu não quis fazer mal — diz ele. O pânico que o domina quase amolece minha raiva. — Só dei a Danny o que ele pediu. Nada mais.

Asra se ergue do sofá da sala, onde esteve descansando próximo ao telefone. Aperta os olhos fatigados, pega o bloco de notas e nos leva ao terraço, onde podemos conversar sem sermos ouvidos pelos policiais que nos guardam.

Dizemos a Asif que é hora de chamarmos seu amigo, o homem que apresentou Danny ao Porta-voz do *jihad.*

— Qual é o nome dele? Qual é o número de telefone?

Asif sacode a cabeça.

— Não posso dizer. Prometi que o nome dele nunca apareceria.

— Quanto é que Danny paga a você? — indaga Asra.

De cabeça baixa, Asif confessa que Danny paga 100 dólares por dia. É um salário quase indecente para essa região — quem é que ganha 100 dólares por dia no Paquistão? — e ele sabe que será imperdoável decepcionar-nos.

É ainda de manhã muito cedo para que eu seja diplomática. Asra e eu já estamos vestidas de camisetas largas e calças compridas folgadas; nosso cabelo está desalinhado e os rostos mostram os tristes sinais da falta de sono. Não temos boa aparência e não temos cara de bons amigos.

— Dê-me o nome e o número! — exclamo.

Asif se rende.

O nome do homem é Zafar, e é também jornalista do *Jang*. É um velho amigo de Asif.

— Supliquei que ele me ajudasse — diz Asif. — Disse a ele que se eu trabalhasse bem para Danny, poderia vir a ser colaborador do *Wall Street Journal* no Paquistão. Eu disse: "Por favor, me ajude." Nós nos ajudamos uns aos outros, como jornalistas. Pedi a Zafar, mas nunca falei dele para Danny.

Em suas notas, Asra começa a esboçar uma árvore genealógica: Asif ⇨ Zafar <_> Porta-voz do *jihad* ⇨ Bashir ⇨ Imtiaz Siddique ⇨ Gilani.

Em outras palavras, Asif, o intermediário, pediu auxílio a Zafar. Este se aliou ao Porta-voz, que levou Danny a Bashir, que então apresentou Danny ao discípulo do xeique Gilani, Imtiaz Siddique, o qual deveria levar Danny a Gilani. Este último deve ter desempenhado papel importante na tentativa de Richard C. Reid de explodir o vôo transatlântico 63 da American Airlines com a bomba no sapato.

— Zafar conhece bem o Porta-voz? E que grupo o Porta-voz representa? — perguntamos.

Aparentemente, Zafar e o Porta-voz foram apresentados em uma reunião do Harkat-ul-Mujahedin, um ano atrás, diz Asif, "mas ele não é nada mais do que um Porta-voz". Isso é para me confortar, mas não atinge o objetivo. O Harkat é um dos grupos muçulmanos mais militantes dentre os que operam no Paquistão.

Asra e eu precisamos falar com Zafar. Com grande relutância, Asif disca o número dele. Seu tom de voz é curiosamente cerimonioso.

— Estou aqui com a mulher de Danny e uma amiga deles — diz ele. — Elas asseguram que você será protegido e interrogado pela polícia americana e não pela paquistanesa. Asseguram que seu nome não será publicado. Vão telefonar agora em outra linha.

— Mentira — digo, quando Asif desliga. — Ele vai ser interrogado também pela polícia paquistanesa.

Asif fica em silêncio. Asra e eu ligamos um microfone ao telefone, para gravar a conversa. Ao telefone, Zafar parece bem menos temeroso do que Asif, e responde de bom grado a todas as perguntas que fazemos.

Explica seu relacionamento com grupos extremistas.

Para melhor entendimento, é preciso saber alguma coisa sobre a longa e mortífera disputa sobre a Cachemira. Em 1947, quando a Índia e o Paquistão se tornaram independentes da Grã-Bretanha, o futuro do estado da Cachemira, no Himalaia, ficou incerto. A maioria dos habitantes era de muçulmanos, mas o estado era governado por um marajá hinduísta e, segundo o acordo com os britânicos, o marajá decidiria se a região se tornaria parte do Paquistão, predominantemente muçulmano, ou da Índia, predominantemente hinduísta. Antes que uma decisão final fosse tomada, o Paquistão reivindicou a posse do estado, e o marajá, reagindo, resolveu que a Cachemira se juntaria à Índia. A conseqüente disputa já dura mais de meio século.

Até agora houve três guerras pela posse da Cachemira, e o total de mortos pode ter chegado a 60 mil. Na primeira, as Nações Unidas negociaram um cessar-fogo, em 1948, e o território foi dividido de tal forma, que cerca de um terço ficou sob controle paquistanês, e o restante, com a Índia. A Grã-Bretanha e as Nações Unidas advogaram a realização de um plebiscito, a fim de que o povo da Cachemira pudesse decidir seu *status* e seu futuro, mas isso nunca aconteceu, e, portanto, a disputa continua até hoje. Atualmente, o desejo de que a totalidade do território da Cachemira seja colocado sob um governo islâmico passou a ser uma obsessão nacional dos paquistaneses. Há um milhão de homens mobilizados ao longo da fronteira da Cachemira, conhecida como "linha de controle", e o mundo inteiro se prepara para assistir à nova guerra, que poderá envolver armas nucleares, com todo o seu horrendo potencial. Ambos os países as possuem, e ambos parecem dispostos a utilizá-las. Os dois são tão intransigentes, que chegam a manter posições militares na geleira de Siachen, no extremo nordeste da Cachemira. A geleira é de tal forma remota, que nunca foi entregue a qualquer dos dois países, e naturalmente ambos a reivindicam. Muita coisa distingue Siachen: é o mais elevado campo de batalha do mundo, com quase oito mil metros de altitude; é a maior geleira do mundo, com exceção das polares; a temperatura constante é de cerca de 57ºC abaixo de zero (muitos soldados vivem em iglus). Estima-se que ambos os lados despendem até um milhão de dólares por dia para poder trocar tiros no terreno inóspito, embora morram muito mais soldados devido às condições adversas do que por armas de fogo.

A escalada passional dos anos recentes deve-se à ascensão do fundamentalismo, tanto islâmico quando hinduísta, e, em particular, à intensificação dos esforços dos fundamentalistas islâmicos para reivindicar a posse da região. Em 1989, quando os soviéticos se retiraram do Afeganistão, e o Talibã assumiu o controle, os grupos do *jihad* voltaram-se para a Cachemira.

Cobrir os grupos da Cachemira é tarefa arriscada para um jornalista como Zafar. Carros-bomba, campos minados, homens-bomba suicidas...

— Essa gente emergiu à superfície e suas atividades se tornaram mais intensas. Trabalho para o *Jang*. Cuido da defesa, organizações diplomáticas, Cachemira e Afeganistão. Freqüentemente encontro gente do *jihad*. Entro em contato com eles para saber o que está acontecendo.

Suas fontes são pessoas como o Porta-voz.

— Como é ele? — perguntamos. — Quem é? Onde mora?

— É um simples ativista — diz Zafar. — Parece uma pessoa responsável... de uns 20 anos de idade, instruído — coisa importante, num país cuja taxa de analfabetismo é de cerca de 60 por cento.

Zafar pouco sabe da vida particular do Porta-voz. Sua impressão é de que ele passa a maioria das noites no quartel-general da organização, em Rawalpindi. Antiga sede militar colonial dos britânicos, Rawalpindi é a cidade gêmea e ao mesmo tempo a antítese de Islamabad, que fica a poucos quilômetros ao sul. Enquanto Islamabad é uma cidade estruturada, Rawalpindi é superpovoada, decadente e caótica.

O jovem Porta-voz tem boas conexões.

— Também parece estar ligado ao Jaish-e-Mohammed. Quando o acampamento desse grupo foi bombardeado no Afeganistão, o Porta-voz me convidou, junto com outros repórteres, a uma cerimônia em honra aos mortos.

Por isso Zafar acredita que, se alguém fosse capaz de entrar em contato com o xeique Gilani, esse alguém seria o jovem Porta-voz.

— Sabe — diz ele —, até pouco tempo atrás, não havia dificuldade em visitar essas organizações.

É um ponto importante. Faz poucas semanas que o presidente Pervez Musharraf colocou fora da lei um grupo do *jihad*. Danny escreveu sobre isso no artigo "O Duplo Objetivo do Paquistão na Ofensiva contra Militantes Islâmicos", publicado em 2 de janeiro. "Ao prender líderes de grupos islâmicos militantes, o Paquistão procura matar dois coelhos com uma cajadada: evitar uma guerra com a Índia e tratar do problema do terrorismo doméstico paquistanês", disse Danny no artigo.

Desde os ataques de 11 de setembro, os Estados Unidos vêm pressionando Musharraf para que controle a atividade terrorista baseada no Paquistão, mas o presidente tem evitado agir, receoso de possíveis repercussões políticas. Ocorreu então o ataque terrorista ao Parlamento indiano, em 13 de dezembro de 2001. Invadindo o edifício do Congresso em Nova Délhi, cinco militantes da Cachemira conseguiram abater nove pessoas a tiros, antes de serem mortos pela polícia.

Na época, estávamos em Islamabad. Pelo telefone, Danny mobilizou a cobertura na Índia, e saímos à rua para colher reações dos paquistaneses. O que descobrimos foi desconcertante, sem exagero. A maioria das pessoas com quem falamos dizia acreditar sinceramente que a própria Índia havia organizado o ataque, a fim de que o mundo se voltasse contra o Paquistão. Todos tinham certeza da existência de uma conspiração. Parecia que o caos mental se transformara na regra. Se os cidadãos paquistaneses acreditavam realmente em um complô tão improvável, até onde poderiam ser manipulados? Até onde iriam a ignorância e a paranóia?

A Índia ameaçou retaliação militar, caso o Paquistão não coibisse a ação dos grupos que mais provavelmente poderiam ter causado o ataque: Harkat-ul-Mujahidin (HUM), Jaish-e-Mohammed (JEM) e Lashkar-e-Taiba (LET). Musharraf concordou em declarar ilegais os três grupos, no entanto é mais fácil anunciar medidas duras contra extremistas do que implementá-las. O Paquistão abriga muitas organizações que desenvolvem atividades terroristas. As autoridades conhecem cerca de 50, e muitas estão inter-relacionadas. Além disso, os grupos extremistas tendem a permanecer em constante estado de revolução, estejam ou não na legalidade. Vários grupos passam à clandestinidade, adotam novos nomes, fazem permutações. O JEM brotou do Harkat-ul-Mujahidin; o Lashkar-e-Taiba tem raízes na seita fundamentalista Wahabi da Arábia Saudita, que se vincula ao Lashkar-e-Jhangvi, grupo clandestino de muçulmanos sunitas, responsável pelas mortes de inúmeros xiitas. Se o Paquistão quiser livrar-se dos terroristas, terá de desbaratar uma rede formada durante 20 anos de intrigas e alianças sangrentas.

Depois do ataque ao Parlamento indiano e das medidas duras subseqüentes, Danny e Asif viajaram a Bahawalpur, região de produção de algodão na província paquistanesa do Punjab, onde o Jaish-e-Mohammed tem seu quartel-general. Poucos dias antes, a polícia paquistanesa havia prendido a maioria dos dirigentes do JEM, mas a organização estava avisada e transferiu os arquivos e computadores para um local secreto, antes que os guardas chegassem. Além disso, muitos membros do JEM ficaram livres, e o escritório da organização continuou a funcionar.

Danny e Asif o encontraram facilmente, numa casa sem tabuleta numa rua de terra em Bahawalpur. Estacionadas à porta havia caminhonetes Hilux de cabine dupla para uso dos membros do JEM. Algumas, segundo mais tarde me disse Danny, tinham placas governamentais paquistanesas. Na parede do escritório de recrutamento, o nome da organização havia sido coberto com tinta, mas os cartazes de propaganda da guerra santa estavam por toda parte: Se não unirmos todas as forças para combater, a nação muçulmana perecerá. Danny entrou no escritório indicado como o do encarregado das finanças, e entrevistou um dos membros do comitê central do JEM. Sentado a uma escrivaninha, o homem alinhou seus três telefones celulares e fez um sermão sobre a causa dos "lutadores da liberdade" da Cachemira. (Danny notou que os indianos também chamam assim a seus combatentes.) Era o *jihad* costumeiro.

Entre outras medidas, havia o congelamento dos recursos dos grupos postos fora da lei. Mas, quando Danny visitou a filial local do banco, verificou que o JEM jamais tivera conta bancária. Em vez disso, a organização depositava as doações recebidas em contas "pessoais", das quais havia milhares. Como nenhuma delas pertencia legalmente ao Jaish-e-Mohammed, o dinheiro continuava a fluir.

Jaish-e-Mohammed significa "Exército do Profeta". É uma organização recente: foi fundada no início do ano 2000, quando Maulana Massud Azhar, antigo líder da Harkat-ul-Mujahidin, saiu de uma prisão indiana. Até que ponto o JEM é extremista? E que recursos financeiros possui uma organização tão jovem? Ao lançar o grupo, Azhar foi de avião ao Afeganistão, onde se encontrou com Osama bin Laden, o qual, ao que se diz, proporcionou importantes recursos ao grupo. Azhar está preso novamente, mas, como escreveu recentemente Danny, a organização "provavelmente não se ressentirá da prisão dele, pois Azhar, de 33 anos, ficou famoso ao ser preso. [...] O grupo afirma agora ter enviado milhares de combatentes para a Cachemira e diz que sua revista bimensal tem tiragem de 50 mil exemplares no Paquistão e no exterior".

Em 12 de janeiro de 2002, um mês após a tomada de medidas duras contra os três principais grupos de *jihad*, o presidente, general Musharraf, anunciou que todas as demais organizações terroristas paquistanesas haviam sido colocadas fora da lei. Danny e eu estávamos em Peshawar, e fomos ao bazar Khyber para ouvir o anúncio. Danny encontrou o único restaurante que possuía um aparelho de TV. Sorrindo polidamente, encomendou frango frito e *chai** doce e pediu para sentar-se num banco cheio de gente, para podermos ver a televisão. Éramos os únicos estrangeiros, e eu era a única mulher. Com meu equipamento de rádio, gravei a conversa de Danny com um dos homens sentados no banco, que desejava responder aos americanos de maneira satisfatória, mas não sabia quais seriam as respostas "corretas". Da mesma forma, as pessoas que nos observavam trabalhar percebiam que estávamos exercendo uma liberdade de movimentos e de pensamento que para eles era quase exótica. Na televisão, o general Musharraf ocupava a tela inteira, o que o fazia parecer digno, apesar da baixa estatura. Falou de um brilhante futuro para o Paquistão. Teremos uma democracia, disse ele ao povo. Mas será nossa *própria* democracia.

Examinando o mapa DANNY anexado na parede da sala de jantar da casa da rua Zamzama, verifico que praticamente todos os nomes que escrevemos durante as 36 horas desde o desaparecimento de Danny haviam sido mencionados por ele em algum de seus artigos, durante os últimos quatro meses. Isso me aterroriza, embora eu não compreenda o motivo.

Estivemos conversando com Zafar durante meia hora, e ele nos diz algo que nos perturba ainda mais. Na manhã do dia anterior, havia falado com o Porta-voz, que lhe disse ter perdido seu caderno de endereços e, por isso, não poderia fornecer-lhe o número de Bashir. Ao mesmo tempo, Zafar promete que nos ajudará a encontrar Bashir, desde que, naturalmente, mantenhamos discrição a respeito de sua participação.

---

* O *chai*, bebida popular no sul da Ásia, é uma mistura de chá e leite. (N. do T.)

Mentimos, prometendo ficar caladas, mas, na verdade, não temos motivos nem desejo de ocultar ao Capitão sua identidade.

A campainha da porta toca; a polícia voltou. Guardo no bolso a fita que gravei da conversa com Zafar.

— Seu interrogatório já vai começar. — Asra diz a Asif. Em seguida acrescenta, mais suavemente: — Sei que está assustado, mas você não corre perigo, Asif. Quem está em perigo é Danny. Por isso temos de proteger Danny.

Steve LeVine e Danny haviam originalmente contratado Asif em setembro, para que os ajudasse em um artigo sobre Bashiruddin Mehmud, importante cientista nuclear paquistanês que tinha ligações assustadoras com o Talibã. Asif estava trabalhando para a agência de notícias japonesa Jiji. O contrato com o *Wall Street Journal* era para ele uma evidente promoção. Preocupado com sua imagem e de bom aspecto físico, ainda que um tanto gorducho, Asif tinha uma tendência à lascívia, porém, fora isso, parecia ser boa pessoa. Mais importante, parecia ter os contatos de que Danny e Steve precisavam. Quando os grandes meios internacionais de comunicação competem, o que importa é a qualidade dos nomes que constam do caderno de endereços do intermediário contratado.

Danny encontrava-se com Asif para conversas diárias no saguão do hotel Marriott em Islamabad. Em setembro, quando a guerra no Afeganistão estava prestes a começar, o Marriott apresentava um aspecto impressionante. Soldados fortemente armados montavam guarda nas esquinas próximas, protegidos por pilhas de sacos de areia, e o interior do hotel, de cinco estrelas, havia sido transformado em templo da comunicação global. Aparentemente, todo o planeta estava representado nessa Torre de Babel da mídia, e de seus 290 quartos, 270 estavam ocupados por um batalhão internacional de jornalistas.

Os elevadores cuspiam e engoliam uma onda constante de repórteres, operadores de câmeras e técnicos, prontos a lançar-se a alguma informação, *qualquer* informação que aparecesse, no clima que se seguiu aos ataques terroristas. Todos os ícones da reportagem ali estavam: "Olhe, lá vai John Burns, do *New York Times.*" Os fatigados correspondentes de guerra davam a impressão de já ter visto tudo, enquanto os *free-lancers* nervosos demonstravam sua insegurança. Os veteranos trocavam histórias sobre tempos não muito antigos nos Bálcãs, enquanto uma torrente de gente caminhava pelo saguão de chão de mármore, com os telefones celulares grudados aos ouvidos. Havia repórteres da rádio croata e da TV asteca, mais jornais do que se podia imaginar que existissem, e naturalmente a BBC e a CNN. Essas duas haviam alugado a maior parte do último andar do hotel, e assim reinavam sobre todos nós.

Havia somente um problema: nada que ver ou reportar.

Em setembro, outubro e novembro, as coisas estavam acontecendo em outro lugar, no inacessível Afeganistão. Nas sedes, os editores pressionavam os jornalistas, levando-os a especular. O *Wall Street Journal* tinha pouca presença no Paquistão, e seu prestígio institucional não era suficiente, mas isso não era o que os chefões desejavam ouvir. Em 14 de novembro, John Bussey deu um cascudo em Danny e seus colegas:

— Amigos, eu queria muito colocar o Paquistão ou Musharraf na primeira página... será que dá para fazer isso?... Todas as grandes publicações e canais de TV têm entrevistas com o homem. Nosso pedido ainda está de pé?

Claro. Ainda de pé, sem resposta.

Os operadores ocidentais de câmeras de TV, desesperados por encontrar algo digno de ser filmado e pressionados por suas sedes, focalizavam os militantes islâmicos que se juntavam regularmente diante do hotel. Alguns porta-vozes paquistaneses lhes davam até dez entrevistas por dia, se demonstrassem um grau mínimo de eloqüência. Eu escrevia sobre os jornalistas e o clima candente do hotel. A verdade é que a maioria dos jornalistas não gosta de ser entrevistado. Uma estrela bem conhecida da constelação do Marriott censurou-me em voz alta certo dia, quando me aproximei com o bloco de notas na mão.

— Sabe com quem está falando? — disse ela, bruscamente.

Para ser honesta, ela ainda não tinha tomado o café da manhã. Danny, que ficara em nossa mesa, mostrou-me alegremente os dois polegares para cima:

— Boa frase, querida, boa frase — enquanto eu tratava de bater em retirada com a dignidade possível.

Islamabad transformou-se em um abismo de tédio. Fiz amizade com um velho que vendia guarda-chuvas e ficava sentado no cruzamento de duas ruas. À sua volta, ele havia construído um sistema de cordas de estender roupa, nas quais pendurava seus guarda-chuvas. Durante os quatro meses em que estivemos em Islamabad não choveu, mas, assim mesmo, ele não desistiu.

Deixamos o hotel e nos mudamos para uma pensão chamada Chez Soi, que também hospedava quase exclusivamente jornalistas, embora esses preferissem não chamar a atenção. A Chez Soi parecia exatamente uma casa burguesa como existem muitas em Bordeaux, cheia de reproduções de bom gosto de cenas parisienses. O que diferia eram os telefones da Thrane & Thrane, ligados ao Inmarsat* e colocados em todos os terraços, com as antenas cinzentas e brancas apontadas para o sul, na direção do satélite sobre o oceano Índico. As conexões de internet da Chez Soi eram ainda melhores do que as do Marriott, e os empregados estavam acostumados a atender às necessidades e desejos dos jornalistas, por mais estranhos que fossem. Os hóspedes eram corteses uns com os outros, mas também estávamos todos em competição, e nunca nos esquecíamos disso. As conversas ao café da manhã eram sempre sussurradas.

O trabalho de Danny era constante. Viajamos ao Kuwait, ao Catar, para a Conferência dos Países Islâmicos, onde ele entrevistou um dos líderes espirituais mais respeitados do país, Yussef Qaradawi, e a Peshawar, na fronteira afegã, na região da etnia Pastum. O trabalho era fascinante, mas havia também inúmeras frustrações. O desempenho do novo intermediário satisfez Danny no início, mas, em pouco tempo, ficou evidente que Asif não era o melhor que havia, e, em certos aspectos, era absolutamente ineficiente.

A impressão era de que a qualquer momento haveria um banho de sangue na Cachemira, mas as autoridades paquistanesas negavam acesso a Danny, a menos que ele concordasse em juntar-se a uma viagem organizada para um grupo de jornalistas (ele recusou). Havia rumores de que cientistas nucleares bélicos paquistaneses, como Bashiruddin, estavam colaborando com o Talibã e a Al Qaeda, e todos os repórteres procuravam pistas, mas o *New York Times* chegou primeiro. O *e-mail* que Danny e seu colega Steve LeVine receberam da editoria internacional do *Wall Street Journal* em dezembro dizia tudo: "Vejam o *NY Times* de hoje." Não havia assinatura, nem comentário. Na verdade, não eram necessários.

---

* Sistema de comunicações por satélite usado pela marinha mercante, acessível a assinantes privados. (N. do T.)

Nessas tardes, Danny ficava deprimido. Steve LeVine também. Chefe do escritório do *Journal* na Ásia Central, situado no Casaquistão, Steve é pessoa discreta e de aspecto sério, bem-dotado para a observação e com senso de humor tranqüilo, porém vigoroso. Ele e Danny trabalhavam bem juntos; compartilhavam a maneira direta de tratar dos temas e desconfiavam de julgamentos apressados. A namorada de Steve estava com ele, a bela Nurilda, do Casaquistão, grávida como eu. Como nossas situações eram semelhantes, parte de mim desejava ter nela uma amiga em Islamabad, mas ela era mais jovem e não se mostrava interessada nos conflitos à nossa volta, o que me desarmava.

Começa o interrogatório de Asif, o intermediário.

— Muito bem — diz o Capitão, exibindo sua calma soberana —, gostaria que você repetisse isso. Quando foi o primeiro contato de Danny com essa gente?

Segundo a explicação de Asif, Danny e ele alugaram um carro com motorista no Marriott de Islamabad, no início do mês, e se encontraram com o Porta-voz num lugar entre Islamabad e Rawalpindi, como haviam combinado. O Porta-voz os esperava à margem da estrada. Estava só. Entrou no carro e guiou Asif e Danny para uma casa que disse ser do xeique Gilani. Disse-lhes que havia estado ali alguns meses antes, mas, quando chegaram à casa, estava vazia. Os vizinhos afirmaram que Gilani se mudara dali.

O Porta-voz assegurou a Danny e Asif, desapontados, que procuraria Gilani. O segundo encontro ocorreu em 11 de janeiro. Desta vez, o Porta-voz prometeu apresentá-los a Bashir, que poderia levá-los a Gilani. A apresentação deveria ocorrer no Hotel Internacional Akbar, em Rawalpindi, na rua Liaqat.

Novamente Danny e Asif recolheram o Porta-voz à margem da estrada. Ele tinha consigo um homem que identificou como amigo de infância de Karachi, com quem pretendia mais tarde continuar a viagem até Murree Hills, um balneário local.

O Akbar era um hotel onde o pernoite custava dez dólares, com 75 quartos. Quando Danny e Asif chegaram ao hotel, tomaram o elevador para o quarto andar, conforme haviam sido instruídos, mas o quarto onde deviam encontrar Bashir estava trancado. Asif e o Porta-voz deixaram

Danny e o amigo no quarto andar e desceram ao restaurante para procurar Bashir. Ali o encontraram, conversando com dois amigos. Eram sete horas da noite, e ele ia jantar.

— Seu convidado chegou — disse o Porta-voz.

Os dois homens conversaram durante duas horas, e Danny tomou suas misteriosas notas nos blocos Super Conquérant. Ele é capaz de tomar notas perfeitas sem jamais abaixar a cabeça nem perder o contato com os olhos do interlocutor. Bashir, que aparentemente era oriundo do Punjab, falava "inglês fluente", disse-nos Asif.

— Bashi disse que era comerciante de roupas em Pindi. Parecia equilibrado. Parecia instruído. Nada falou sobre sua vida pessoal; não se falou de esposa.

Danny fez-lhe perguntas sobre Gilani — sua personalidade, ideologia, pregações, atividades. Bashir nada perguntou a Danny.

— Ele não se mostrou curioso a respeito de Danny — disse Asif.

Ao contrário da tradição paquistanesa, Bashir não ofereceu alimento nem bebida a seus convidados, até que Asif fez questão de pedir sanduíches e café ao serviço de quartos. A comida foi servida com visível má vontade. Quando a entrevista terminou, todos se levantaram. Danny tirou um cartão de visitas da carteira e entregou-o a Bashir. No sul da Ásia, as pessoas trocam cartões logo que são apresentadas. Bashir não retribuiu.

Quando iam saindo, Danny perguntou a Bashir se seria capaz de organizar uma entrevista com Gilani. Bashir disse que ia tentar, mas primeiro Danny teria de demonstrar que não era "nem anti-Islã, nem anti-Paquistão", enviando amostras selecionadas de seus artigos. Outro obstáculo. Se os artigos fossem aprovados, o encontro poderia ocorrer na capital, após nosso regresso de Peshawar.

Quando Danny chegou de volta naquela noite, eu já estava dormindo. Ele se deitou, ainda vestido, para que eu soubesse que tinha voltado e que estava com saudades.

— Como foi seu encontro? — murmurei.

— Interessante — disse ele. — Sempre é interessante ver como funcionam as cabeças dos outros.

Tínhamos de ir a Peshawar no dia seguinte por causa de um documentário que eu estava produzindo para a rádio francesa sobre um *lycée français* de prestígio em Kabul que tinha sido fechado pelo Talibã e se mudara para o Paquistão, e que com a queda do Talibã estava se preparando para voltar ao Afeganistão. Antes de partirmos, Danny cumpriu a promessa feita a Bashir, mandando uma coleção de artigos recentes. Muitos, se não a maioria dos repórteres, escolheriam entre seus artigos os que não incomodassem os destinatários. Danny não escondeu nenhum dos temas sobre os quais estava escrevendo, embora pudessem ser aflitivos. Mandou por *e-mail* a Bashir seu relato sobre a Cachemira e sobre as medidas contra os extremistas islâmicos. Mandou também artigos sobre assuntos menos controvertidos — pesquisas de células-tronco na Índia e a corrida no subcontinente para encontrar uma vacina contra a AIDS, pois as autoridades haviam recém-começado a reconhecer a extensão dos danos causados pelo vírus mortal. "Alô, obrigado por conseguir o encontro com Pir-Sahab [um dos títulos honoríficos de Gilani]", escreveu Danny numa breve nota. "Eis aqui alguns artigos meus do ano passado. Saudações."

Assim começou a troca pouco comum de *e-mails* entre Danny e Bashir, que Asra e eu havíamos examinado com tanta atenção pouco antes. O primeiro *e-mail* de Bashir para Danny chegou dois dias depois que Danny havia remetido os textos, três dias após o encontro. Era uma resposta insinuante:

> Caro Sr. Pearl,
>
> Muito obrigado por seus artigos; gostei de lê-los e passei os textos impressos ao Shah Saab. Ele foi a Karachi por alguns dias e estou certo de que quando voltar poderemos vê-lo. Desculpe não ter respondido antes, mas estava preocupado cuidando de minha mulher, que está doente. Por favor, reze pela saúde dela.
>
> Esperando vê-lo novamente,
> Adaab,
> Chaudrey Bashir Ahmad Shabir.

Adaab? Ao mostrarmos os *e-mails* ao Capitão e Asif, ambos se espantaram com o uso daquela palavra. Disseram que era uma saudação formal, usada normalmente por muçulmanos eruditos, mas não pela população paquistanesa em geral. Poderia ser uma pista importante. Mas essa palavra também era às vezes usada por muçulmanos como saudação a pessoas de outras crenças. Podia ser simplesmente isso.

O *e-mail* tinha sido mandado oito minutos depois da meia-noite de 16 de janeiro. Após ter lutado durante uma hora para conseguir uma conexão da internet em nosso quarto em Peshawar, Danny finalmente desistira e fora ler nossos *e-mails* na recepção do hotel, despertando, assim, a curiosidade dos empregados. Respondeu rapidamente a Bashir: "Desejo rápida recuperação à sua esposa, e espero vê-lo em Islamabad — estarei de volta sexta-feira. Saudações, Daniel Pearl."

Voltamos no dia 18 de janeiro. No dia seguinte, Danny recebeu mais um *e-mail* de Bashir, com boas notícias: o xeique tinha lido os artigos e estava disposto a encontrar-se com Danny. Somente havia um problema: já não estava em Islamabad.

> Caro Sr. Pearl,
>
> Lamento não ter feito contato antes... perdi seu número de telefone. Por favor, mande-o para mim. Ou então chame o celular de meu irmão. Creio que lhe dei o número de meu outro irmão da outra vez, mas quando cheguei em casa soube que ele tinha vendido o telefone! Pedimos uma linha fixa, e tão logo paguemos às "pessoas importantes" poderemos consegui-la. O Paquistão é assim! Minha mulher voltou do hospital, *alhamdolillah*, e a experiência foi realmente reveladora. Os pobres coitados que ficam doentes aqui e têm de ir para o hospital sofrem muito. Percebi mais uma vez que nossa família tem muito que agradecer. O xeique diz que a gratidão é a essência da fé.
>
> Falei com o secretário do xeique ontem e ele me disse que o xeique-Saab leu seus artigos e que o receberá com prazer. No entanto, ainda se passarão alguns dias até que ele volte de Karachi. Se Karachi estiver em seu programa, ele poderá recebê-lo lá. Ou se tiver perguntas para ele, pode mandar por *e-mail* a mim e eu as passarei ao secretário. Ou então, se quiser esperar até que ele volte para cá, isso também poderá servir.
>
> Desejo-lhe o melhor e espero sua resposta,
>
> Adaab, Bashir

Estranho, pensei, ao reler os *e-mails*. São muito mais pessoais, mais calorosos, do que o relacionamento com Bashir descrito por Asif no Hotel Internacional de Akbar.

No dia seguinte, Danny e Bashir planejaram o encontro com o xeique em Karachi. Viajando a Karachi, poderíamos realizar duas coisas, disse Danny, sorrindo. Finalmente se encontraria com Gilani e talvez, quem sabe, eu poderia "ajudar Asra a organizar sua vida amorosa".

Bashir escreveu a Danny dizendo que Gilani "vai me dar um número de um de seus *murids,* que o senhor poderá chamar ao chegar lá. O *murid* o levará a ele. Por favor, leve ao xeique meus respeitos e peça que ele continue a recordar de mim em suas preces. Diga que sentimos falta dele e esperamos revê-lo em breve". Em seguida, mandava o número de Imtiaz Siddique. A viagem de Danny estava preparada.

O Capitão examina os *e-mails* com ar preocupado.

— Preciso de uma cópia deles — diz.

— Por que não pede a alguém que os imprima? — diz Asra, abruptamente.

O Capitão sorri com ar dolorido, mas não responde. Basta olhar para fora, onde o jipe decrépito está estacionado, com o motorista malnutrido sentado dentro, para compreendermos o que o Capitão quer dizer. Não possui impressora à sua disposição.

Eu havia sentido nos ossos o poderio dos caças F-16 passando acima de minha cabeça para ir bombardear os barbudos escondidos nas cavernas do Afeganistão, mas não tinha idéia — poucos têm idéia — da realidade na linha de frente dessa guerra contra o terrorismo. Ali, no campo, em Karachi, verdadeiro refúgio seguro da rede Al Qaeda, os que combatem os bandidos em nome do mundo inteiro — os que fazem as batidas e desdenham as ameaças de morte — não têm sequer uma impressora rudimentar, sem falar de computadores, acesso a bancos de dados, celulares. Nem mesmo carros decentes.

— De que precisa? — pergunto ao Capitão.

— De sua confiança — responde. — E de tecnologia.

Asra sabe o que temos de fazer: precisamos estabelecer um autêntico quartel-general antiterrorista em casa. Começa a fazer a lista dos apetrechos necessários que solicitará ao *Wall Street Journal*. Necessitamos de telefones celulares; pelo menos mais dois para nós, e diversos outros para equipar os homens que o Capitão destacou para encontrar Gilani em Lahore e para achar o Porta-voz e Bashir em Rawalpindi, além dos que estão espalhados por Karachi. Precisamos de uma ou duas impressoras a *laser*, de preferência capazes de servir também para fax. Precisamos de pastas para organizar documentos, canetas, fita adesiva, papel para o mapa que cresce a cada momento. Precisamos de uma nova secretária eletrônica, que não esteja caindo aos pedaços. Precisamos muito de linhas de telefone fixo, para acessar a internet, para o fax, para chamadas internacionais. E precisamos de um técnico para fazer tudo isso funcionar.

Steve LeVine aparece com caixas cheias de equipamento: pastas de cor azul-celeste, blocos de notas, uma furadora de papel, um grampeador, blocos de folhas adesivas, até mesmo uma lapiseira. Um novo recruta do Capitão, um rapaz discreto chamado Imram, sai para comprar um enorme fax/impressora a *laser*.

— Não era isso o que eu queria! — reclama Asra, ao inspecionar a caixa.

Imram tenta justificar sua compra, mas ela não lhe dá atenção, isto é, até que o rapaz rapidamente liga a máquina aos computadores de Danny e Asra. O equipamento começa a vomitar as informações de que necessitamos desesperadamente. Dali em diante, ela se apaixona por Imram.

Conseguir mais linhas fixas não é coisa fácil. No Paquistão, pode levar meses, até mesmo anos, para se obter uma nova linha telefônica. São necessários alguns dias para descobrir a forma de fazer isso, mas, quando as autoridades desenvolvem seu método, usam-no sem receio. Verificam as contas dos vizinhos, e cancelam a linha de qualquer usuário que esteja atrasado no pagamento, passando-a para nós. Fazem isso de preferência durante o dia, quando não haja ninguém na casa.

— Oh, meu Deus — geme Steve quando a origem das linhas fica evidente —, vamos precisar de proteção especial da polícia contra os vizinhos!

Fico imaginando como o Capitão consegue manter a dignidade diante de obstáculos tão absurdos.

— De que mais o senhor precisa? — pergunto.

— Preciso da confiança *deles* — diz o Capitão, e está falando do FBI. É como se os dois grupos, os paquistaneses e os americanos, habitassem dois mundos diferentes. A desconfiança é endêmica. Nenhum dos dois lados, no entanto, pode ter sucesso sem o auxílio do outro, e precisamos que ambos cooperem de boa vontade e depressa.

Apelamos ao FBI. As linhas de comunicação têm de permanecer abertas, afirmamos, e é preciso organizar um sistema para compartilhar a informação.

Mandamos Imram comprar um telefone com alto-falante, e naquela tarde o cerne de nossa equipe se reúne em volta da mesinha baixa da sala de estar. Três paquistaneses — o Capitão, Dost e Zarur, que trabalha para Randall —, e quatro americanos — Randall, dois peritos em computadores do FBI e Maureen Platt. Maureen é agente do sexo feminino, corpulenta e brusca. Evidentemente, está mais acostumada a dar ordens do que a recebê-las.

Ao entrar, nota imediatamente os três adidos franceses que vieram do consulado de seu país para oferecer seus serviços.

— Que estão fazendo aqui? — pergunta ela. — Que disseram a eles?

Não é exatamente esse o espírito de colaboração que imaginávamos, e é claro que pedir a Maureen que compartilhe informações, inclusive com os paquistaneses, é forçar os limites dela. Relutantemente, pedimos aos franceses que se retirem.

— Há alguma coisa que possamos fazer para ajudar? — perguntam eles.

— Sim — respondemos. — Gostaríamos muito de um pouco de comida francesa.

Mais tarde, no mesmo dia, recebemos um maravilhoso conjunto de tortas feitas pelas mulheres dos franceses: *quiche Lorraine* sem carne de porco, torta de cebolas, *tarte Tatin*, torta de peras e suspiros.

O telefone toca; é uma chamada da sede do FBI em South Brunswick, Nova Jersey. Maureen faz questão de que Asra e eu saiamos da sala. Parece-nos uma estupidez, mas deixamos para lá. Conseguimos o que o Capitão queria, a cooperação com o FBI, que é essencial. Podemos agüentar uma certa indignidade.

Um homem traz flores dirigidas a mim. A tensão na casa é tão grande, que o Capitão me impede de tomá-las nas mãos. Examinam o cartão grampeado no envoltório, e depois o entregam a mim. "Meus melhores votos", diz o cartão, "Sied Anuar Mahmud, ministro da Informação e Desenvolvimento dos Meios de Comunicação." Danny e eu o havíamos entrevistado alguns dias antes na sede da TV paquistanesa para um artigo sobre a mídia do país e sua cobertura do conflito com a Índia.

Ao ver as flores, sinto um sabor de náusea na boca, com a volta de uma lembrança brutal, cuidadosamente oculta. Minha querida mãe, dois anos antes, doente de câncer. À volta de seu leito, os visitantes haviam deixado braçadas de flores.

— Você quer tirá-las daqui? — pediu minha mãe. — Tantas flores, parece um... cemitério.

Deixo na cozinha o buquê do ministro. Não quero pensar em minha mãe neste momento. De repente, me lembro do jornalista da revista *Time*, Ghulam Hasnain. Que foi feito dele?

Asra e eu nos juntamos ao Capitão na calçada diante da casa. É a primeira vez que saio à rua desde o desaparecimento de Danny. Minhas pernas estão bambas. O sol me cega, dolorosamente. Asra faz a pergunta de maneira delicada:

— As pessoas envolvidas no desaparecimento do jornalista do *Time* serão as mesmas do de Danny?

O Capitão responde, sussurrando:

— Aqui entre nós, não são as mesmas.

— Quem seqüestrou Hasnain? O serviço paquistanês de informações? O ISI? — perguntou, também murmurando.

O Capitão não revela, mas diz que Hasnain foi solto, porém se recusa terminantemente a divulgar, a quem quer que seja, sua experiência durante o "desaparecimento", que durou 36 horas. Agora duas coisas estão claras: Danny não estava com ele, e o que Hasnain sofreu o traumatizou para sempre.

Dost e o Capitão saíram para jantar com suas famílias. Asra flutua entre seu próprio computador e o de Danny, com um prato de frango com arroz entre as duas máquinas. Só de ver a comida meu estômago dá voltas. Asra olha de esguelha para minha barriga, e eu me sento junto a ela, tentando comer alguma coisa. Como com os dedos, conforme se faz no Paquistão. Enquanto engulo o frango, temperado demais, rezo para que Danny esteja sendo alimentado: tomara que o tratem de maneira decente.

Dos pertences dele, extraí uma foto recortada por Danny do jornal da véspera de nossa chegada a Karachi. É o animal favorito dele: uma girafa com o filhote. Enquanto beija seu rebento, a mãe parece estar engolindo o olho direito da girafinha, que dá impressão de estar piscando o olho. É uma foto cativante e cômica. Anexo-a a um papel com uma fita, imaginando que meu marido esteja piscando para mim, dizendo-me que não me preocupe.

No escritório do andar de cima, Asra se deita no sofá com o Namorado. Ouço suas vozes ficarem mais claras, mais altas. Asra finalmente desce, e parece estar arrasada. Sem saber se estou acordada, senta-se à mesa de jantar e esconde o rosto entre as mãos. A porta da frente bate. Grossas lágrimas se filtram entre seus dedos e caem sobre a mesa de madeira. Ele foi embora, diz-me ela. Não quer mais vê-la. Disse que tinha de escolher entre ela e a família, e escolheu a família. Disse que ela era complicada demais.

— *O quê?*

— Foi o que ele disse.

Durante o dia, quando ele estava no trabalho, alguns agentes de informações o tinham visitado.

— Sabemos de seu relacionamento com a mulher indiana — disseram.

Tinham registros de passeios de Asra com o Namorado na praia, durante os fins de semana. Haviam começado a seguir Asra em dezembro, quando ela foi a uma festa de gente rica na parte elegante da cidade. Mal sabiam, ou pouco lhes importava, que estivesse no país como repórter, trabalhando num livro sobre sexo, drogas e *rock-and-roll* na cidade portuária.

— Fique com ela — disseram ao Namorado — e conte tudo a nós.

Embora não o tivessem ameaçado explicitamente, as entrelinhas eram óbvias. Estava envolvido com uma relação ilegal, e isso poderia ser usado contra ele quando lhes conviesse.

Era uma ameaça importante. No Paquistão, o sexo "ilegal" — *zina* — é punido com 100 chicotadas ou coisa pior. Em certas zonas do país, as mulheres condenadas de acordo com a *sharia*, o tribunal da lei islâmica, são mortas a pedradas por tal comportamento.

Realmente chocante foi o fato de que os agentes que visitaram o namorado de Asra pareciam muito mais interessados em investigá-la do que em procurar Danny. Na verdade, ela é personagem naturalmente suspeita no Paquistão.

— Nasci na Índia —, recorda-me ela.

— O presidente Musharraf também — respondo.

Musharraf nasceu em Délhi; sua família emigrou para o Paquistão durante a Partição, quatro anos depois. Mas não sou ingênua. Sei que o

ISI suspeita de que qualquer coisa possa ser um complô para desestabilizar o Paquistão e ameaçar o relacionamento do país com os Estados Unidos. Não me surpreenderia se o seqüestro de Danny se transformasse em matéria para novas especulações conspiratórias. Mas como é possível imaginar que Asra esteja envolvida?

Em tais circunstâncias, como pode o amante tê-la deixado? Por que não demonstrou ao menos algum afeto, alguma preocupação? Ele está revelando ser ainda mais covarde do que eu imaginava, e eu não esperava muito dele.

Abraço Asra, e assim ficamos algum tempo, na casa agora deserta, sem dizer uma palavra.

O Capitão reaparece, como eu sabia que faria, por volta das 11 da noite, seguido pelo fiel Dost.

— Gilani é um idiota de última classe — proclama ele, enquanto Dost se senta e começa a digitar seu relatório. Catando milho com dois dedos, escreve: "JORNALISTA DESAPARECIDO DANIEL PEARL."

Alguns dos homens do Capitão visitaram a casa de Gilani em Lahore. Gilani tem três esposas. De todos os parentes do sacerdote, conseguiram encontrar somente uma cunhada, mas ela foi muito comunicativa. Descreveu Gilani como "um idiota, arrogante com todos e especialmente com os membros de sua própria família, inclusive o pai, que morrera há cerca de dez dias. Adora envolver-se num manto de mistério, mas é estúpido". Ela acha que Gilani é incapaz de organizar um seqüestro.

Asra revela os resultados de sua mais recente pesquisa na Google.

— Vejam, rapazes — diz ela —, o que encontrei. Gilani acredita em forças invisíveis que habitam a Terra, prejudicando as pessoas, causando doenças psicóticas, ataques, epilepsia. Acredita que essas forças controlam os seres humanos e são muito mais perigosas do que os terroristas.

Dost é o primeiro a dar uma risada, seguido nervosamente pelo restante de nós.

— Mas ainda temos de encontrá-lo — diz o Capitão, tirando da pasta uma foto de Gilani.

Na fotografia, parece um homem de cabeça quadrada, sem encanto especial. Asra toma-a do Capitão e cola em nosso mapa. Dost aprova, com um aceno de cabeça. Asra pede desculpas por errar a ortografia de alguns nomes, mas Dost observa que isso não importa porque "todos os terroristas trabalham com pseudônimos". Alguns têm mais de uma dúzia de identidades.

— Esse Asif — diz Dost. — Como é o trabalho desse intermediário?

— Ele tem sido negligente. Comportou-se de maneira idiota. Mas não tenho certeza de que seja um patife. Tem mulher e uma filhinha, que ama muito — digo.

Dost faz um gesto com o queixo na direção da sala.

— Ele está aí novamente, a senhora sabia?

Sigo o olhar de Dost e vejo Asif, o intermediário, sentado no sofá, ansioso, mas em silêncio, espremido entre dois outros homens. Quem serão eles? Que estão fazendo aqui?

Fecho a porta da sala de jantar. Não quero que fiquem olhando para nossa pesquisa. Os dois homens são Said, o repórter com pouco sentido de orientação que Danny usara como intermediário em Karachi na manhã de 23 de janeiro, dia de seu desaparecimento. O outro é cunhado de Asif. É gordo e usa bigode comprido, vestido com uma jaqueta marrom mal-ajustada. Dost conhece o cunhado, que trabalha no *Takbir*, um jornal ligado ao *jihad*.

— É muito antiamericano — diz Dost.

É um atrevimento trazer esses homens para cá, penso. Reclamo zangada com Asif, assustando-o com minha ira. Exijo que os dois saiam.

Asif veio porque o Capitão ordenou sua volta a Rawalpindi, a fim de ajudar a procurar o Porta-voz. Será acompanhado por um agente policial, alguém cuja reputação Asif diz conhecer.

— É um torturador. Vai me torturar.

Asif dá pena. Caminho até a outra sala, onde o perigoso policial espera. Usa bigode, tem pança e seu olhar é sombrio. Tem as mãos cruzadas às costas.

— Olá, como é seu nome? — pergunto, estendendo a mão.

— Meu nome é Butt. B-U-T-T.*

Asra quase não consegue reprimir um riso indiscreto. Eu também. Dost está de pé, perto dali. Levo-o a um canto e peço que vigie os métodos do homem.

Dost responde que não me preocupe. Devido à elevada visibilidade desse caso, Butt recebeu instruções superiores para comportar-se. Mesmo assim, Dost se dirige a ele, apontando-lhe um dedo, diretamente.

— *Nada de tortura, nem de suborno!* — avisa, severamente.

Com as mãos ainda cruzadas às costas, Butt acena afirmativamente com a cabeça e baixa os olhos.

* Em inglês, a palavra "butt" equivale a "bunda". (N. do T.)

Capítulo 6

O CAPITÃO E EU estamos de pé, como fazemos freqüentemente, diante do mapa.

— Que faremos agora? — pergunto.

— Esperamos um telefonema. Eles vão chamar a senhora. Vão chamar de um telefone público, ou deixarão uma carta, ou entrarão em contato com o consulado ou a imprensa.

— Por que não chamam já?

O Capitão reflete por alguns momentos.

— Não tenho certeza. Mas chamarão.

— Que é que eu posso fazer?

— Continue ligando para eles.

Tantas vezes já disquei esses três números que meus dedos apertam automaticamente os botões: o celular de Danny, o número que disseram ser o de Imtiaz Siddique e o número de Bashir. Considerando que disquei o de Danny aproximadamente quatro vezes durante cada hora nas últimas 60 horas, devo tê-lo discado umas 200 vezes, subtraindo os momentos em que adormeci.

No entanto, nada há de mecânico nesse ato. A cada vez espero ouvir a voz de Danny atravessar a estática, baixinho, como se ele sussurrasse de algum esconderijo, ou numa linha cruzada, ou chegando até mim de um ponto remoto, de outro país.

A esperança é um músculo extraordinário.

— Se quiserem dinheiro, quanto pediriam? — pergunto ao Capitão.

Como uma ampla percentagem dos seqüestradores de Karachi costuma ser apanhada, o resgate normal para um homem de negócios caiu de 100 mil para 20 mil dólares. Mas este seqüestro, seja o que for, não é um caso comum. Alguém sugere que poderão pedir cinco milhões, a mesma importância originalmente oferecida pelos Estados Unidos por Osama bin Laden depois das bombas de 1998 na embaixada.

Qualquer que seja a quantia, eu a conseguirei de alguma forma, e se disserem "Venha sozinha", irei sozinha. A polícia não há de querer que eu faça isso; todos — o Capitão, o *Wall Street Journal*, Asra, o FBI —, todos procurarão me deter. Por isso, terei de escapar de casa escondida.

Fico parada perto do telefone para ser a primeira a atender quando chegar a chamada do resgate.

Em Nova York, o chefe de Danny, John Bussey, pensa coisas parecidas. Tem conversado ao telefone com um especialista em "K&R" — seqüestro e resgate.* O homem de K&R é subcontratado pela companhia seguradora do *Journal*, pois a companhia também está se preparando para uma situação de resgate, e Bussey quer certificar-se de que o dinheiro possa ser transferido rapidamente para o Paquistão, quando for preciso. Mas a sede do especialista é em Hong Kong, e Bussey começa a imaginar que ele não tem grande experiência no sul da Ásia.

— Quando desliguei na sexta-feira, achei que não iríamos mais chamá-lo — disse-me Bussey mais tarde.

Em vez disso, Bussey liga para nós. Quer vir a Karachi, mas preocupa-se que sua chegada possa perturbar a química já estabelecida entre Asra e eu, de um lado, e as autoridades paquistanesas, de outro. Mesmo assim, acredito que talvez precisemos dele aqui.

— Venha — digo. — Você será nosso rosto público. Visite Musharraf e o ministro do Interior, faça os contatos diplomáticos em Islamabad em nosso nome.

Continuo a discar o número de Danny.

O Capitão diz:

— Sabe, talvez não queiram resgate em dinheiro. Podem exigir uma troca de prisioneiros... trocar Danny por gente da Al Qaeda presa nos Estados Unidos ou na base de Guantánamo.

Um colega do escritório do *Journal* em Londres retransmite um curioso *e-mail* de Andrea Gerlin, do *Philadelphia Inquirer*. Em anexo, ela manda um artigo de 24 de janeiro publicado no *Independent*, um jornal

* A sigla original corresponde a "kidnapping and ransom". (N. do T.)

inglês, que fala de um personagem sombrio suspeito de ter financiado os ataques de 11 de setembro. O nome do homem é Omar Said Xeique, cidadão britânico de posses, ex-estudante na London School of Economics, transformado em militante islâmico. Aparentemente, Omar transferiu 100 mil dólares de sua base em Rawalpindi para Mohammed Atta, um dos conspiradores do 11 de setembro, pouco antes dos ataques ao World Trade Center. Mas não foi por isso que Andrea retransmitiu o artigo. O que a preocupou é que Omar tem uma especialidade: raptar ocidentais. O artigo contém trechos de um diário no qual ele relata haver atraído quatro estudantes a uma de suas armadilhas.

Nas semanas seguintes, ouviríamos muitas vezes o nome de Omar Said Xeique. Por ora, no entanto, nada encontramos que o vincule ao desaparecimento de Danny. O xeique Mubarak Ali Shah Gilani, por outro lado, parece cada vez mais suspeito. Seu amigo Khawaja começou a telefonar-nos zangado e cada vez mais estranho. Durante o telefonema mais recente, afirmou que o pai de Gilani havia morrido em conseqüência do interrogatório feito pelo jornalista do *Boston Globe* que investigava a ligação entre Gilani e Richard Reid. Aparentemente, o velho morrera pelo choque de ler uma nota do jornalista, que perguntava sobre os vínculos entre seu filho e os terroristas.

Khawaja tem uma voz extremamente desagradável e grita. Mas Asra e eu somos modelos de autocontrole, aplicando a primeira regra da coleta de informações ensinada por Dost: Fale pouco, deixe que o outro fale.

— Onde está Gilani? — perguntamos.

— Eu não falo com ele — responde Khawaja e pragueja um pouco mais.

Após vários desses telefonemas, o Capitão resolve entrar em cena. Leva o telefone para a sala de estar e murmura em voz baixa, insistentemente, com as mãos em concha sobre o fone. Não sabemos exatamente o que ele diz a Khawaja, mas o tom de voz não parece ser amistoso. Com sua voz macia, o Capitão mostra que pode ser duro.

Khawaja não telefona mais, e Gilani desaparece. A polícia andou revistando mesquitas, aeroportos, todas as suas residências conhecidas (e são muitas). Ouviram dizer que ele estava em Muzaffarabad, cidade do Punjab na fronteira da parte da Cachemira controlada pelo Paquistão. Sua presença ali fazia sentido — Muzaffarabad fica no caminho dos lutadores no *jihad* que se dirigem à Cachemira (onde Gilani tem mais outra residência). Mas quando a polícia chegou, a casa já estava vazia e o sacerdote havia fugido, junto com suas três mulheres (uma americana e duas paquistanesas).

O celular do Capitão toca constantemente. O pai de Gilani foi localizado... um dos filhos está detido... encontrado em Rawalpindi... Gilani está em algum lugar entre Lahore e Islamabad...

Há esperanças.

E há o Capitão. Onde quer que eu esteja, ele vem diretamente a mim, procurando dúvidas, esperando confiança. Tento dar alguma coisa em troca. Retribuo seu olhar e junto toda a energia que posso.

— A senhora é quem me dá forças — diz-me ele. — Assim, cuidamos um do outro, ligados em nosso desafio.

Se a esperança é nossa arma mais poderosa, o medo é a principal ameaça dos terroristas contra nós. O medo paralisa, e não posso deixar que isso aconteça.

Meu pai costumava ler repetidas vezes o livro épico de ficção científica de Frank Herbert, *Duna*, como se fosse uma Bíblia. Herbert escreveu: "Não devo ter medo. O medo assassina nossa mente. O medo é uma pequena morte, que causa aniquilação total. Enfrentarei meu medo, deixarei que passe por cima de mim e através de mim. Quando ele se for, acionarei meu olho interno para ver seu trajeto. Onde antes havia medo, não haverá nada. Somente eu mesmo."

Sei que, onde quer que o tenham detido, Danny estará fazendo exatamente o que eu faço: recusando-se a permitir que o medo o derrote, deixando que passe acima dele.

Até agora o pequeno Embrião tem-se comportado bem, tranqüilo, sem acrescentar pressão. De vez em quando, vou até o quarto para dar uma olhada no livro *O que se Deve Esperar Quando se Está Esperando.* Não que haja um capítulo sobre o que fazer quando o marido é seqüestrado, porém aconselham repousar bastante, evitar o estresse e comer vegetais. Não faço nenhuma das três coisas, mas conservo as forças com uma dieta constante de *biryani* de frango e *chai* temperado. E falo com o bebê. Digo a ele:

— Você vai ser um guerreiro, meu filhinho, e vamos estar bem.

Digo que confio nele. Nunca antes imaginei que fosse possível confiar num feto.

Finalmente, Randall Benett resolve nos visitar.

— Tenho estado ocupado — diz ele, em tom um tanto agressivo.

Quando o encontrei pela primeira vez, no dia da conferência telefônica entre os paquistaneses e o FBI, esperava ver uma espécie de mistura entre um diplomata e um soldado. Nada disso. Para começar, Randall usa um brinco, um pequeno botão de ouro na orelha esquerda. Os cabelos louros caem até os ombros, e ele está vestido inteiramente de preto — *jeans* pretos e camisa preta, abotoada até o pescoço, como se estivesse indo a algum clube. Deve ter uns 50 anos, mas está em grande forma. Mais tarde fiquei sabendo que já foi instrutor de *tae kwon do*, pratica golpes com os pés no quintal da casa e também levanta pesos no ginásio dos fuzileiros. Além disso, é perito em atirar facas, arte que costuma ensinar a outras pessoas. A mulher, Carolina, que Randall conheceu na Colômbia, onde se casou com ela, aparentemente também é bem treinada nisso.

Levamos Randall para o andar superior, na sala contígua à varanda, onde podemos conversar sem sermos ouvidos. Ele puxa uma cadeira indiana baixa e acomoda o corpanzil. Abre as pernas, equilibra os cotovelos nos joelhos e apalpa a gorda pasta que traz nas mãos grandes.

— Diga-me o que sabe — diz ele.

É evidente que seus sentimentos a nosso respeito são ambivalentes, e Asra e eu enfrentamos o desafio implícito, fazendo um relato detalhado e competente. Os olhos de Randall, de um azul brilhante e espessos cílios, passam de mim a Asra, observando-nos cuidadosamente. Começa a tomar notas. Notamos que estamos conquistando sua confiança, e mais que isso, seu respeito. Vemos que ele vai percebendo que gosta de nós. Retribuímos o afeto.

Mais tarde, ele nos diria que nos considerou "investigadoras astutas e altamente competentes, de espírito agressivo e até mesmo aventureiro".

— Eu me vi a mim mesmo em vocês — diria ele, num dos elogios mais inesperados que Asra e eu provavelmente ouviremos.

A pasta trazida por Randall está marcada "FRÁGIL — NÃO CLASSIFICADO". Abrindo-a, ele nos mostra o que descobriu durante o dia e meio anterior. A maior parte das informações tem a ver com Gilani e seu grupo de *jihad*, Jamaatpal-Fuqra, e também há uma entrevista dele com o jornalista paquistanês Kamran Khan. Este último tem uma interessante vida dupla como repórter de primeira linha do jornal paquistanês em língua inglesa, *The News*, e correspondente especial do *Washington Post* no Paquistão.

Se é verdade o velho ditado que um jornalista tem a qualidade de suas fontes, Khan é um dos grandes. A fim de manter seu relacionamento com o ISI, inclusive os que se conservam ideologicamente simpáticos à gente do *jihad*, Khan às vezes parece estar escrevendo tanto sobre eles quanto para agradá-los. A maioria finge não perceber, porque precisa da informação que ele proporciona. Mas, na minha opinião, ele fez um pacto de Fausto a fim de penetrar mais fundo no mundo da política e da comunidade de informações paquistanesas. Quem confia em Khan faz barganha semelhante.

Diante disso, queremos saber se Khan tem informações sobre onde está Danny. Ele responde que não, e provavelmente está dizendo a verdade, mas opina que "os barbudos" (isto é, a gente do *jihad*) estarão querendo usar Danny para uma troca. O motivo pelo qual ainda não tivemos notícias dele é que eles estão procurando chegar a um lugar seguro, mas a alta visibilidade desse seqüestro tornou difícil a movimentação em Karachi e arredores. Por toda parte, há barreiras e pontos de verificação, e é impossível sair pelo ar. Por isso, os seqüestradores precisam de tempo. Três dias, acredita Khan, antes que se sintam suficientemente bem escondidos para poder fazer contato.

Uma frase de Khan me queima o cérebro: "Eles certamente o consideram um refém de alto valor, isto é, alguém que desejam manter vivo."

Jamais pensei que Danny pudesse não estar vivo.

Randall começa a arrumar seus papéis.

— Muito bem, meninas — diz ele —, vocês trabalharam bem. Vou levá-las para comer no McDonald's!

Meninas? Volto-me para Asra, em busca de companhia em minha indignação, mas, antes mesmo de olhar para ela, percebo que se trata de uma causa perdida. Sem querer, Randall tocou na própria essência do americanismo de Asra. A perspectiva de um Big Mac é suficiente para fazê-la perdoar qualquer insulto potencial a nossa dignidade. O relacionamento de Asra com os hambúrgueres vai além de minha capacidade de compreensão. Quando alguma coisa não vai bem, ela se dirige aos dois arcos gêmeos. A primeira vez em minha vida em que fui ao McDonald's foi na Índia, onde a licença de funcionamento proíbe o uso de carne bovina. Danny pediu um *tikkaburger* McAloo, feito de batatas e couve-flor.

A idéia de sair de casa é insuportável. E se Danny voltar? E se eu não estiver em casa para recebê-lo? Será que poderia dizer a ele: "Desculpe, querido, fui dar uma voltinha"?

Randall não ouve meus protestos. Insiste com tanta doçura ("Você precisa respirar um pouco. Faça isso por seu filho.") que não tenho coragem de recusar. Entramos em sua caminhonete 4x4, preta como suas roupas, mas o motorista se recusa a partir, enquanto eu não puser o cinto de segurança. Penso em dizer: que absurdo, estamos muito além do problema do cinto de segurança no banco de trás, mas o homem se obstina, e Randall ajusta o cinto em minha barriga avantajada.

Estranho a percorrer novamente as ruas movimentadas de Karachi. Sinto-me imaterial, como se estivesse em suspenso no tempo. Espantada, vejo as pessoas em suas tarefas costumeiras. Só penso numa coisa, voltar. Falar com o Capitão, recomeçar a busca.

O McDonald's de Karachi é igual a todos os outros que existem no mundo, mas, além disso, o *shopping* onde está localizado exibe uma limpeza brilhante. As vitrines das lojas fascinam. Parece que alguém tentou criar num laboratório o estilo de vida ocidental.

Asra escolhe a refeição especial nº 1, o prato completo do McDonald's: Big Mac, batatas fritas e Coca-Cola ocupam sua bandeja. Em breve, estamos rodeadas pelo odor do óleo de fritar e, graças ao apetite de Asra, consigo pedir uma pequena salada sem me sentir indelicada. Randall come pouco, mas nos entretém com histórias da realidade da vida em Karachi. Envolve-as em mistério e fala de gente importante sem revelar seus nomes, de perigosos terroristas e de conspirações desmascaradas. Randall já escapou da morte dezenas de vezes. Enquanto seus predecessores trataram de sair depressa do Paquistão, ele já está no país há cinco anos. Nunca encontrei um homem que tivesse nível maior de testosterona; fala como um mercenário que resolveu ficar do lado da lei. Eis alguns dos títulos de reconhecimento que recebeu durante os últimos dois anos:

- 2000 — Agente Especial de Segurança Diplomática do Ano, em todo o mundo;
- 2000 — Funcionário de Segurança Diplomática Especial do Ano, em todo o mundo;
- 2000 — Medalha da Companhia B de Fuzileiros Navais dos Estados Unidos, Oficial da Reserva do Ano;
- 2000 — Prêmio do Serviço Secreto dos Estados Unidos;
- 2001 — Prêmio Contribuição Excepcional da Agência de Repressão às Drogas;

- 2001 — Carta de Elogio do diretor do FBI (diretor Louis Freeh);
- 2001 — Medalha do Corpo de Fuzileiros Navais.

É um verdadeiro homem da lei, frio e internacional.

Zarur, o ajudante paquistanês de Randall, veio conosco. É um homem alto, de estatura pouco comum nos paquistaneses, e é também o mais bonito de todos os homens que nos rodeiam, embora não faltem sofisticação e charme no grupo de policiais. Tem feições finas, pele de um belo tom acobreado e postura impecável. Randall o apresenta como policial de elite treinado pessoalmente por ele. Quando Zarur se afasta de nós para fazer algumas compras enquanto comemos, Randall se refere a ele com amizade pessoal, além da camaradagem profissional. Recordo a referência de Randall a Tariq Jamil, dizendo-o seu irmão, e o respeito demonstrado ao Capitão. Sinto-me reconfortada ao compreender que todos esses homens parecem considerá-lo um verdadeiro amigo.

Depois que Zarur regressa, deixamos o *shopping*, entrando num elevador com paredes de vidro cheio de jovens estrangeiros, provavelmente estudantes.

— De onde vêm vocês? — pergunta Randall a um deles.

— Austrália — responde a moça. — E o senhor?

— Eu? — replica Randall, sem a menor hesitação. — Do Paquistão!

Nos lábios discretos de Zarur, aparece a sombra de um sorriso.

Naquela noite, mais tarde, Randall volta a nos visitar. Agora veste uma espécie de batina de sacerdote ortodoxo oriental, com o colarinho fechado, que desce até abaixo do joelho. Levo alguns segundos para perceber que está usando um *salwar kamiz* completamente negro, sem as calças *salwar*. Em vez delas, vestiu suas próprias calças pretas, que parecem um pouco balofas. Não é o que se esperaria do encarregado regional da segurança, mesmo que estivesse indo a uma festa na noite de sexta-feira num país do Terceiro Mundo.

Pacientemente, persistentemente, Asra investiga o computador de Danny e pesquisa na internet em busca de mais pistas e informações. Ela é a abelha-rainha nessa colméia que criou para ser nosso quartel-general. Prepara pastas bem-arrumadas, com etiqueta e data em cada uma, sublinhando o conteúdo principal. Como se estivesse instruindo um de seus filhos, o Capitão a ensina a usar o furador de papel de maneira que os furos fiquem perfeitamente alinhados. Durante as duas semanas seguintes, ela encheria mais de 60 pastas e teríamos de instalar estantes para armazená-las.

Não conseguimos fazer uma coisa bastante óbvia: monitorar os *e-mails* que entram na caixa postal de Danny pelo *Journal*. O escritório de Nova York recusou-se a fornecer-nos a senha necessária para entrar no sistema protegido de mensagens. Eles, porém, acessam a correspondência dirigida a Danny, e naturalmente nela aparece um novo *e-mail* de Bashir, que imediatamente nos é retransmitido. Foi mandado ontem, sexta-feira, 25 de janeiro.

De: sima shabbir
Enviado: Sexta-feira, 25 de janeiro de 2002, 4:56
Para: Danny Pearl
Assunto:

Caro Sr. Pearl,

Como foi o encontro com o xeique?

Escreva-me contando o que conversaram. Estou em Lahore a negócios mas logo que regresse vou procurar o xeique e perguntar-lhe que impressão teve do senhor. Fique em contato. Adaab, Bashir.

— Aquele puto — diz Asra. — Ele sabe que Danny sumiu. Mandei um *e-mail* dizendo isso na mesma noite do desaparecimento.

— Ele quer dar as caras porque o nome de Gilani já foi mencionado e quer parecer inocente — diz Dost. — Está se protegendo.

O Capitão me aconselha a agir como se de nada suspeitasse, em minha resposta a Bashir, a quem odeio com todas as minhas energias.

Data: Sábado, 26 de janeiro de 2002, 22:24:23 — 08:00 (Hora do Paquistão)
De: "mariane pearl"
Assunto: DANNY PEARL!
Para: nobadmashi@yahoo.com

Caro Sr. Shabbir,

Sou Mariane, mulher de Danny Pearl. Vi o *e-mail* que o senhor mandou a Danny, mas tenho de dizer-lhe que estou muito preocupada, porque ele desapareceu desde quarta-feira, dia 23. Sou grata por seu apreço para com ele e peço que me ajude. Por favor, entre em contato tão logo leia este *e-mail*. Meu número fixo é 021 586 20 76 e o celular é 0300 856 80 13. Aguardo sua resposta. Muito obrigada.

Mariane Pearl

O Capitão traga lentamente seu cigarro. Volta-se para Zarur.

— Há alguma maneira de descobrir de onde foi mandado esse *e-mail*?

Zarur pensa um pouco.

— Sim — responde —, mas precisaríamos saber quem é o assinante original.

Somente assim, explica ele, será possível descobrir o número de telefone ao qual o computador estava conectado.

Espantoso, penso. É possível descobrir de onde veio qualquer mensagem: uma chamada telefônica internacional, um *e-mail*. Puxo o Capitão para um lado.

— Preciso lhe dizer uma coisa. Danny é judeu.

Explico que não disse isso a mais ninguém em Karachi e que, para proteger Danny e a família Pearl, o *Wall Street Journal* se empenhou em manter Judea e Ruth fora das vistas, e em convencer a mídia americana a não mencionar a origem étnica de Danny.

Esse temor de revelar que Danny é judeu não é coisa nova, e como mais tarde disse sua irmã mais jovem Michelle, em um *e-mail*, "não é paranóia irracional, é uma paranóia saudável, de bom senso". Quando Danny viajava a países como o Irã, por exemplo, falava ao telefone somente com sua mãe, porque o sotaque do pai era visivelmente israelense. Poucos dias depois dos ataques ao World Trade Center, Judea mandou um *e-mail* com suas opiniões sobre o sionismo, e Michelle imediatamente apagou a mensagem, censurando-o por colocar Danny em perigo no Paquistão. "As pessoas tomam precauções, porque sabem a extensão do ódio. É o que podemos fazer em Los Angeles, a milhares de quilômetros do Paquistão", escreveu ela.

O Capitão também conhece a extensão do ódio. Embora pouco revele à medida que absorve o que acabo de dizer, percebo que ele não subestima suas conseqüências potenciais.

— OK — diz ele, acenando com a cabeça. — Não conte a ninguém.

A noite de sábado é como as anteriores, conturbada e sem sonhos. A manhã seguinte é diferente de qualquer outra manhã imaginável.

Começa com Dost trazendo nas mãos a edição matinal do *Jang*. Geralmente calmo, Dost parece abalado. A foto de Danny está na primeira página, rodeada por um aglomerado de letras em urdu. A foto é dolorosamente conhecida. É a mesma que entreguei ao jovem agente, quando a polícia invadiu inicialmente a casa. Como foi parar na primeira página do *Jang*?

— Quem era o cara que me pediu a foto? — pergunto a Dost.

— Serviço militar de informações — é a resposta. Dost examina o texto, aparentemente sem saber o que dizer ou fazer. — Quer saber o que está escrito?

— Claro.

— Diz que há suspeitas de que Danny seja agente do Mossad e de "ter relações" com a RAW, o Departamento de Análise e Pesquisa da organização de inteligência indiana.

Sinto como se tivesse levado um pontapé no estômago. Nesta parte do mundo, já é ruim ser publicamente identificado como judeu. Dizer que é membro da organização israelense de inteligência, o odiado Mossad, significa o mesmo que assinar a sentença de morte. Além das tensões entre árabes e israelenses que alimentam a ira, acredita-se também que o Mossad vem apoiando a Índia contra o Paquistão na Cachemira.

E fui eu quem entregou a foto de Danny para acompanhar esse pacote de mentiras. Tenho uma explosão de raiva incontrolável. Sinto nojo de gente podre, policiais, agentes de inteligência e os chamados jornalistas. Mas a quem culpar? A ISI? Quem, na ISI? É claro que, quando se trata de serviços secretos, a mentira é a moeda corrente. Às vezes mentem para proteger alguém, às vezes para prejudicar. De qualquer forma, são mentiras, e é isso o que as agências de inteligência fazem a fim de realizar suas tarefas. E isso é verdade em qualquer país, seja a agência paquistanesa ISI, a RAW da Índia, a FSB da Rússia ou a CIA.

Desejo que todos parem de mentir e me digam a verdade. Corro ao telefone e disco o único número em que posso pensar. Chamo o tenente-general (reformado) Moinuddin Haider, ministro do Interior. O Ministério supervisiona a polícia e as prisões, assim como a "regulamentação de entrada e saída de estrangeiros". Supervisiona também a Agência Federal de Investigações, que investiga subornos, corrupção e imigração. Não tenho certeza de que essa seja a repartição adequada, mas, pelo menos, posso pedir uma explicação ou protestar com veemência. Preciso fazer alguma coisa. Estou prestes a implodir.

O ministro Haider atende o telefone, e eu ataco. Ele fica em silêncio e, de vez em quando, desvia-se do assunto com o murmúrio:

— Estamos investigando.

Acabo sucumbindo, afogada em minha impotência.

Ele marca uma visita minha para mais tarde, no mesmo dia. Quando desligo, o Capitão me puxa pelo braço, levando-me para um canto. Parece aliviado que a conversa com Haider, embora desagradável, não tenha sido pior.

— Deixe-me cuidar disto — diz ele. — Sei que a senhora tem razão, mas tem de deixar que eu trate disso.

Quando ele se emociona, a mandíbula endurece. Está muito dura agora. Faz-me prometer que não telefonarei a mais ninguém a respeito desse assunto, e em seguida sai da casa batendo a porta.

Apego-me à indignação do Capitão, como a uma bóia de salvação.

Voltando-me para Dost, vejo que ele está procurando as palavras adequadas para dizer. Sei que quer pedir desculpas por seu país, e quer que eu saiba que nem todos os paquistaneses são "assim". Gostaria de falar-me sobre traidores e covardes, sobre as pessoas influentes no país e por que motivo têm o poder que possuem. Sei que quer pedir-me que confie nele, e a verdade é que confio. Mas ele não diz nada disso em voz alta, nem eu. Ficamos de pé, olhando juntos para o jornal.

Onde estará Danny? Onde estará o meu menino?

No ano passado, a mãe dele encontrou o diário que ele mantinha na quinta série escolar e datilografou todas a anotações. Eu as li, como introdução ao coração de meu marido. Sentia que Danny não tinha mudado muito desde os dez anos de idade, e o diário o confirmou. Enquanto líamos as anotações durante um vôo de volta de Los Angeles, fiquei observando Danny rir de si mesmo quando era mais jovem, e tive a esperança de também poder alcançar-me a mim mesma mais jovem.

31 de outubro, 1973 — Creio que para as crianças o amor significa esperar que a pessoa amada nos ame...

2 de novembro — Acho que Lisa Macey gosta de mim. Pode parecer bobagem, mas é bom pensar nisso. Sinto-me feliz com isso...

13 de abril — Quero ter uma vida plena, e acho que posso. Pensei em ser crítico literário, mas isso não parece ser uma grande contribuição ao mundo (acho que a única ocupação capaz de contribuir é a política, coisa que eu não faria por nada neste mundo).

10 de maio — Lisa Macey é bonitinha mas tem uma personalidade estranha. Doreen Brandy é bonitinha e tem boa personalidade.

Depois vinha o trecho que desejei não estar recordando neste momento:

3 de novembro — Enquanto ia para a escola no carro com os colegas, fiquei com medo de estar sendo raptado. Vou escrever um artigo longo sobre Nixon. Perdemos de 2 a 0 para os Apaches, mas eles estavam em primeiro lugar.

Será que as crianças têm medo de serem raptadas? Será que eu tive esse medo?

Volto ao meu quarto para rezar. Recito: *Nam Myoho Renge Kyo.* Insisto com Danny para que não tenha medo. Estou junto com ele, o bebê está junto com ele, e tudo vai dar certo.

O telefone toca. É o subeditor internacional do *Wall Street Journal*, Bill Spindle, para dizer que Jonathan Friedland está me mandando um *e-mail.* Pode ser dos raptores de Danny. Friedland é o chefe do escritório em Los Angeles. Danny e eu almoçamos com ele no ano passado e ele falou de sua dificuldade em readaptar-se à vida nos Estados Unidos, após haver passado anos como correspondente no exterior. A vida era aborrecida, disse ele.

— Ora — brincamos —, você sente falta da bagunça.

O *e-mail* tinha tido vários destinos antes de ser retransmitido a nós. Fora originalmente expedido à uma da manhã, por alguém que se intitulava "kidnapperguy@hotmail.com",* a 31 destinatários no *Jang*, no *Washington Post*, no *New York Times* e em outras publicações internacionais. Curiosamente, não havia expedição de cópias ao *Wall Street Journal*. Um dos primeiros a recebê-lo, o chefe do escritório do *Washington Post* para o sudoeste da Ásia, Rajiv Chandrasekaran, o retransmitira a Anne Marie Squeo, no *Journal*, acompanhado por uma mensagem que dizia: "você viu isso? é ele que aparece nas fotos? isso me deixa enojado. espero em deus que isso tudo seja falso e que ele seja libertado em breve." Anne Marie mandou-o então a diversos executivos do *Journal*: "gente, não tenho certeza de que isso seja autêntico, e somente vi danny duas vezes, mas as fotos parecem com a lembrança que tenho dele."

Com Asra e o Capitão junto a mim, clico no *attachment*. As fotos são a primeira coisa que vejo, quatro delas. Danny está diante de uma cortina azul, vestindo uma coisa que jamais usaria — um estranho macacão de ginástica, de um rosado brilhante com azul-celeste. Tem os pulsos acorrentados e está sem óculos. Na primeira imagem, um homem de *salwar kamiz* branco segura a nuca de Danny, empurrando-a para a frente, e na outra mão empunha um revólver a dois centímetros da cabeça de meu marido.

Meus olhos se enchem de lágrimas, mas venho me preparando para isso. Sinto-me como um lutador de boxe prestes a levar um soco, com os músculos retesados para não cair quando o golpe chegar; pronta para reagir, sem pensar. Obrigo-me a examinar a outra imagem, na qual Danny segura um exemplar da edição de 26 de janeiro do jornal *Dawn*, em língua inglesa.

— Puseram primeiro a foto com o revólver por um motivo — diz Dost. — Querem chocar e atrair a atenção.

---

* "raptor@hotmail.com". (N. do T.)

Sinto que todos me olham alarmados. Ah, pensam que vou começar já o trabalho de parto. Em vez disso, começo a sorrir, porque em uma das fotos seguintes Danny também está sorrindo. Mesmo com a cabeça abaixada, o sorriso é evidente. Depois, vejo que em uma foto seus dedos formam o V da vitória, e em outra ele faz para os seqüestradores um sinal obsceno. É possível perceber seu silencioso triunfo, do tipo que a gente sente quando alguém quer nos silenciar, mas o recado é dado mesmo assim. Danny combate seu medo. Está me dizendo que não está derrotado e que eu também não devo me deixar vencer.

Examino o bizarro texto anexo.

> Assunto: Agente americano da CIA em nosso poder.
>
> O movimento nacional para a restauração da soberania paquistanesa capturou o agente da CIA Daniel Pearl que andava disfarçado de jornalista do Wall Street Journal.

Vejo o Capitão atrás de mim, olhando para a tela por cima de meu ombro.

— Que grupo é esse? Quem são essas pessoas? — pergunto.

O Capitão sacode a cabeça.

— É um grupo organizado especialmente para isso.

Olho novamente para a tela.

> Infelizmente, ele está sendo mantido em condições muito desumanas, na verdade semelhantes à maneira pela qual paquistaneses e nacionais de outros países soberanos estão sendo mantidos em Cuba pelo Exército americano. Se os americanos melhorarem as condições de nossos compatriotas, nós melhoraremos as do Sr. Pearl e de todos os outros americanos que capturarmos.
>
> Se a América deseja a liberdade do Sr. Pearl, todos os paquistaneses atualmente em detenção ilegal nos Estados Unidos simplesmente por suspeitas devem ter acesso a advogados e permissão para receber membros de suas famílias.
>
> Os prisioneiros paquistaneses devem ser mandados de volta ao Paquistão para serem julgados num tribunal paquistanês. Afinal, o Paquistão era membro pleno da coalizão internacional contra o terror e merece o direito de julgar seus próprios cida-

dãos. Que o embaixador do Afeganistão Mulá Zaif seja mandado de volta ao Paquistão e se houver acusações o governo paquistanês deve tratar do assunto.

O Mulá Abdul Salam Zaif é o ex-embaixador do Talibã no Paquistão, um dos funcionários de maior hierarquia do Talibã detidos pelos Estados Unidos.

Há outra mensagem anexa. Está em urdu, e os que conhecem a língua se aproximam para traduzi-la. É parecida com a versão em inglês, exceto por uma exigência suplementar: a liberação de uma encomenda de caças a jato F-16 comprados pelo Paquistão aos Estados Unidos na década de 1980, cuja entrega foi suspensa, quando o Congresso cortou a ajuda militar ao Paquistão em 1990. "Esses aviões devem ser entregues ao Paquistão ou o dinheiro devolvido com juros de 15 por cento."

— Essas exigências são impossíveis, não fazem sentido — digo. — Essa gente não quer negociar conosco. O que querem é pressionar Washington e Islamabad.

— Sim — concorda o Capitão.

Com a nova impressora, tiramos cópias e distribuímos a todos.

— Não creio que seja Danny — diz o Capitão, examinando a sua.

— Nem eu — diz Asra.

Quase não os ouço.

Randall veio correndo para nossa casa, com Zarur e diversos americanos que não havíamos visto antes. Dois agentes do FBI tratam de examinar o computador, procurando pistas. Anotam os endereços de *e-mail* e buscam o endereço de IP (Protocolo Internacional), número individual de identificação do computador que enviou o *e-mail*. Todos os computadores ligados na internet têm um número IP. Um dos agentes, Kevin, usa uma bolsinha na cintura. Não é alguém cuja presença impressione, mas fico pensando que talvez seja um gênio da computação, como Bill Gates.

Randall examina nossos impressos.

— A foto é uma montagem — declara ele, simplesmente. — Não é Danny. Vejam o ângulo do ombro, não está de acordo com a cabeça. E as pernas estão grandes demais. Vejam os ombros nesta aqui, e depois comparem com a outra.

Todos os pequenos detalhes — o tipo de câmera usada, a marca da arma que ameaça Danny, o uso das palavras —, tudo é analisado e cada qual tem uma teoria. Deixo que todos expliquem suas versões, porque quero acreditar em alguma. Mas todo o tempo sei que é o meu marido.

No meio da falação, ouço Randall perguntar:

— Reconhece a aliança?

— Sim — respondo. — Está frouxa no dedo. Sempre foi frouxa.

O silêncio se abate sobre a sala.

Maureen começa a trabalhar.

— Bem, vamos mandar as imagens para os laboratórios criminais em Honolulu e ver o que eles têm a dizer.

A divisão do FBI em Honolulu é o escritório de campo do FBI responsável pelas investigações nesta parte do mundo.

— Sim — diz Randall — e para Washington, e...

Mas isso é bobagem. É Danny mesmo. Não temos tempo para esperar por "peritos" em outros fusos horários para autenticar o que podemos claramente ver.

O Capitão procura me distrair.

— Veja, Danny está falando com a senhora. Está sorrindo. Com uma arma apontada para a cabeça, está sorrindo.

Sim, estou vendo.

— Não parece estar sob muito estresse ou sofrimento.

Também estou vendo isso.

As cópias impressas do *e-mail* estão espalhadas sobre a mesa de jantar, para exame por qualquer pessoa. É um tanto obsceno. As imagens são embaralhadas sobre o topo da mesa, como se ao reorganizá-las alguma coisa nova fosse revelada. As pessoas coçam os queixos, sussurram entre si, murmuram os clichês habituais. A equipe do FBI vai ficando cada vez mais agitada; ouço-os falar nos nomes de diversas unidades de campo, peritos criminais e especialistas e crimes cibernéticos, Quantico* e só Deus sabe o que mais.

Prefiro observar o Capitão e Dost. Sei o que estão pensando. É hora de sermos mais espertos do que os seqüestradores, por meio da previsão. Que faríamos no lugar deles? Onde se poderia esconder um estrangeiro? Na imaginação, ambos entram em mesquitas, se esgueiram por entre *madrassas* e labirintos de favelas.

Michelle, irmã de Danny, liga da Califórnia.

— São boas notícias! — exclama ela.

---

* Localidade na Costa Leste dos Estados Unidos, onde há instalações do FBI e da CIA. (N. do T.)

— O quê? — pergunto, espantada pelo tom de felicidade na sua voz.

— Mariane, isso significa que Danny está vivo — diz ela, e tem toda a razão. Como eu jamais permiti a mim mesma imaginar que poderia estar morto, não entendi que o *e-mail* é, sem dúvida, uma confirmação positiva de que meu marido está vivo.

No meio de tudo isso — o choque da notícia no *Jang*, o golpe do *e-mail* —, o Capitão e Randall me recordam que tenho um compromisso com o general Haider, o ministro do Interior. Não tenho vontade de ir, mas os dois me asseguram de que é um encontro importante. A questão central é a criação de uma força-tarefa nacional para ampliar ao restante do Paquistão a investigação sobre o seqüestro de Danny. Para que Randall e o Capitão possam cumprir seus deveres, essa força-tarefa é essencial. Ambos me pedem que vá, como favor pessoal.

Por mais que eu deteste esse encontro, Asra e eu temos mais um motivo para comparecer. A fim de demonstrar ao ministro que o seqüestro de Danny é visto com extrema preocupação nos Estados Unidos, organizamos um plano com a ajuda de Paul Steiger, editor-gerente do *Journal*. Steiger, que conversara com o secretário de Estado Colin Powell, chamará "por acaso" meu telefone celular durante o encontro com Haider. Eu "casualmente" passarei o telefone a Haider para que Steiger conte a ele o teor da conversa com o secretário de Estado.

A visita ao gabinete do ministro está se transformando em uma delegação de funcionários graduados, por sua vez acompanhados por seus subordinados. Chegam policiais à paisana, em ondas sucessivas, vestidos com suas melhores roupas, prontos para juntar-se à caravana. Por cima de minha blusa branca, coloco o lenço favorito de Danny, um xale da Cachemira; Asra pega outro. Um homem de aparência elegante, cabelos grisalhos, me espera do lado de fora da casa. É John Bauman, o cônsul-geral americano. Convida-me a entrar em seu carro, e o mesmo faz com Randall. Nosso comboio entra em movimento. Diversos carros oficiais nos seguem, mas no final de nossa procissão reconheço os velhos jipes que estiveram guardando nossa porta de entrada.

Não são tempos agradáveis para o ministro Haider. Há 40 dias, três homens de motocicleta assassinaram o seu irmão, Ehtishamuddin Haider, quando ele voltava para casa vindo do trabalho, em uma instituição médica de caridade. No dia anterior, o ministro Haider havia realizado um seminário em Karachi intitulado "Terrorismo — Novo desafio para o Mundo Islâmico". Danny cobriu seu discurso. "'Não podemos colocar as rédeas do país nas mãos de gente analfabeta que leu alguns *qaidas* [capítulos do Corão]'", foi a citação que Danny usou da fala do ministro Haider.

O ministro veste um traje tradicional de luto, feito de seda. Ofereço minhas condolências e ele murmura um agradecimento. Está de mau humor. Os policiais enchem o perímetro da sala, formando uma tapeçaria humana, até tomar todo o ambiente. Há apenas três cadeiras. Sento-me em uma, à direita do ministro, e à esquerda se coloca Kamal Shah, o inspetor-geral.

Haider começa a falar num tom frio, mas cordial. Faz uma atualização das investigações e concorda que uma força-tarefa nacional é plenamente justificada. Diz saber que, embora o seqüestro tenha ocorrido em Karachi, muito provavelmente foi planejado fora da capital. No entanto, não mantém o tom ameno durante muito tempo.

— Havia três mil jornalistas presentes durante a guerra no Afeganistão e ninguém se meteu em problemas! — diz de repente, em tom de reprovação. Essa frase é uma espécie de mantra para ele.

— Que quer dizer com isso? — pergunto.

— Que é que seu marido estava fazendo? Por que precisava encontrar-se com essa gente? Isso não é assunto para jornalistas!

— Tudo depende do que se entende por jornalista — respondo, glacialmente. Talvez a idéia da fotografia de Danny no *Jang* impeça Haider de prosseguir nessa linha, mas ele começa outra, igualmente incerta: a Índia. Acusa a Índia de ter organizado o seqüestro de Danny a fim de envergonhar o Paquistão.

A tensão é tão grande, que nossas vozes ecoam na sala, apesar da quantidade de pessoas presentes. É como se todos os demais tivessem cessado de respirar. A maioria dos homens tem os braços cruzados ou as mãos entrelaçadas, com os dedos apertados. De onde estou sentada, vejo as falanges ficarem cada vez mais esbranquiçadas.

Meu celular toca, e há um suspiro geral de alívio. Com destreza, Asra agarra o telefone e se afasta para o corredor. Informa a Steiger a acusação do ministro, o que ajuda, pois, quando os dois homens conversam, Steiger parece capaz de apaziguar Haider.

Observo cuidadosamente o ministro. Ali está um dos personagens principais da guerra contra o terrorismo no país, e também uma de suas vítimas. Como pode imaginar que Danny seja espião? Ou que o seqüestro seja uma conspiração indiana? Quem poderá estar dando a ele essas "informações"? Quem tem falado com ele a respeito? Acima de tudo, como pode um homem inteligente acreditar em mentiras tão evidentes?

Enquanto nos preparamos para sair, Asra não resiste mais. Volta os grande olhos negros para Haider e, com terrível suavidade, pergunta:

— Com todo o respeito, senhor ministro, o senhor culparia seu irmão por ter sido assassinado somente porque estava dirigindo seu carro pelas ruas de Karachi?

Ao sairmos, ouvimos Haider voltar-se para os policiais que permaneceram na sala.

— Qual o problema de vocês? — grita furiosamente, estimulado pela frustração e vergonha. — Por que não o encontraram ainda? Todos vocês: *Achem o jornalista!*

Levando-nos de volta, Randall nos repreende por nossa falta de diplomacia e autocontrole. Não gostou de nosso comportamento, mas é suficientemente astuto para ver a tempestade crescendo dentro de mim e de Asra, e por isso muda rapidamente de tática.

— Vocês precisam descansar — diz ele, em tom protetor.

Passa a explicar longamente que uma pessoa com falta de sono não consegue manter-se racional. Depois, expressamente para minha edificação, acrescenta:

— E a senhora devia saber que há muitos agentes químicos à solta em *seu* corpo!

Não posso deixar de sorrir, mas terei de enfrentar mais uma noite de insônia.

Asra procura ajudar. Com mãos habilidosas, massageia minha cabeça. Embora eu não me descontraia o suficiente para chorar (estou louca para chorar), entro num sono sem sonhos, com a estranha sensação de que estou caindo num poço. Naquela noite, Asra se deita a meu lado, e nesse momento iniciamos um hábito que perdurará nas semanas vindouras — dormimos lado a lado. Asra pode cuidar de mim, e eu, dela.

Duas mulheres na mesma cama. No começo, os homens à nossa volta acham estranho, mas depois se sentem confortados, porque a esta altura todos se sentem sós — e ninguém deve estar só.

Capítulo 7

O EDITOR INTERNACIONAL John Bussey está sobrevoando o Atlântico, quando chega o *e-mail* dos seqüestradores. O vôo da Swissair iniciado em Nova York faz escala em Zurique, e na sala da classe executiva Bussey entra em sua caixa postal em busca de mensagens. Recebe as imagens do cativeiro de Danny, reembarca, segue para Dubai, toma a conexão para Karachi e chega às duas horas da manhã de segunda-feira, quando tudo já está na maior confusão.

O *Wall Street Journal* apelou ao secretário de Estado norte-americano Colin Powell, que apelou ao presidente paquistanês Pervez Musharraf, o qual assegurou a Powell que seu governo se empenha em encontrar Danny.

Muitas declarações foram redigidas e publicadas. Por exemplo: "Meu nome é Paul Steiger e sou o chefe de Danny no *Wall Street Journal*. Gostaria de cooperar para obter a liberação de Danny em segurança. [...] [Daniel Pearl] nunca trabalhou para a CIA nem para o governo dos Estados Unidos, sob nenhuma forma. Daniel Pearl não tem possibilidade de modificar as políticas do governo norte-americano nem as do governo do Paquistão. Eu tampouco. Por isso, peço que libertem Danny para que ele possa voltar em segurança a sua esposa e a seu filho, que está por nascer."

A CIA, que tradicionalmente se recusa a comentar sobre quem trabalha ou não trabalha para si, nega oficial e categoricamente que Danny seja espião.

A mídia internacional, que não dera maior atenção ao assunto, está em ebulição. Nunca imaginei que o *Journal* sequer tivesse um departamento de relações públicas, mas é claro que tem, e Steven Goldstein, principal porta-voz do jornal e da companhia proprietária dele, a Dow Jones, entrou no redemoinho. Em 24 horas, a contar do *e-mail* com as fotos de Danny, a mídia já fizera 600 telefonemas e pedidos por *e-mail* ao *Journal*; no dia seguinte, 750 solicitações. Goldstein está fazendo o possível para responder a todos.

— Há um momento em uma crise em que a gente percebe que está em crise. O momento foi aquele —, me diria ele, quando, mais tarde, nos vimos em Paris.

Anteriormente ele trabalhara no Congresso norte-americano, e estava em companhia do diretor da Nasa quando o ônibus espacial Challenger explodiu. Era o encarregado da imprensa no Departamento do Interior quando o *Exxon Valdez* encalhou, derramando 40 milhões de litros de petróleo bruto no litoral do Alasca. Estava no *Wall Street Journal* quando os ataques de 11 de setembro quase acabaram com o jornal.

— Mas nunca vi uma excitação tão grande da mídia em toda a minha carreira — diria ele.

Não quero falar com a imprensa, não quero conversar com Goldstein, nem com os executivos da Dow Jones, nem com os ansiosos colegas de Danny. Quero que Bussey cuide disso. Não posso imaginar como o editor internacional, que tem fama de exigente, poderá ajustar-se a nossa estranha realidade na rua Zamzama, mas preciso dele.

O Capitão olha pela janela.

— Ali está a CNN preparando as câmeras no jardim, e também a Fox, a Al Jazira, toda essa mídia.

Isso não lhe agrada. Olho por cima de seu ombro. Há uma legião de policiais, uma falange de câmeras de TV, todos nos pressionando, separando-nos do mundo exterior.

O subinspetor-geral está mandando um motorista de segurança para esperar o avião de Bussey. Dost abre a porta do carro.

— Vim para ir buscar o americano no aeroporto — diz o motorista, e Dost explode numa gargalhada.

— Um minuto, por favor — diz ele, fechando a porta na cara do chofer. — Capitão, venha aqui um instante. Por favor, dê uma olhada no motorista de John Bussey.

Os dois investigadores abrem a porta e esquadrinham o espantado motorista. Raquítico, de barba desalinhada e olhos negros penetrantes, ele parece ter acabado de sair das cavernas do Afeganistão.

— Se mandarmos este cara, Bussey vai virar as costas e tomar o próximo avião de volta — diz o capitão. Um chofer bem barbeado o substitui.

John Bussey é um personagem curioso: cheio de presença de espírito, meio pedante, às vezes imperioso. É bastante jovem, pouco mais de 40, mas está acostumado a dar ordens, para um grupo de mais ou menos 25 repórteres em todo o mundo e para os empregados dos hotéis cinco estrelas que freqüenta. Eu o chamo "Bussey the Boss".* Danny o respeita e também se enfurece com ele, porque Bussey, muito inteligente, é difícil de cair em contradição. Mas tem bom coração, e quando minha mãe ficou doente de câncer, e Danny e eu precisamos ficar com ela na França, ele foi extremamente compreensivo.

Conheci Bussey quando Danny, entusiasticamente, me apresentou a todas as pessoas do escritório de Nova York. Segurando minha mão, Danny me levou de um cubículo a outro em três andares diferentes. Eu esquecia cada nome logo que me diziam o seguinte, mas isso não importava, disse Danny.

— O que importa é que todos os colegas vejam você.

Seu orgulho me causou mais satisfação do que eu imaginava possível ter com um homem. A vez seguinte em que vi Bussey foi na Índia, durante um de seus giros pela Ásia. Ajudei Danny a organizar para seu chefe encontros com um grupo de personalidades indianas interessantes: uma jovem atriz de novelas de TV, um romancista épico, um sindicalista de esquerda. Bussey foi encantador e articulado, e em dois dias falava como se já entendesse tudo a respeito da Índia, qual seria seu futuro, qual sua posição no processo de globalização. Fiquei impressionada com sua rapidez e capacidade de afirmação. Depois de viver diversos meses na Índia, eu ainda não conseguia compreender, por exemplo, por que alguns de nossos vizinhos caminhavam descalços para não fazer mal às formigas, numa cidade em que crianças eram mutiladas a fim de mendigar.

Bussey entra na casa em Karachi, com o terno azul amarrotado, já pronto para trabalhar, embora estejamos no meio da noite e a viagem dele tenha durado 19 horas, além da diferença de dez horas no fuso. Damos a

* Jogo de palavras, significando "Bussey, o Chefão". (N. do T.)

ele informações completas. Percebo que ele absorve tudo enquanto ouve. Talvez isso seja ainda mais assustador do que ele imaginava.

Em Nova York, Steve Goldstein trata de defender-se das redes de televisão e das agências noticiosas, todas exigindo cópias dos *e-mails* e das fotos.

— Não — diz ele. — Para ser franco, isso não seria de bom tom.

Também se agitam buscando uma entrevista com os pais e irmãs de Danny. Em Los Angeles, furgões de rádios e emissoras de TV se alinham do lado de fora da casa dos Pearls. Michelle me descreve a cena:

— Tocam a campainha, e nós fingimos que não estamos em casa. Fechamos as cortinas e nos escondemos. Os repórteres vêm à porta da frente e iluminam o interior com lanternas pelas janelas. Um bate na porta e ergue um papel onde está escrito: "Sou da CBS. Por favor, abra a porta. Só quero deixar uma nota." Por que não põe na caixa do correio?

Michelle não deixa os pais atenderem o telefone por causa dos sotaques, e grava nova mensagem na secretária eletrônica com sua voz de perfeita norte-americana. Nem sequer mencionam os primeiros nomes dos membros da família — Judea, Ruth, Tamara, Michelle —, porque seriam pistas também. Como diz Michelle:

— Nós não existimos, somos uma desvantagem.

Good Morning America, o programa *Today* e o noticiário matinal da CBS. Diane Sawyer, Katie Couric, Connie Chung, Larry King* e a BBC. Todos querem falar comigo, a esposa. Ouço os nomes dos programas e consigo visualizar os assistentes de produção em suas escrivaninhas, pressionados pelos âncoras para levar-me ao ar. Conheço a pressão para "alimentar o monstro"; já a senti. Imagino a facilidade de reduzir essa reportagem a uma história simples: marido simpático refém, esposa grávida desesperada. Não há maneira de fazer com que essas reportagens reflitam a complexidade do que está acontecendo aqui e, embora a simplificação de acontecimentos complexos possa parecer inócua, na verdade não é. Meus olhos passeiam do mapa às câmeras na rua Zamzama. Tenho vontade de dizer a elas: "Sim, o mundo em que me encontro agora é surrealista, mas em que mundo vocês estão?". Depois penso que estou sendo injusta. Ou talvez eu esteja apenas do lado errado das câmeras.

---

* Jornalistas de primeira linha da mídia norte-americana. (N. do T.).

Em Nova York, Steve vai à academia de ginástica, procurando escapar temporariamente daquela loucura. Está querendo perder peso. Certa noite, já tarde, no meio de um exercício, o *personal trainer* se debruça sobre o suarento Goldstein:

— Sabe, Ann Curry, do *Today*, gostaria muito de ter Mariane no programa.

Em Paris, descobrem meu irmão, Satchi, a mais bela alma deste mundo. Ele não está preparado para isso. A revista *People* liga para a casa dele pedindo fotos de família em que todos estejamos alegres e felizes.

— Valerá realmente a pena que ela vá chorar na TV nacional? — diz Goldstein num telefonema a Bussey. — Ou vai parecer simplesmente que está suplicando?

Se eu aparecer na TV, diria aos entrevistadores que os seqüestradores pegaram o homem errado. Diria que Danny não é espião, e sim um homem dedicado a reduzir o fosso crescente entre civilizações. É um cidadão do mundo, amante das diferenças, capaz de absorver todas elas. Mas não tenho certeza de que os repórteres sedentos desejem que eu desempenhe esse papel. Que diabo, nem sei o que meus conselheiros extra-oficiais desejam. Ao resolver finalmente submeter-me a algumas entrevistas, Goldstein tenta me aconselhar.

— Lembre-se, a melhor maneira de tratar disso é que vocês são simplesmente duas pessoas que procuram fazer seu trabalho. Você é uma profissional, uma jornalista.

Ao mesmo tempo, diz a John Bussey que me faça parecer simpática. Diz que ele me faça obviamente aflita e obviamente grávida.

— Perfeito, meu chapa. E como é que eu faço isso? — pergunta Bussey.

As pessoas parecem obcecadas por minha gravidez. O bebê é ao mesmo tempo outra pessoa com que temos de nos preocupar, consolo espiritual e ferramenta para relações públicas. Asra me mostrou um de seus livros favoritos, *Guia do Casamento Muçulmano,* de Ruqaiyyah Waris Maksud, professor de islamismo altamente respeitado que mora na Inglaterra. No capítulo chamado "O Casamento Resumido de A a Z", encontrei um interessante debate sobre o aborto, no qual o autor declara que a maioria dos estudiosos do Islã concorda em que até a 16ª semana de gestação o feto não possui alma, e nessa ocasião ele a recebe (*nafh al-ruh*).

Nafh al-ruh. Também pode significar "a alma vivente", ou "uma alma na qual a vida foi instilada".

Maksud continua: "Isso é confirmado pelo *hadith* [palavras do Profeta Maomé]: ...Quarenta noites depois que o sêmen é depositado no ventre, Alá manda o anjo e lhe dá forma. Em seguida cria o sentido da audição, da vista, a pele, a carne, os ossos..."

Já estou quase no sexto mês. Fazer mal ao bebê dentro de mim é um crime contra o Islã. E fazer mal ao pai é fazer mal ao filho.

Ao falar com a imprensa paquistanesa e árabe, Goldstein encontra uma maneira de mencionar o *nafh al-ruh* tanto quanto possível.

— Vocês sabem — diz ele — que ela tem um *anjo* dentro de si.

Enquanto transita por Nova York trabalhando com o celular que recebe e transmite mensagens pela internet, Steve Goldstein absorve conselhos de onde quer que venham.

— Há muitos motoristas de táxi paquistaneses em Nova York. Eu pergunto: "Que acha desse caso de Danny Pearl? Se você estivesse no Paquistão, assistiria à TV Al Jazira?"

Steve está querendo fazer contato com a Al Jazira. Mas os motoristas dizem que Al Jazira é uma estação árabe, e os paquistaneses não se consideram árabes. Isso não vai ser útil.

Judea procura convencer o gabinete de Colin Powell a fazer uma declaração severa aos seqüestradores, alguma coisa como "As pessoas que mantêm Danny Pearl em cativeiro devem entender que assassinar um jornalista inocente é considerado um ato de barbárie incompatível com os ensinamentos do Islã", mas a declaração feita pelo secretário de Estado é formal e pouco veemente.

Judea trabalha febrilmente para mobilizar muçulmanos influentes, a fim de que façam apelos pela libertação de Danny. Louis Farrakhan, líder da Nação Islâmica, se apresenta. O mesmo fazem diversos sacerdotes muçulmanos no exterior, e o emir do Catar, que conhece Danny e gosta muito dele. O campeão de pesos-pesados Muhammad Ali, muçulmano devoto respeitado em todo o mundo, concorda em fazer uma declaração. Alguém do *Journal* sugere mandar Ali a Guantánamo. Para quê? Para que ele faça uma declaração de que o tratamento dos detidos é humanitário. É uma idéia horrível, felizmente descartada.

O grande jogador de basquete Michael Jordan, que não é muçulmano, mas é também universalmente adorado, recebe um pedido para fazer um apelo. Seu agente recusa.

Ao ser divulgada a declaração de Ali, juntamo-nos ao redor da mesa de jantar em Karachi para lê-la. É linda:

EM NOME DE ALÁ, CLEMENTE E MISERICORDIOSO

Rezo para que esta mensagem chegue às pessoas que mantêm Daniel Pearl cativo. Como muçulmano, termino cada prece com uma súplica de paz e compaixão entre todos os povos do mundo. Durante o mais recente conflito muita gente sofreu, muita gente foi vítima de injustiça e intolerância, muitos perderam a esperança de que os povos sejam capazes de coexistir pacificamente em suas nações sem desrespeitar a cultura, tradições e direitos de outras. Mas com a graça de Alá, eu não perdi essa esperança. Acredito que Alá, Todo-poderoso, nos guiará pelo caminho da retidão e da misericórdia. Não perdi a esperança que Ele tem em nós, de que mostremos compaixão onde ela não existe e tenhamos misericórdia nas circunstâncias mais difíceis.

Nós, muçulmanos, devemos dar o exemplo. O mesmo exemplo que nos foi dado há 1.400 anos pelo Profeta Maomé (Que a Paz e a Bênção de Alá caiam sobre Ele). Daniel é um jornalista profissional. Seu trabalho é dar voz aos que desejam ser ouvidos pela comunidade mundial. Daniel não deve ser transformado em nova vítima do conflito atual. Apelo a vocês para que demonstrem compaixão e bondade para com Daniel. Tratem-no como desejariam que os muçulmanos fossem tratados pelos demais. Tenham esperança e fé em que Alá nos guiará nestes tempos extremamente difíceis. Minha prece mais sincera é que Daniel Pearl possa regressar são e salvo à sua família. Que Alá tenha piedade de todos nós.

— Isso é ótimo — diz Asra —, mas Cat Stevens seria ainda melhor.

Após a época de *Chá para os Tillerman* na década de 1970, Cat Stevens se tornou um dos mais notáveis convertidos ao Islã. Agora, tendo adotado o nome de Yusuf Islam, tem muitos seguidores como educador e músico muçulmano, com discos como *A de Alá*. Asra recorda ter ouvido a mulher de Khalid Khawaja cantar ouvindo os discos de Yusuf

Islam, ao visitar Khawaja em Islamabad. Bussey manda um *e-mail* ao império do *Journal* sugerindo que busquemos a ajuda de Islam.

Os pais de Danny recebem uma mensagem telefônica do *Yediot Achronot*, um jornal israelense, que resolveu ter chegado o momento de romper o embargo da identidade. Judea chama o repórter e procura enfatizar a importância de manter por enquanto em segredo a origem da família. O repórter se recusa a compreender.

— Vejo meu pai ficar frustrado — diz Michelle. — Começo a gritar, em voz suficientemente alta para ser ouvida do outro lado da linha: "Eles vão matá-lo! Será que não entendem? Vão matá-lo!" — Por enquanto, a mídia israelense fica em silêncio.

Os tablóides britânicos agitam dólares diante de Steve Goldstein, recompensas financeiras, se ele conseguir uma entrevista comigo. A maior oferta até agora: 25 mil dólares. Eu também receberia dinheiro. Videntes telefonam com suas profecias, e presos mandam sugestões. Em todo o Paquistão, a polícia invade casas em batidas sucessivas. Nas barreiras das estradas, os motoristas são retirados de seus carros e revistados.

Começo a sentir contrações e mandamos chamar um médico do Sheraton. Ao abrir o remédio para retardar o trabalho de parto, leio o aviso na bula: "Não foram feitas pesquisas com mulheres grávidas." Que maravilha.

A irmã mais velha de Danny, Tamara, médica homeopata que estudou no Canadá, organiza uma estratégia para que eu conserve minha saúde até que Danny seja encontrado, e outra para tratar de Danny quando ele voltar para casa. Descobre onde os remédios podem ser comprados em Karachi e manda o *e-mail* de um bom homeopata local, Younus Billou (nome que parece ser de um curandeiro).

Asra manda Imram com a lista de compras:

Acônito IM (para o medo)
Arnica IM (para trauma, choque e trauma físico)
Coculus 200 (para insônia)
Gelsemium 200 (para medo, com tremores ou exaustão)
Ópio 200 (para medo, com visões repetidas de imagens)
"Rescue Remedy" de essência de flores (de Nelson Bach), para ser tomado aos poucos, com água

Bussey entra em meu quarto e retira meu exemplar de *O que Esperar Quando se está Esperando.* Faz uma leitura dinâmica completa e depois me põe à prova. Já sabe tudo sobre os exames de urina e de sangue, absorção de proteína e consumo de fluidos. Alguém lhe disse que as mulheres grávidas devem manter-se constantemente hidratadas, e me obriga a tomar litros e mais litros de água. Não descansa enquanto não me vê praticamente afogada.

Charles Fleming, do escritório do *Journal* na França, encontra o ex-Cat Stevens. Quem o auxiliou foi seu sobrinho, Chris Martin, cantor de voz etérea na banda inglesa Coldplay. A banda está trabalhando nos estúdios da rua Parr, em Liverpool, na gravação de *A Rush of Blood to the Head*, e por meio de contatos no mundo musical Martin descobre o irmão de Yussuf Islam, David Gordon, que concorda em pedir ajuda a seu famoso parente.

Falando como "um Muçulmano do Ocidente", Yussuf Islam escreve:

> Chegou a hora de mostrar ao mundo a misericórdia do Islã. O Profeta Maomé, que a paz esteja com ele... nos ensinou que um homem foi para o céu por ter dado água a um cão sedento, e uma mulher foi para o inferno por ter prendido um gato, que morreu de fome.
>
> Mensagem aos que detiveram o jornalista Danny Pearl: Se vosso objetivo é a justiça, não servirá à causa da justiça matar um homem inocente que tem somente uma pena na mão.

São palavras de sabedoria e compaixão. Mas precisamos encontrar o lugar onde Danny está mantido.

Para isso, quatro equipes distintas operam simultaneamente. O Capitão as dirige, como um maestro de orquestra. Há uma equipe de investigação clássica, que segue pistas e coordena batidas em todo o Paquistão. Há a equipe do crime cibernético, procurando descobrir os computadores que originalmente mandaram os *e-mails.* Há o FBI, que organizou uma sala de controle no escritório de South Brunswick, Nova Jersey, para monitorar os acontecimentos à medida que ocorrem, 24 horas por dia, em todo o mundo. E há também a equipe de Jamil Yussuf.

Jamil Yussuf, chefe do Comitê de Ligação Polícia-Cidadãos, entra em nossa casa na noite do envio das fotos por *e-mail,* com ar de salvador. Baixo e robusto, com um terno de três peças, exala autoconfiança. Em matéria de resolver seqüestros, a reputação de Jamil Yussuf é a melhor.

Esteve fora da cidade, a negócios, em Islamabad, desde a entrevista de Danny com ele em 23 de janeiro, e quando aparece percebemos o quanto precisamos dele. Sem perder tempo, o Capitão lhe entrega o *e-mail* dos seqüestradores. Yussuf dá uma olhada e sacode negativamente a cabeça.

— As exigências são idiotas — diz ele. Não demonstra surpresa com a atmosfera descontraída, quase familiar de nossa equipe. Examina nosso mapa e registra no Palm Pilot todos os números de telefone.

— O senhor pode nos ajudar? — perguntamos.

— Começaremos a trabalhar amanhã — promete ele.

Yussuf já vem fazendo isso há 13 anos. Era, e continua a ser, um grande industrial de tecidos. Por volta de 1990, Karachi tinha-se transformado na capital mundial dos seqüestros. Yussuf e seus colegas foram alvos — cinco milhões de rupias de resgate —, mas a polícia pouco fez para ajudar. A comunidade de negócios se queixou ao governador da província de Sindh, e ele os desafiou:

— Em vez de queixar-se, ajam! — declarou ele. Yussuf, que tinha passado quatro anos na inteligência militar, aceitou o desafio.

O que se diz é que ele não é exatamente delicado quando enfrenta bandidos. Na verdade, afirma-se que usa os mesmos métodos, inclusive o seqüestro. É capaz de raptar a família de um seqüestrador. Não se arrepende de nenhuma de suas técnicas. Isso, diz-me ele, porque "conheço as lágrimas e a dor".

> Interrogamos o Sr. Pearl e concluímos que ao contrário do que pensávamos antes, ele não trabalha para a cia. na verdade, trabalha para o mossad. por isso o executaremos em 24 horas a menos que a america cumpra nossas exigências.

Estamos na manhã de 30 de janeiro. Outro *e-mail,* desta vez com duas fotos, penosamente semelhantes às que recebemos há dois dias. Asra as imprime. Na primeira, há um revólver apontado para a cabeça de Danny, mas ele parece estar rindo; na segunda parece ter piscado os olhos na hora. A intenção da foto é deprimir, e ele efetivamente parece mais cansado, mais abatido, mas, mesmo assim, parece apenas uma foto na qual ele não saiu bem.

> pedimos desculpas à família dele pela preocupação que causamos e mandaremos pacotes de alimentos, como fez a américa ao pedir desculpas por danos colaterais e mandou pacotes de alimentos para milhares de pessoas cujas mães, pais, irmãos, irmãs, esposas, filhos e filhas, avôs e netos foram mortos. Esperamos que a família do sr. danny agradecerá os alimentos que mandaremos assim como o público americano esperava que os afegãos agradecessem os pacotes que a força aérea jogou para eles.

Desgraçados.

O *e-mail* continua, falando da "mentalidade de escravos" do Paquistão a respeito dos Estados Unidos, da "máquina vingativa americana de guerra" e das exigências anteriores.

> Avisamos todos os jornalistas americanos que trabalham no paquistão que há muitos deles espionando o paquistão fingindo serem jornalistas. por isso damos três dias para que todos os jornalistas americanos saiam do paquistão. quem ficar depois disso será nosso alvo.

Como alcançar essa gente, detê-los, falar com eles?

Bussey tem nas mãos uma impressão do segundo *e-mail.* O texto continua, cheio de exigências impossíveis. Talvez seja o texto mais tortuoso e aparentemente incoerente que esse brilhante editor jamais viu.* Mas ao estudá-lo mais atentamente, percebe-se que foi escrito por alguém que deseja ocultar-se, alguém que quer que pensemos tratar-se de um analfabeto, mas que na verdade não é. A sintaxe é correta, e a ortografia não é tão ruim: quem o escreveu simplesmente omitiu alguma letra aqui e ali, ou esqueceu alguma maiúscula. Quanto às palavras em

---

* O texto original contém certo número de incorreções ortográficas, que o tradutor julgou desnecessário tentar transpor para o português. Por exemplo, "America", como os norte-americanos chamam seu país, é grafada "amreeka", "Pakistan" aparece como "pakstan", "journalist" como "journlist". (N. do T.)

si, são dolorosamente conhecidas para quem como nós já passou algum tempo nesse trabalho. O redator simplesmente copiou, sílaba por sílaba, as imprecações pseudopolíticas de algum mulá, algum dos que cada vez mais pregam o ódio em vez da religião.

A isso chegamos, um mundo em que as pessoas não falam em comunicar, e sim em subjugar, onde o povo é refém da ignorância, onde os poderosos simplificam a complexidade para não serem questionados. Por essa razão essa gente odeia os jornalistas, pelo menos os que rejeitam as visões simplistas do mundo, pois ao explorar as zonas cinzentas os jornalistas são capazes de trazer novas luzes a temas como o das relações entre árabes e israelenses, política exterior dos Estados Unidos ou fundamentalismo islâmico. Possuímos os instrumentos e a linguagem para revelar verdades. Acreditamos ser capazes de mudar o mundo mediante a mudança da forma pela qual as pessoas se vêem umas às outras. Podemos até mesmo criar vínculos entre povos, por mais tênues que sejam. Por isso somos nós quem mais atrai o ódio dos que promovem o ódio.

Recordo num segundo a véspera de Ano-novo em Beirute, quatro anos atrás. Danny e eu passamos uma noite maravilhosa com amigos libaneses, comendo, dançando e rindo, e, no dia seguinte, um desses amigos nos levou a um bar, onde começamos a discutir política. Ao descobrir que Danny era judeu e meu pai também, nosso amigo ficou desconcertado. Nunca imaginara que um judeu pudesse ser como Danny. Durante o resto da noite, simplesmente ficou olhando para Danny, incrédulo. Havia saído com um judeu, tinha coisas em comum com ele, e *tinha gostado dele*. No fim da noite, disse ter compreendido que lhe haviam ensinado a rejeitar um povo sobre o qual ele nada sabia. Era ao mesmo tempo simples e horrivelmente complexo.

Agora ficou evidente para todos nós a necessidade de fazer com que o maior número de pessoas possível, no Paquistão e no resto do mundo, fique sabendo quem é na verdade Daniel Pearl. Para que possam ver por si mesmos que ele é um repórter objetivo, oferecemos aos jornais paquistaneses alguns de seus artigos, a fim de serem republicados. Mandamos a maioria para os *sites* da internet. E Steve Goldstein, que em geral manteve a mídia longe de nós, muda de atitude. Sua nova filosofia é "Diga-me em que lugar o povo do Paquistão pode ver seu programa, e eu o farei". Em outras palavras, não adianta que um auditório limitado

— por exemplo, estritamente norte-americano — ouça nossa história; mas faremos o programa para a CNN, a Fox ou a BBC, ou para qualquer outra rede vista ou ouvida no Paquistão. Paul Steiger é convidado para participar de programas, assim como Helene Cooper, colega do *Journal* e velha amiga de Danny. Eu também sou convidada.

Ao longo dessa provação, não deixei de tomar banhos de banheira. Parei de fazer quase tudo mais que normalmente considero necessário à minha sobrevivência — ler, ouvir música —, mas não parei com os banhos de banheira. Parece demasiadamente básico, demasiadamente óbvio, dizer que afundar em água quente nos faz sentir de volta ao ventre materno, seguros e felizes, mas é assim que a gente se sente. Antes de sair para o Sheraton, para minha primeira entrevista na CNN, tranco-me no banheiro de Asra, forrado de azulejos cor-de-rosa e jogo sais de banho — de fragrância sintética de morangos — debaixo da bica, imergindo durante o tempo máximo que Bussey consegue esperar.

Bussey é meu conselheiro. Goldstein e ele trabalharam muito na preparação dessa entrevista, certificando-se de que a CNN concorda com sua essência, e Bussey faz questão de que eu ensaie a mensagem que desejo mandar aos seqüestradores. Sentados na sala de estar, repetimos tudo muitas vezes, com Bussey tomando notas, destacando e sublinhando as palavras-chave. Será tão sistemático assim no restante de sua vida, ou seus superiores o instruíram a agir assim?

Quando chegar a hora, Ben Wedeman, da CNN, abrirá o programa dizendo:

— Sra. Pearl... o grupo que deteve seu marido deu um prazo de 24 horas... e dizem que matarão Daniel. A senhora quer dizer alguma coisa a esse grupo? — Bem treinada, responderei:

— Sim, tenho uma mensagem para eles. Quero dizer três coisas diferentes. A primeira é que quero recordar a eles que meu marido e eu somos jornalistas. Nos encontramos e nos apaixonamos um pelo outro porque temos o mesmo ideal: tentar criar diálogo entre civilizações.

Sinto-me num jogo mental com um inimigo invisível. Eles jogam com o terror, enquanto meu poder é, se muito, brando. Se eles têm sede de publicidade, posso tocar a valsa da mídia em nosso favor, obrigando-os a manter Danny vivo.

Asra me segue por toda parte, com dedicação materna. Tem muito amor a dar, mas terrível gosto para o vestuário.

— Não — diz ela —, você está muito bem. Não precisa de maquiagem, não se preocupe com os cabelos, está muito bem com os braços nus.

Procuro me ajeitar mesmo assim, e, antes de sair de casa com Bussey, pego o xale da Cachemira de Danny e enrolo-o nos ombros. Fico parecendo um dos homens da etnia Pastum que andam enrolados em cobertores em Peshawar, onde faz frio. Coberta com o xale de Danny, sinto-me protegida.

O carro que a polícia mandou para nós está à espera. Essa entrevista na TV poderá ser a coisa mais parecida com uma negociação com os seqüestradores que conseguiremos. Solenes, compreendendo isso, Steve e Asra nos levam até a porta. É noite e há muitos dias não olho meu relógio, por isso não sei que horas são, mas a noite é clara e brilhante e posso ver facilmente as principais constelações no céu. Procuro Cassiopéia e, quando a encontro, suspiro fundo e entro no carro.

Mas o motor não pega.

— Ótimo — geme Bussey. — Pegamos o carro de um olho só.

Realmente, somente um dos faróis funciona. Quando o motorista gira a chave, o veículo dá um salto para a frente e pára. Um grupo de guardas nos empurra, e finalmente o motor pega. Dois carros nos seguem, para proteger-nos; nenhum tem farol. Cada um dos veículos na rua parece mais louco do que o seguinte. Bussey leva na brincadeira.

— Quem acreditaria nisso? —, e depois enterra o rosto nas mãos.

Finalmente a câmera da CNN começa a gravar e eu digo o que ensaiei com Bussey, papagaiando as frase sugeridas pelo Capitão e Dost, nos quais confio mais do que em qualquer perito em comunicação. Descrevo Danny como alguém cuja "religião é a Verdade" e cuja "missão" é construir "um mundo melhor", "dando voz àqueles cuja voz de outra forma não seria ouvida".

Digo a Ben Wedeman:

— O motivo de nossa presença no Paquistão é que desejamos conhecer melhor o povo e escrever sobre suas opiniões. Mas agora — continuo — o diálogo foi rompido. Estou pedindo para falar com eles, porque eles romperam o diálogo que existia.

Repito muitas vezes que estou grávida e que não sou norte-americana.

— É um engano seqüestrar-nos. Somente serve para criar mais sofrimento. Não pode dar resultado.

Falo com os seqüestradores:

— Que posso fazer? Ninguém entrou em contato comigo... Li a declaração, procurei lê-la, creio, com o coração aberto, para procurar compreender o que dizem... creio que entendo, creio que entendo, mas é uma declaração geral e Danny é minha vida. Por isso preciso ter uma indicação do que eles querem. Que posso fazer? O que, exatamente, precisamente, posso fazer?...

— Como está suportando isso? — pergunta Wedeman.

— Há mais de uma semana não durmo... mas tenho esperança. Não me desespero, porque se parar de acreditar em criar esse diálogo, deixarei de acreditar em tudo o mais. Não posso fazer isso. Estou grávida.

Mais tarde, perguntaram-me:

— Por que não chorou?

Os telespectadores norte-americanos querem que a pessoa chore, querem ver seu sofrimento. Por quê? Será que ao mostrar o sofrimento na TV ele se torna verdadeiro? Fiquei zangada.

— Estarei alimentando algum telespectador sedento de dramas da vida real? — pergunto a Bussey.

Mas a verdade é que fiquei furiosa, porque ninguém compreendeu que uma reação aterrorizada é justamente o que os terroristas querem. Querem *aterrorizar*. Quanto mais demonstrarmos medo, mais felizes ficarão. Ganhar simpatia choramingando? Na verdade, somente se pode enfrentá-los com a força que pensam ter-nos roubado.

Há algo mais: Danny poderia estar me ouvindo; em algum lugar, poderia estar assistindo. Preciso mostrar a ele que estou bem, que o bebê está bem. Preciso dar-lhe forças com minhas forças. Preciso dar-lhe esperança.

Depois de passar toda a noite diante da tela do computador, Zarur continua perfeitamente composto, e isso lhe granjeia o silencioso respeito de toda a equipe. Franzindo ligeiramente a testa, ele movimenta a mão pelo teclado da máquina como se fosse Arthur Rubinstein tocando um *scherzo* de Chopin. Procura endereços IP, carimbos postais que poderão informar a origem de uma mensagem e sua viagem pela World Wide Web até cair numa caixa postal.

Para conseguir isso, Zarur precisa do cabeçalho original do *e-mail*. Asra procura encontrá-los. Minha cabeça gira quando eles tentam explicar-me os crimes cibernéticos. Tento ficar calma enquanto eles me dizem de que maneira isso os poderá ajudar a encontrar Danny, mas acho tudo estranho, como se estivesse procurando meu marido num jogo de computador.

Temo que a caçada de Zarur vá terminar num cybercafé em algum bairro perdido de Karachi, o que na verdade é praticamente nada. Nesses cafés não há comida nem bebida. A única coisa que oferecem é a possibilidade de viajar sem se mover. O freguês se instala num pequeno cubículo onde desfruta de relativa intimidade. Por algumas rupias a mais, pode conseguir um pedaço de pano que confere ao cubículo uma aura de privacidade. Num país de altíssima taxa de analfabetismo, a internet se transformou num sonho irônico de um futuro melhor. Parece que os seqüestradores de Danny pertencem a essa multidão de gente sem instrução, mas que sabe usar um computador. Mal sabem ler e escrever, mas falam a linguagem da Java, e são peritos em apagar suas pegadas.

Por curiosidade, Danny e eu visitamos vários desses cybercafés. Tive a impressão de que os freqüentadores eram gente que sonhava com o Ocidente e gente que o detestava. E há também o grupo principal, o que tem sede de sexo cibernético. Perto de nossa casa em Bombaim, uma sala de sinuca, chamada Apaixonada, havia investido na internet, e mudou o nome para Apaixonet.* Dávamos risadas cada vez que passávamos em frente a ela.

Agora já temos mais oito *e-mails* anexados a nossa parede, a maior parte falsa, em nossa opinião. Há diversos graus de sordidez.

— É provável — diz Dost — que a maioria dos expedidores tenha menos de 25 anos de idade.

—Mensagem original—
De: "al quida talaban"
Para:
Enviada: Quinta-feira, 31 de janeiro 2002, 3:50
Assunto: matar

* "Passionate" e "Passionet" no original. A pronúncia de ambas as palavras é quase idêntica. (N. do T.)

vou matar o inglês hoje sou líder da al quida e seqüestramos o jornalista inglês.

e vamos derrubar muitos aviões dos usa.

— É um doente — diz Bussey.

Asra anota o comentário de um jornalista paquistanês que nos retransmitiu um desses *e-mails*: "Temos muita gente que deseja aparecer. Nossa sociedade é deprimida e todas as demais vias estão fechadas. Somente está aberta a da violência."

Paul Steiger divulga outra declaração dirigida aos seqüestradores: "O mundo agora sabe, e vocês parecem saber, que Danny é um jornalista, nada mais e nada menos. Os jornalistas, por definição, são mensageiros bem treinados. Libertado, Danny pode explicar ao mundo a causa pela qual vocês lutam, e suas crenças. [...] Cativo, ou morto, Danny não poderá falar em seu nome, ajudar a vocês e sua causa."

Bussey se preocupa conosco. Preocupa-o que a casa não seja segura, apesar dos policiais cuja presença constante nos causa claustrofobia. À noite, enquanto esperamos que o Capitão ou Randall voltem de suas batidas e nos contem o que aconteceu, Bussey deixa o computador e abre a porta da frente para verificar quantos policiais estão ali. Geralmente a equipe se reduz depois da uma da manhã, e raramente há mais do que dois ou três infelizes soldados passando a noite junto a um pequeno braseiro de carvões. Certa noite, quando a aparência dos guardas era especialmente patética, Bussey acordou Imram às três da manhã e pediu-lhe que falasse em urdu com o chefe da segurança, pedindo reforços.

Todas as noites, antes de voltar ao Sheraton, Bussey se certifica de que todas as portas da casa estão fechadas. Quando se esquece de fazê-lo, volta-se para mim e para Asra no último momento, mostrando três dedos da mão. Tradução: "Não se esqueçam de trancar as três fechaduras."

Bussey discute duas vezes por dia: uma com o chefe da segurança, a respeito do número de guardas, e outra com Asra e comigo, querendo que nos mudemos para o Sheraton.

— Ora, você tem mania de segurança, Bussey — brincamos. Ele já fez com que Steve LeVine mudasse de quarto no hotel, para ficar no mesmo andar que ele.

— Não sei — graceja Steve. — Ele diz que é por motivo de segurança.

O rosto de Bussey assume uma expressão maldosa.

— Bem, quando Steve soube que você e Asra dormiam na mesma cama, quis vir dormir na minha também, e eu disse: "Absolutamente não!".

— É, meu caro — acrescenta ele. — Quartos no mesmo andar e no mesmo hotel. Para mim, isso já é intimidade.

Quando terminam nossos longos dias, às duas ou três da manhã, Bussey e Steve regressam ao salão do oitavo andar do Sheraton para tomar uma xícara de chá de camomila e passar em revista os acontecimentos do dia. Embora o hotel seja o último lugar em que desejo estar, para Bussey, típico homem de negócios americano, o anonimato que oferece é também reconfortante, e ele constantemente elogia as vantagens do Sheraton com as palavras açucaradas de um vendedor:

— Segurança, acima de tudo; piscina, sauna, higiene.

Ah, sim, higiene. Além da mania de segurança, Bussey é fanático no que diz respeito aos germes. Nós o chamamos ministro da Segurança e Higiene. Certa tarde quase teve um ataque do coração ao ver a pequena Kashva sentada no balcão com o traseiro nu, próximo ao lugar onde a mãe cortava tomates. Tenho de confessar que eram os tomates para nosso almoço. Sua censura apavorada aterrorizou mãe e filha. Nenhuma das duas tinha a menor idéia do problema. Nasrin foi rapidamente mandada de volta à vassoura, e John encomendou *biryani* de frango no Sheraton para todas as nossas refeições. Nem eu nem Asra temos coragem de dizer a ele qual é o alimento das galinhas no Paquistão.

A análise começa a dar resultado. Inicialmente relutante em nos mostrar seu trabalho, Jamil Yussuf agora compartilha suas descobertas e conclusões. Todas as noites, depois da meia-noite, sua equipe imprime um gráfico que resume as últimas descobertas. É um mapa parecido com o nosso, embora mais bem organizado, e em vez de nomes apresenta números de telefone, porque esse é o procedimento do Comitê de Ligação Polícia-Cidadãos. A partir dos três números de telefone que conhecemos — os de Danny, Bashir e do homem chamado Imtiaz Siddique —, eles estão laboriosamente analisando cada chamada feita de cada um dos três.

Procuram tendências gerais. Se um número é chamado diversas vezes, especialmente durante o transcurso de um único dia, torna-se suspeito. A duração e a hora das chamadas é também um fator importante. A equipe procura verificar a identidade de cada pessoa chamada — nome, sexo, data de nascimento, endereço. Não é difícil conseguir o endereço se o número chamado for de telefone fixo, mas rastrear os celulares é mais complicado, a maioria deles é registrada com nomes falsos ou simplesmente nomes de amigos, porque conseguir telefone no Paquistão é tarefa árdua. Até mesmo o de Danny foi registrado com o nome de outra pessoa.

Na sede do CLPC, a alguns quilômetros de distância, trabalham voluntários, como formigas num formigueiro. O trabalho é aborrecido, mas promete enormes resultados. Em poucos dias, dentre as sete mil chamadas feitas pelos três celulares, os voluntários identificam 73 números que poderão pertencer aos seqüestradores de Danny ou seus comparsas, ou que poderão constituir o primeiro passo para encontrá-los.

Por exemplo, descobre-se que uma casa em Lahore, que recebeu diversas chamadas do celular de Bashir, pertence a um vendedor de televisores Sony. Grampeando seu telefone, a polícia chega a outro número, este em Karachi, o que os leva a uma casa em Multan, onde mora um homem chamado Hashim. Este, na verdade, é o homem que conhecemos com outro nome: Arif, o Porta-voz do Jihad.

A polícia invade a casa. Dentro, encontram uma família numa "cerimônia fúnebre". Pobre Hashim, lamentam-se, "morreu como um mártir no Afeganistão". Isso é muito pouco provável, pois há poucas semanas ele estava com Danny a caminho de Cachemira. Por isso, é muito possível que não haja cadáver no caixão, mas a polícia não faz a verificação. No entanto, continuam a procurar o Porta-voz. Fazem uma incursão em uma casa em Rawalpindi, freqüentemente chamada pelo celular de Hashim. Pertence a um amigo, que diz não saber o paradeiro do Porta-voz, mas, para provar sua boa vontade, entrega uma foto dele em um casamento anos antes, quando ainda não era membro do *jihad*.

Na foto, Hashim parece estar olhando diretamente para a câmera. É um jovem de ar taciturno, de cerca de 25 anos, de bigode e cabelos curtos. Por cima do *salwar kamiz* tem uma suéter de gola em V, e mantém as mãos no colo. Sua expressão é aterradora. Parece completamente infeliz, como se soubesse que algum dia aquela foto acabaria nas mãos odiadas da polícia.

Em 31 de janeiro, chega outro *e-mail*. Este foi mandado à CNN, Fox e BBC, além de três jornais paquistaneses. Não são os mesmos destinatários dos anteriores, mas acreditamos que venham do mesmo grupo. A mensagem declara:

> NÃO PODEM NOS ENGANAR NEM NOS ENCONTRAR. ESTAMOS NOS MARES, OCEANOS, MONTANHAS E TUMBAS POR TODA PARTE. DAMOS MAIS UM DIA E SE A AMÉRICA NÃO SATISFIZER NOSSAS EXIGÊNCIAS MATAREMOS DANIEL... NÃO PENSEM QUE ISSO SERÁ O FIM. É O COMEÇO E É UMA VERDADEIRA GUERRA CONTRA OS AMERICANOS. OS AMERICANOS PROVARÃO O GOSTO DA MORTE E DA DESTRUIÇÃO, COMO NÓS TIVEMOS NO AFEGANISTÃO E NO PAQUISTÃO. *INSHALLAH.*

No mesmo dia, numa conferência de imprensa no Departamento de Estado, em Washington, uma pergunta é feita a Colin Powell, de pé, numa postura impressionante, ao lado do baixinho rei Abdullah da Jordânia: "[Os] seqüestradores de Daniel Pearl fizeram exigências aos Estados Unidos. O senhor acha que os Estados Unidos reagirão a tais exigências? Está preocupado com a vida dele?".

Powell responde: "Com todo o respeito ao Sr. Pearl, estamos profundamente preocupados e nossos corações estão com a família dele. [...] [Mas as] exigências dos seqüestradores não podem ser satisfeitas, nem consideradas ou negociadas."

— Eles sempre dizem isso — comenta Bussey para mim. Pode ser, mas parece que Powell acaba de apertar o laço em nosso pescoço. Temos um adiamento de 24 horas no ultimato, mas a troco de quê?

Lutamos com a falta de algo a que nos agarrarmos. Estamos afundando lentamente em areias movediças.

Asra, John e Steve parecem hipnotizados pelas telas de seus computadores, mas sei que não possuem informações vitais a transmitir. Nada do que escrevem é importante, mas a batida nervosa das teclas, a rapidez dos movimentos deles, seu silêncio, a maneira pela qual evitam olhar-se — tudo isso é prova da mais aguda ansiedade que experimentamos até agora.

Há momentos em que sei que Bussey esteve chorando. Ele aparece de olhos vermelhos, mas não falamos nisso. E também não falamos daquilo que evidentemente o consome. Por um lado, ele sente enorme admiração pelo que encontrou nesta casa, por Danny, pela dedicação coletiva à tarefa de encontrar Danny. Ao mesmo tempo, há culpa, uma imensa culpa dentro dele — culpa por nem sempre ter sido atento em responder aos telefonemas do repórter, culpa por ter-nos mandado para o Paquistão e autorizado a reportagem sobre Reid e Gilani. Quando ele chegou a Karachi, eu o puxei para um lado e disse:

— Escute. Seja o que for que você esteja sentindo, não pense nisso agora. Mais tarde, cuidaremos disso.

Desde o desaparecimento de Danny, sinto-me como uma coluna ambulante, pronta a correr em apoio de quem quer que demonstre sinais de fraqueza humana. Acredito que meu papel é impedir que nossa equipe desabe. Estou convencida de que a energia mental de nossa equipe tem o poder de proteger a vida de Danny.

Mas não consigo achar forças para quebrar o silêncio que ameaça sufocar-nos. Prefiro retirar-me. Preciso estar sozinha. Meus amigos nunca me viram assim. Sob seus olhares tristes e vigilantes, dirijo-me ao segundo andar para isolar-me, e, ao subir lentamente os degraus, ouço seus murmúrios preocupados.

No andar de cima, o soldado que patrulha a varanda não me vê. Deito-me no sofá onde esperei por Danny na noite de seu seqüestro. Na semi-escuridão, nada mais faço exceto olhar fixamente o teto. Proibindo a mim mesma de expressar medo ou raiva, sinto-me como uma indiana praticante de ioga que executa atos impossíveis como prender a respiração durante horas ou observar durante décadas o crescimento de suas unhas.

Alguém bate à porta. Presumo que seja Bussey trazendo-me mais um copo de água, mas, quando ela se abre, quem aparece é Randall, perguntando polidamente se pode entrar. Está vestido com sua roupa preta (Bussey o apelidou "Gavião Negro"). Somente vejo o pano negro, porque não olho para cima. Mesmo assim, me movimento para dar lugar a ele no sofá a meu lado.

— Parece que eles não vão gostar quando forem apanhados — começa ele.

Não digo nada.

— Quer saber como as autoridades podem ser persuasivas? — pergunta ele.

Não respondo, mas Randall prossegue. Descreve como os bandidos apanham e são pendurados de cabeça para baixo. Diz que as autoridades usam instrumentos que não deixam marcas no corpo. Pergunto se Randall já foi torturado e ele conta que certa vez quase foi afogado. Alguém segurava sua cabeça debaixo d'água, até pensar que ele tinha morrido. Isso foi na Colômbia. No Iraque, foi espancado mais de uma vez. Conta de que forma.

De repente percebo que Randall está fazendo todas essas descrições técnicas de tortura somente para que eu me sinta melhor. São as palavras de consolo mais estranhas que jamais ouvi, mas ele as diz com tanto afeto e com tanta intimidade, que não posso deixar de sorrir. E esse sorriso, ainda que tênue, parece fazer Randall ficar muito feliz.

— Você não pode entrar em colapso — diz ele. — Todos os outros sim, mas você não. Você é a mulher mais forte que já vi.

Diz isso rapidamente, talvez surpreso com seu próprio atrevimento. Deve haver um Manual do Policial Perfeito que instrui como evitar envolvimento emocional com as "vítimas". Randall está violando as regras — pela primeira vez, aposto — e faz isso para "salvar-me".

— Bem, tenho de trabalhar — diz ele finalmente, erguendo-se. Ao passar pela porta, volta-se e pisca o olho, afetadamente. Sei que ele quer dizer: "Conto com você."

Quanto a mim, apenas rezo para que um dia possa contar essa história a Danny.

Volto a ficar deitada como uma múmia e alguns minutos depois o Capitão empurra a porta. Desta vez tenho certeza de que Bussey tem algo a ver com essas visitas. O Capitão pega uma cadeira e coloca-a diante do sofá. Começo a levantar-me, mas ele faz sinal para que não me preocupe. Fico pensando se ele também vai me falar de câmaras de tortura, mas ele começa a falar no Corão. Ou, mais precisamente, apresenta sua versão pessoal da história de Moisés.

— Um homem — começa ele — um homem de fé pura, quer encontrar Deus. Vai à mesquita e pergunta ao sacerdote: "Qual a melhor maneira de me aproximar de Deus?".

"'A fé!', responde o religioso. 'Somente por meio da fé você poderá chegar até Ele.'

"O crente em busca de Deus vai à margem do rio e começa a rezar. E a pureza de seu coração é tão grande, que as águas se abrem diante dele e o levam ao Eterno.

"Ao voltar, com seu desejo satisfeito, encontra novamente o sacerdote e relata sua experiência. Invejoso, o religioso resolve ir também ao rio. Começa a rezar ali, mas nada acontece, pois sua fé não é realmente sincera."

— Somente a absoluta decisão tem o poder de realizar nossos desejos — conclui o Capitão. Faz uma pausa. — Você e eu somos capazes de fazer o rio se abrir.

Ao descermos juntos e entrarmos na sala de jantar, há um sentimento palpável de alívio tão grande, que Bussey chama o Sheraton e encomenda *biryani* de frango suficiente para alimentar a rua inteira. Ninguém comenta o que acaba de acontecer, nem minhas conversas.

Sento-me ao computador e relembro as palavras do escritor francês Victor Hugo, um de meus autores favoritos. *"Quant au mode de prier, peu importe le nom, pourvu qu'il soit sincère. Tournez votre livre à l'envers et soyez à l'infini"* — "Quanto à maneira de rezar, as palavras não são importantes, desde que a prece seja sincera. Vire o livro de orações de cabeça para baixo e contemple o infinito." Algum dia traduzirei essas palavras para o Capitão.

Volto às anotações de Danny, escritas em sua estenografia marciana. Procuro uma única palavra, número de telefone ou endereço de *e-mail* que possa fazer o rio se abrir.

Capítulo 8

MEUS SOGROS QUEREM conversar com Terry Anderson, correspondente da Associated Press, mantido como refém no Líbano durante sete anos — *sete anos!* — até ser libertado em 1991, quando terminou a guerra civil libanesa.

A família Pearl quer saber tudo: como Anderson conseguiu manter-se vivo, como sua família suportou o cativeiro, como ele estava ao ser libertado.

— Em que nosso filho está pensando? — perguntam meus sogros.

— Sobrevivência — responde simplesmente Anderson. — Só se pensa nisso: em sobreviver.

Fala na síndrome do estresse pós-traumático e dá o nome de um especialista na Inglaterra.

— Não vou enganar vocês — diz ele — a situação é muito grave. — Mas acrescenta: — Se Danny for simpático e conseguir conquistar seus captores, mesmo que seja um só, estará em melhor situação.

Se for simpático?

— Todos gostam de Danny — diz Michelle. — Ninguém pensaria em fazer-lhe mal. Danny é capaz de encantar qualquer pessoa que tenha meio grama de humanidade nos ossos.

Meus sogros e cunhadas conservam a sanidade imaginando que Danny tenha conquistado seus seqüestradores. Devem estar jogando gamão juntos.

— Talvez futebol — diz Judea.

Talvez esteja compondo música mentalmente. Uma vez perguntei a Danny qual seria a realização de seus maiores sonhos, esperando que ele fosse responder que era escrever um romance épico ou ganhar dois prêmios Pulitzer seguidos. Em vez disso, ele respondeu:

— Adoraria escrever uma canção de sucesso, uma dessas melodias que as pessoas não conseguem deixar de cantar quando se sentem felizes.

O máximo que conseguiu foi uma canção que escreveu para uma amiga grávida. O parto estava demorando, e ela se sentia pesada e desconfortável. Ele puxou o bandolim e compôs na hora uma melodia que dizia: "Venha, saia daí, o mundo não é tão ruim assim." Bem, talvez não seja uma música que todos queiram cantar, mas eu gosto. E funcionou. O bebê nasceu.

Antes de irmos para o Paquistão, Danny estava a caminho de virar celebridade em Bombaim. Tínhamos feito amizade com um cantor chamado Joe Alvarez que se apresenta habitualmente no Indigo, um dos poucos bares de Bombaim que oferece música ocidental ao vivo. Os músicos de Bollywood se juntam lá para tocar de improviso, quando se cansam de gravar as trilhas sonoras bregas para a imensamente bem-sucedida indústria cinematográfica indiana. Nós aparecíamos, Danny levando seu violino elétrico, e nos sentávamos a uma mesa. Danny pedia um *screwdriver* e para mim um *bloody mary*, e ouvíamos Joe anunciar no palco: "E agora, senhoras e senhores, quero apresentar-lhes o melhor violinista destas bandas... ele vem dos Estados Unidos... por favor, aplausos para Daniel *Peeeeaaarl*."

O jornal diário de Bombaim publicou uma foto de Danny tocando a "Sex Machine" de James Brown. Pusemos numa moldura em casa. Perdi a conta da maioria das bandas com as quais ele já tocou. Lembro-me da Império Otomano, da qual ele fez parte quando estava no escritório do *Journal* em Atlanta, porque em nossa coleção de 500 CDs há um disco gravado por eles. E me lembro da Clamp, com a qual ele tocou em seu tempo de Washington. Acabo de descobrir que alguém desenhou um cartaz dizendo: "Queremos que Volte São e Salvo", para anunciar um "*Show* pela Liberdade de Daniel Pearl" durante duas noites num bar de *blues* chamado Madam's Organ, no bairro Adams Morgan, em Washington, onde Danny costumava tocar. O cartaz dizia ainda: "Sabia que o repórter do *Wall Street Journal* Danny Pearl é um exímio músico *country*? Bem, seus colegas músicos se lembram disso e querem mandar um recado a ele e seus seqüestradores..."

O FBI pede a meus sogros e cunhadas que forneçam perguntas que provem que Danny está vivo, isto é, perguntas para as quais somente ele saberia as respostas, e eles sugerem: Que é que Danny quer de presente quando fizer 40 anos? A teoria de Danny é que qualquer pessoa que tenha de enfrentar o 40º aniversário precisa e merece desesperadamente desejar algo verdadeiramente maravilhoso. Resposta: um contrabaixo.

Até ir para a universidade, Danny sonhava ser violinista clássico. Com nove anos de idade, fez parte da Orquestra Juvenil do Vale e sempre freqüentou encontros musicais. Há dois anos, tive oportunidade de ouvi-lo tocar música sinfônica. Houve uma reunião de alguns dos ex-membros da orquestra, em Los Angeles. Tocaram alguns movimentos do *Lago dos Cisnes* e da Sinfonia nº 4 de Tchaikowsky, a "Farandole" de Bizet, de *L'Arlesienne,* e o "Hoedown" do *Rodeo,* de Copland. Observando Danny absorto na música, esforcei-me por ver se podia ouvir seu violino separadamente dos demais instrumentos. Acho que não consegui.

Desde seu desaparecimento, deixei as coisas dele espalhadas pelo quarto, como ele as deixara. Quando olho em volta, o que me dá mais coragem é o bandolim. Com muitas etiquetas de viagem coladas na caixa, ele me sussurra: "Não se preocupe — ainda não toquei minha última música." Em uma das etiquetas, dois carneiros olham um para o outro, sobre as palavras: *Fool's Progress.** Outro diz: "Ahlan Wasahlan Abu Dhabi." Preciso lembrar-me de perguntar a Danny o que significa isso.

Randall chama.

— Então, como vão as nossas belezas? — pergunta ele a Bussey.

— Você se refere a nossas duas mulheres altamente inteligentes, formadas nas melhores universidades? — responde Bussey. — Estão agüentando a barra.

Gosto dessa expressão, "hanging in there".** Em francês, dizemos "tiens le coup". Há poucos dias recebi meu primeiro cartão pelo correio.

---

* Nome de uma banda de *rock* sucesso nos anos 90. A expressão, embora não usual, dá a idéia de "impasse". (N. do T.)

** A expressão em inglês significa literalmente "estar pendurado" e figuradamente "agüentar", "suportar" alguma coisa desagradável. (N. do T.)

Foi mandado para o consulado americano em Karachi, e mostra um marsupial pendurado a uma árvore pelo rabo. Dei uma gargalhada. O cartão veio de uma senhora de idade (é fácil perceber devido à letra cheia de voltinhas) de Peoria, Illinois. Bussey diz que chamar Peoria de coração dos Estados Unidos é uma redundância.

De toda parte chegam mensagens de apoio — dos Estados Unidos, da África, da Holanda, de Cuba, do Japão, das Filipinas, da Colômbia. Não posso imaginar como as pessoas descobrem meu endereço de *e-mail*, mas descobrem. Às vezes, leio-as para os outros; acho que todos precisamos acreditar que existe um mundo melhor lá fora. "Todos nós aqui na associação Gente em Prol do Tratamento Ético dos Animais fazemos votos para que Daniel Pearl volte são e salvo." Gostamos muito desta.

Estou agüentando, apesar do fato de que a polícia encontrou Gilani e o prendeu junto com toda a família — homens, mulheres, crianças, velhos, mulheres grávidas, qualquer pessoa remotamente ligada a ele —, e tendo-o interrogado, estão chegando à conclusão de que Gilani não sabe do paradeiro de Danny. Vão soltá-lo e tratar de seguir outras pistas.

Assim, facilmente? O "cérebro" do golpe não é importante?

— Não se preocupe — diz o Capitão, tragando profundamente a fumaça. — Estamos chegando muito mais perto da verdade.

Acredito nele, ainda e sempre. Mas também percebo que seu rosto demonstra fadiga e suas roupas, sempre bem cortadas, começam a parecer um pouco folgadas.

Agora, depois de uma semana e meia de tormento, todos estão exaustos. Após 72 horas sem dormir, Randall cai com o rosto no teclado, enquanto digita um relatório para Washington. Quando acorda, a tela mostra dezenas de páginas com a letra J.

A mulher do Capitão, aparece — imagino que para nos visitar e para ver o marido. É uma senhora jovem e bonita, de cabelos negros amarrados num coque e ocultos por uma *dupatta*, olhos escuros porém brilhantes e sorriso suave e genuíno. É prima em primeiro grau do Capitão — como quase todos os casamentos no Paquistão, foi arranjado pela família — e, quando ele fala dela e dos três filhos, fica evidente que gostaria de passar mais tempo com eles, e eles também. Esta manhã a filha mais nova recusou a refeição matinal, a menos que ele a desse a ela.

Asra e eu procuramos ser amáveis e homenagear nossa visitante. Fazemos chá e nos sentamos com nossas pernas adequadamente juntas. A mulher do Capitão pergunta, à queima-roupa:

— Acham que os seqüestradores são muçulmanos?

Nem Asra nem eu esperávamos que fossem essas suas primeiras palavras. Procuramos dar a resposta correta, algo como "Bem, a senhora sabe, não são muçulmanos honrados. Não são *verdadeiros* muçulmanos". Percebendo nosso embaraço, ela logo passa a terreno mais seguro.

— Que acham do clima no Paquistão?

Desta vez realmente não sabemos o que dizer. Mas gostamos dela.

Está casada com um homem obcecado. Nunca se queixa, e sou-lhe grata por isso. O Capitão explica por que motivo está tão decidido a encontrar Danny:

— Sou um ser humano. Claro, sou policial, e a maioria de nós se torna imune à dor, como um cirurgião depois de fazer sua primeira incisão. Mas eu nunca fui assim. Não consigo fazer isso. Tenho de continuar a ser humano, primeiro que tudo.

O Capitão se mostra feliz com minha gravidez. Eu achava isso divertido até certa noite, já tarde, quando ele me falou da filha que perdera num acidente de tráfego. Tinha sete anos e era sua única filha na época. Levou muito tempo para recuperar-se, mas isso lhe ensinou o valor singular de uma vida humana. Talvez por isso eu confie tanto nele.

Há outra coisa que faz o Capitão sofrer.

— Não é possível seqüestrar um correspondente internacional e fazê-lo desaparecer! Daniel Pearl não é somente um indivíduo. Ele representa o *Wall Street Journal.* Representa os Estados Unidos.

— As pessoas perguntam: "Por que está trabalhando nesse caso?" — continua ele. — Sabe por quê? É pelo meu orgulho nacional. — Parece preocupado. — Compreende o que quero dizer?

— Sim — respondo. — Danny representa os Estados Unidos, e o senhor se esforça por representar o melhor do Paquistão.

Onde está o orgulho nacional do ISI? Por que demonstrou tão pouco interesse pelo seqüestro? Essa repartição deixa sua marca em todos os aspectos da política paquistanesa; é de imaginar-se que até mesmo para as aparências ela desejaria que sua presença fosse notada. Apertamos Jamil

Yussuf e perguntamos por que, em sua opinião, o ISI não aparece. Feliz com sua capacidade de mover montanhas, Yussuf pega o celular e chama um dos chefões do ISI.

— Então — pergunta — no caso de Daniel Pearl, vocês estão envolvidos?

Os olhos de Yussuf brilham, enquanto o homem vai falando. Yussuf diz:

— Se Danny for encontrado, fará bem à imagem de nosso país.

Cala-se novamente enquanto o outro responde, e depois o ouvimos dizer:

— Bem, eu o conheço pessoalmente, ele veio ao meu escritório, *yar*... — *Yar* é o equivalente paquistanês de "meu chapa".

Depois de desligar, Yussuf nos diz que o ISI está de fato envolvido, desde o primeiro dia, quando do desaparecimento de Danny, embora nós não o percebamos. Porém, diz ele, alguém provavelmente virá nos visitar oficialmente.

— Cuidado, eles grampeiam todos os telefones —, avisa com ar maroto ao encaminhar-se para a porta.

Bem, nós certamente nada temos a esconder.

O homem que nos visita tem entre 35 e 40 anos, estatura mediana e ar um tanto alheio. Veste camisa quadriculada, paletó marrom e preto e usa óculos, o que o faz parecer um escrivão relativamente jovem.

— Como é seu nome? — pergunta Bussey, com ar de respeito profissional.

— Major.

— E qual é seu grau hierárquico?

— Major.

— Compreendo — diz Bussey — Major Major.

O Major Major se senta em uma cadeira de braços, mas não diz uma só palavra. Decididas a manter-nos abertas, apesar de tudo, Asra e eu detalhamos as descobertas assinaladas em nosso mapa e, ao mesmo tempo, tomamos nota de suas menores reações. O Major Major tira do bolso o menor bloco de notas que jamais vi, tão pequeno que ele o coloca no centro da palma da mão para poder escrever. Escreve no máximo três palavras durante toda a nossa apresentação.

Volta três dias depois, e Asra o encarrega de uma tarefa: dar-nos informações sobre duas pessoas que continuamos a achar estranhas —

Khalid Kawaja e Mansur Ejaz, o homem de negócios que colocou Danny em contato com Khawaja.

Ao voltar outra vez, o Major Major ainda traja o mesmo paletó xadrez. Acomoda-se em sua cadeira de braços e em silêncio funéreo tira do bolso seu microscópico bloco de notas com expressão de ligeiro enfado nos olhos.

— Então, o que descobriu? — pergunta Asra.

O Major Major olha o bloco, mas não se preocupa em abri-lo.

— Khawaja é ex-oficial da força aérea. Mansur Ejaz é homem de negócios paquistanês e vive nos Estados Unidos.

Ele deve achar que somos idiotas.

— É só isso? — pergunta Asra.

— O resto dos relatórios ainda não chegou.

— Então por que não pega o telefone e trata de descobrir?

A voz de Asra está se aproximando de um nível perigoso de intensidade, mas o Major Major acha que sobreviveu a tempestades mais violentas.

— Nós não trabalhamos assim — responde ele, num tom que nos indica ser inútil ir adiante.

Asra não concorda.

— Com todo o respeito... — inclina-se em direção ao Major, dura como sempre. — Com todo o respeito, sua gente não vale nada.

Minha amiga se retira da sala como se fosse levada pelo furacão de sua própria fúria. Incrédulo, o Major Major se volta para mim.

— Ela está zangada!

— Não há dúvida — respondo.

Sem mais, o Major Major se encaminha para a porta, pondo dessa forma um ponto final a nossa conexão direta com o ISI.

Muito bem. Se não foi Gilani, então quem foi? Quem seqüestrou Danny, e por quê?

Sentada sozinha à mesa de jantar, fico olhando o mapa que ocupa toda uma parede, com três metros e sessenta de comprimento e dois e dez de altura. No centro, dentro de um círculo azul, está o nome de Danny, e em volta há um mar de quadrados — vermelhos para os principais suspeitos, azuis para fontes e contatos e pretos... não sei bem o que o preto representa. Há datas importantes e números de telefone, siglas de organizações terroristas e inúmeros codinomes. Sob vários nomes, Asra escreveu a quantidade de filhos atribuídos a eles — Osama (21), Rabia (16), Mohammed (10) — e setas saem dos quadrados para ligar um indivíduo ou grupo temível com outro indivíduo ou grupo temível. Parece um pouco uma ilustração num livro infantil, onde uma mosca procura escapar da aranha e se vê cada vez mais emaranhada num labirinto.

Jaish-e-Mohammed. Harkat-ul-Mujahidin. Harkat-ul-Ansar. Lashkar-e-Jhangvi. Qualquer delas poderia estar envolvida, ou todas elas. Examino as setas que se intercomunicam, e o que pareceria uma confusão completa se torna coerente e coeso. Não há muito tempo, li um livro sobre terrorismo que advertia de que estamos enfrentando a "primeira insurreição verdadeiramente global". Aqui em minha parede posso vêla, e sei seu nome: Al Qaeda. Percebo claramente a verdade final que muitos não parecem querer contemplar: a Al Quaeda está por trás do seqüestro de Danny. Cegamente, ela se atira contra símbolos: o World Trade Center e agora um jornalista americano judeu. Aqueles foram três mil, este é somente um homem. O ódio, no entanto, é sempre o mesmo.

Como descrever a rede mundial de células clandestinas que formam a Al Qaeda? Um monstro com tentáculos? Uma vasta ameba amorfa que assume forma temporária para atacar e aterrorizar e depois se dissolve até um novo ataque? Por um lado, a definição parece acertada, mas não reconhece a brutal eficiência da operação: a Al Qaeda é um governo totalitário sem fronteiras nacionais e sem endereço fixo. Em árabe, "Al Qaeda" significa "a base"; ela é capaz de operar a partir de qualquer lugar, e é metódica em muitos níveis, ideológicos e militares. Sabe como formar alianças, como fazê-las funcionar e como financiar operações. Não existem, entretanto, ideal nem soluções, somente um deplorável retorno à "glória" do passado árabe... talvez. A Al Qaeda destrói simplesmente por destruir. Alimenta-se das frustrações de seus militantes e se nutre do sangue de inocentes.

Na varanda, faço uma sondagem com as pessoas em quem confio. Porém, com exceção dos dois repórteres, Steve e Asra, ninguém quer reconhecer a responsabilidade da Al Qaeda.

Num país tão dedicado à teoria da conspiração, as hipóteses são muitas. Cegos por sua terrível obsessão com a Índia, muitos paquistaneses fazem questão de afirmar que o seqüestro é de responsabilidade indiana. Durante a conferência de imprensa diária no Ministério do Exterior em Islamabad, o diretor-geral interministerial de Relações Públicas, general

Rashid Qureshi, declara aos repórteres que "tudo o que posso dizer é que existe uma ligação com a Índia" no desaparecimento de Danny. O *Frontier Post*, de Peshawar (30 de janeiro), noticia igualmente que "os investigadores do seqüestro de um repórter americano em Karachi estão encontrando pistas que levam à Seção de Pesquisa e Análise da Índia, RAW (inteligência indiana) [...] Teme-se que a RAW haja organizado o seqüestro a fim de difamar o Paquistão". Em 2 de fevereiro, em visita oficial a Berlim, Abdul Sattar, ministro do Exterior do Paquistão, repete os boatos/relatos de rastreamentos de telefones celulares que provam que seis chamadas foram feitas por meio de um dos telefones dos seqüestradores para altos funcionários indianos em Nova Délhi, imediatamente após o seqüestro de Danny.

Na manhã de 3 de fevereiro, abrimos o *The News* e encontramos um artigo estranho a respeito de Asra. Ao chegar, Bussey se senta em seu lugar costumeiro, à cabeceira da mesa, olha a manchete e explode em riso.

— *Desconcertante...* sim, desconcertante — diz ele. — Foi preciso um editor paquistanês para encontrar o adjetivo perfeito para descrever Asra.

PERGUNTAS DESCONCERTANTES SOBRE UMA SENHORA INDIANA NO CASO PEARL

> ISLAMABAD — Agentes de segurança investigam diversas indagações desconcertantes a respeito da permanência não autorizada de uma muçulmana indiana, portadora de passaporte norte-americano, Asra Q. Nomani, com quem o repórter seqüestrado Daniel Pearl do *Wall Street Journal* estava morando em Karachi... Descobriu-se durante as investigações das agências de segurança sobre o seqüestro de Pearl que a Sra. Nomani aluga uma casa em Karachi na qual ela e Pearl estavam morando [...] Ela era casada com um cidadão paquistanês, porém o casamento terminou em três meses.

O artigo prossegue, revelando o valor considerável (para esta parte do mundo) do aluguel pago por Asra pela casa "na qual ela e Pearl estavam morando". Reproduz quase integralmente o formulário em que ela solicitara o visto e chega a listar todos os seus endereços e números de telefone, na Índia e em Brooklyn, Nova York, onde ela estava ao fazer a solicitação. Relatos publicados mais tarde divulgariam os números de telefone e endereços da família em West Virginia.

Um artigo no diário *Dawn* informa que Asra havia sido presa por uma repartição de segurança e se encontrava detida devido à sua permanência "não autorizada" no Paquistão, e por uma possível participação no seqüestro. Perguntado especificamente numa conferência de imprensa a respeito de Asra, o general Qureshi somente declara aos jornalistas que "diversas pessoas estão sendo interrogadas, mas não posso fornecer detalhes a respeito".

Que quer dizer com isso?

Asra é como um gato. Quando está triste ou ferida, vai para um canto e fica quieta. O que mais a molesta não é que os serviços secretos difamem seu nome num país que de certa forma ela considera ser seu, ou que a maioria das reportagens deixe subentendido que ela e Danny sejam amantes. O que a faz encolher-se num canto é que nenhuma voz tenha se levantado para defender sua inocência. Esforçando-me para animá-la, repito o que dizemos na França, quando temos de enfrentar os valentões na escola: "O cuspe do sapo não atinge as asas da pomba branca."

Suspeito que minhas palavras não sejam grande consolo para ela. Mas Asra sabe que poderia ser pior. Acabamos de passar por coisas piores.

Há quatro dias, o repórter Kamran Khan levantou dúvidas sobre nossa amiga, e muito mais, na edição do *The News* de 30 de janeiro. Prosseguindo sua prática de tratar os temas de maneira diferente conforme o público, paquistanês ou americano, ele escreveu:

> alguns agentes paquistaneses de segurança [...] procuram discretamente compreender por que um repórter norte-americano judeu estaria excedendo "seus limites" ao investigar um grupo religioso paquistanês [*sic*]. Esses agente [*sic*] estão também procurando descobrir, com menos discrição, por que Pearl resolveu trazer uma jornalista indiana para ser sua assistente permanente no Paquistão, Ansa [*sic*] Nomani, muçulmana indiana portadora de passaporte americano que veio de Bombaim para Karachi com Pearl [e] estava trabalhando como sua assistente permanente neste país.

O mesmo grupo de agentes está curioso quanto às razões pelas quais um repórter americano baseado em Bombaim estabeleceria também residência permanente no Paquistão, alugando uma casa. "Um repórter judeu baseado na Índia, trabalhando para uma grande organização judaica, deveria saber dos riscos de expor-se a grupos islâmicos radicais, especialmente os que recentemente foram esmagados pelo poderio militar dos Estados Unidos", observou um alto funcionário paquistanês.

No mesmo dia, Khan assinava um artigo conjuntamente com Molly Moore na página A8 do *Washington Post*: "Repórter Americano Considerado Vítima de Complexa Cilada; Polícia Paquistanesa Descreve o Seqüestro com Muitos Ângulos Falsos." Não havia menção a judeus, organizações jornalísticas judaicas nem misteriosas mulheres muçulmanas indianas.

No dia seguinte, Khan e Moore assinavam outro artigo no *Washington Post*, desta vez na primeira página: "Repórter Americano Seqüestrado Ameaçado de Morte".

Mentiras, mentiras, mentiras: "Matamos o Sr. Danny. Agora o Sr. Bush pode encontrar seu corpo nas tumbas de Karachi. Nós o atiramos lá." Depois de esquadrinhar 400 cemitérios durante a noite, a polícia concluiu que não existe cadáver. O consulado americano recebe um telefonema: "Dois milhões de dólares e devolveremos Danny Pearl." É engraçado ver como as pessoas desejam ouvir exigências concretas... sim! dólares! dólares de verdade! Não, mais uma mentira: "Desculpe. Mandei o *e-mail* falando da morte de Daniel. Por favor, me perdoe! Foi uma mensagem falsa. Isso também mostra que a última mensagem era também falsa."

Qual delas? ...

Uma revoada de pássaros negros desce sobre nós como criaturas endemoninhadas, misturados a outros pássaros que não conseguimos identificar. A sinfonia de berros nos faz olhar para o céu, um som tonitroante. Saio da casa com Asra e Bussey, para ver. Os pássaros parecem evitar sobrevoar nossa casa, mas reúnem-se todos na casa vizinha, dando a impressão de que o céu está completamente vazio. Não sabemos como interpretar isso. Parece um mau presságio ou pelo menos um aviso, mas não nos atrevemos a dizê-lo. Asra, a doce Asra, sucumbe a uma lamentável técnica de negação:

— Aposto que é um bom augúrio — declara ela, corajosamente, mas sem convicção.

— Sinto-me como num filme de Alfred Hitchcock — diz Bussey, e percebo que ele está ao mesmo tempo fascinado e inquieto.

Acontecem coisas no meio da noite sem que eu saiba. Bussey e Steve LeVine são despertados, a fim de identificar o corpo de um homem jovem, que levou um tiro e foi atirado de um carro em movimento. Muitos milhões de americanos já acreditam que seja o cadáver de Danny, porque o repórter Jeffrey Kofman, da ABC, confiando em suas fontes policiais de Karachi, apareceu na TV em meio a um jogo de basquete, antes da final do campeonato de futebol americano, para dar o furo, anunciando a notícia.

Steve Goldstein mais tarde me contou o panorama nos Estados Unidos quando a notícia foi dada, ou, pelo menos, como estavam as coisas em casa dele:

— Era o domingo da final do campeonato de futebol americano.* Pensei que finalmente teríamos um pouco de calma. Todo o país parecia estar aproveitando um feriado, e em vez de 700 chamadas telefônicas, até as três da tarde tínhamos recebido apenas 100.

Todos os anos, o sócio de Goldstein, Bill, dá um jantar no dia do Super Bowl para as mesmas seis pessoas. Goldstein, que havia passado quase duas semanas sem voltar para sua casa, tinha prometido ir ao jantar.

— Aí Kofman aparece na TV, às três e dez da tarde. Em rápida sucessão, a CNN, a NBC e a CBS telefonam para confirmar a notícia, e em 20 minutos eu já tinha recebido mais de 100 telefonemas, e pensei: "Oh, meu Deus, isso não pode estar acontecendo! Que diabo é isso?". Chamei Bussey no hotel, acordei-o e disse: "John, você tem de se levantar. Preciso saber a verdade."

---

* Nos Estados Unidos, a partida final é conhecida com o nome de Super Bowl, e a transmissão pela TV atrai milhões de telespectadores. (N. do T.)

"Ele disse: 'Não, não, Danny não está morto. Sei que não está morto. Acabo de falar com o Capitão. Não é verdade, eu sei.'

"Respondi: 'Estou só dizendo o que eles noticiaram. Não acredito que eles dessem a notícia se não fosse verdade.'

"E ele: 'Dê-me mais alguns minutos.' Fiquei em pânico. Bill tinha uma cozinheira ajudando a preparar o jantar, o telefone começou a tocar sem parar e eu disse: 'Bill, preciso de você aqui agora.'

"'Mas estamos fazendo os suspiros.'

"Gritei: 'Dane-se o suspiro! Venha para cá!'"

Juntos, os dois lutam contra uma avalanche de telefonemas, e John Bussey chama de Karachi.

— Não era Danny — relata ele. — É um estudante iraniano de 20 anos, que tem um aparelho dental.

— *OK.* Mas preciso de confirmação por outra fonte —, disse Goldstein.

— Estou dizendo que Danny está vivo — repetiu Bussey.

Goldstein se obstina.

— Não vou aparecer na televisão nacional para dizer que Danny está vivo e depois ser desmentido. Vamos, ache outra pessoa!

Bussey vai buscar Steve LeVine.

— Danny está vivo — diz Steve, o que satisfaz Goldstein. A ABC desmente a notícia uma hora depois de divulgada.

Randall é o primeiro a identificar o corpo. O Capitão e Dost pediram que ele fosse, porque havia uma forte possibilidade de que fosse Danny.

— Fiquei arrasado — disse-me Randall mais tarde.

Correu para a clínica para onde o corpo fora levado.

— Lá, comecei a notar diferenças que mostravam que não podia ser Danny. Vi uma saliência no lábio superior e pedi que abrisse a boca dele. O homem tinha um aparelho nos dentes da frente. Nunca fiquei tão contente ao ver um cadáver, porque não era Danny. Um estranho conflito de alegria diante da morte.

Por que alguém poderia desejar seqüestrar Danny Pearl? Por causa de alguma coisa que ele tenha escrito? Asra e eu examinamos detidamente os artigos que Danny mandara a Bashir como condição para a preparação da entrevista com Gilani. Não são temas brandos: o escritório da JEM continua funcionando; o ISI sabia que o cientista nuclear paquistanês esteve com bin Laden (alguns dizem que a CIA também sabia). Há diversos assuntos capazes de desagradar muitas pessoas, inclusive os chefes do ISI demitidos por terem relações estreitas com grupos do *jihad*. Existirá, na verdade, um "antigo" chefe do ISI?, pensamos. Com uma das mãos, Musharraf castiga os islamistas, e com a outra os afaga, para que continuem lutando na frente de batalha da Cachemira. Certamente, ainda existem agentes do ISI que sabem quem seqüestrou Danny e seu paradeiro, devido às conexões que possuem com o mundo do *jihad*. Mas ninguém está disposto a transitar conosco por esses caminho e paramos de falar sobre o ISI com o Capitão e outros que estimamos, a fim de protegê-los.

Após um almoço de *biryani* de frango, Asra e eu nos encontramos no andar superior, onde um guarda foi posto na varanda. Anteriormente trouxéramos uma cadeira para o homem, e ele agora, vencido pelo calor, adormeceu com o rifle encostado à parede. Ótimo; ficamos contentes com a privacidadde. Queremos conversar sobre o presidente Musharraf, que tem visita marcada aos Estados Unidos dentro de menos de uma semana, em 12 de fevereiro.

Asra tem certa estima por Musharraf. Num artigo para Salon.com, "Porque Gosto de Musharraf", ela descreve um presidente ditatorial, porém progressista. O subtítulo é explicativo: "Os modernistas o insultam por causa de seus cachorros, bebida, óculos sem aro e ternos Armani." (No Islã, tocar um cachorro é considerado impuro e impróprio para as preces.) Asra retratara um homem "seguro, afirmativo e forte", características positivas, mas não tenho certeza de que Musharraf agora retribua o afeto dela.

A visita a Washington será a primeira dele como presidente. Há uma teoria em voga, de que Danny foi seqüestrado a fim de causar embaraço a Musharraf antes da visita, seja para obrigar o cancelamento ou, pelo menos, perturbar gravemente a agenda. Como diz Bussey, com Danny cativo, "Vai ser difícil a Musharraf tratar da indústria têxtil".

Não duvido de que os seqüestradores de meu marido desejem humilhar Musharraf e castigá-lo por sua colaboração com os americanos. Mas tenho de presumir a existência de outros motivos. Por exemplo, não posso descartar que isso tenha algo a ver com o computador entregue pelo *Wall Street Journal* à CIA há algumas semanas.

Eis o que aconteceu: Alan Cullison, repórter do *Journal,* estava no Afeganistão em missão jornalística, e seu computador foi danificado. Ele saiu procurando peças de reposição para consertá-lo. Encontrou uma pessoa que lhe ofereceu um disco rígido de um *desktop* e um *laptop* da marca Compaq por 4.000 dólares. Cullison regateou até chegar a 1.100, e passou a ser proprietário de um espantoso tesouro de informação. Verificou-se que o computador havia sido usado por chefetes da Al Qaeda em Kabul durante pelo menos quatro anos e, pelo que Cullison percebeu, estava "cheio de segredos da Al Qaeda". Ambos os computadores tinham sido levados durante o saque de uma célula da Al Qaeda em novembro, após um bombardeio que matou diversos agentes próximos e fez com que outros fugissem dali.

O *desktop* tinha sido utilizado por um dos mortos no ataque aéreo, Muhammad Atef, que chefiava o departamento militar da Al Qaeda, e por outra figura importante da Al Qaeda, o Dr. Ayman Al-Zawahiri, considerado o principal estrategista de Osama bin Laden. Os dois eram conjuntamente responsáveis pelos ataques de 1998 à embaixada dos Estados Unidos em Dar-es-Salam, na Tanzânia, e em Nairóbi, no Quênia. No disco rígido havia aproximadamente 1.750 documentos — cartas, relatórios, arquivos de vídeo e áudio — que iam "do mortífero ao corriqueiro", como escreveram Cullison e seu colega Andrew Higgins num artigo em 31 de dezembro de 2001 para o *Wall Street Journal.* Utilizando tradutores de árabe e peritos em computação para ultrapassar as barreiras da codificação, os dois examinaram os documentos e em dois artigos para o *Journal* deram uma idéia do que tinham conseguido descobrir.

Havia uma carta de dois homens que se diziam jornalistas, solicitando "uma entrevista" com o líder anti-Talibã Ahmed Shah Massud, pedido que por engano Massud aceitou, porque dois dias antes do ataque ao World Trade Center, os "jornalistas" detonaram uma bomba, despedaçando Massud e a si próprios.

Havia arquivos assustadores que descreviam esforços importantes para lançar um programa de armas químicas e biológicas, "com o codinome de *al Zabadi,* palavra árabe que significa leite de soja", e um vídeo no qual Osama bin Laden falava durante 23 minutos sobre os ataques de 11 de setembro, entre outras coisas. Em outro vídeo caseiro, aparece uma parte da "transmissão de televisão com americanos aterrorizados fugindo do World Trade Center em chamas, com um fundo musical de cantos zombeteiros e preces em língua árabe".

O mais surpreendente, para mim, eram os registros da movimentação de um agente da Al Qaeda pela Europa e Oriente Médio, procurando lugares para atentados à bomba. O codinome do terrorista é Abdul Ra'uff, e durante vários meses suas viagens de reconhecimento o haviam levado a Londres, Amsterdã, Bruxelas, Tel-Aviv, Egito, Turquia e Paquistão. Ao examinarem esses documentos, as autoridades de inteligência perceberam que já conheciam os movimentos desse agente: eram as viagens feitas pelo terrorista já apanhado, Richard C. Reid, o homem da bomba no sapato.

Como o computador continha arquivos capazes de revelar planos de ataques futuros ou outros itens em que poderia haver "perigo para vidas humanas", para usar as palavras de Bussey, o *Journal* tomou a decisão pouco habitual de entregá-lo aos serviços secretos americanos. Paul Steiger disse ao *New York Times* que, "Em termos morais, nós nos sentiríamos arrasados se houvéssemos escamoteado informações capazes de salvar as vidas de nossos combatentes ou de civis", e observadores da mídia e defensores da ética, como Bill Kovach, presidente da Comissão de Jornalistas Participantes, endossaram a decisão, comparando-a ao acordo entre o *Times* e o *Washington Post* na publicação da declaração do "Unabomber",* a pedido do governo dos Estados Unidos.

O que passou despercebido foi o fato de que a entrega do computador ao governo poderá ter protegido algumas pessoas, mas colocou outras em perigo, risco intensificado pela publicidade do gesto por parte do *Journal*. Danny e eu estávamos na pensão Chez Soi em Islamabad, quando ele leu na internet o que tinha acontecido. Eu estava absorvida pela autobiografia de Nelson Mandela, deitada na cama, e Danny disse: "Querida, temos problemas." Estava olhando o *laptop*, visivelmente preocupado. Quando Danny se preocupa, fica em silêncio e muito concentrado. Eu fico mais volúvel. Naquele dia de dezembro, fiquei furiosa e falei muito.

No Paquistão, os jornalistas passam bastante tempo convencendo as pessoas de que não são espiões, e se o jornal para o qual trabalham

---

* Nome de código pelo qual passou a ser conhecido o criminoso que enviou cartas-bomba a diversas personalidades nos EUA. (N. do T.)

anuncia ao mundo que está cooperando com a CIA, isso não os ajuda em nada.

Cinco de fevereiro. Às 8h57 da manhã, o telefone fixo toca no quarto, acordando Asra e eu. Ambas nos erguemos para correr ao telefone, mas eu me esqueço de que estou grávida, e meu lado esquerdo me atrapalha. Ninguém na linha. Seriam os seqüestradores querendo ver quem atenderia, eu ou a polícia? Esperamos que o telefone toque outra vez. Em geral as manhãs são horríveis, e fico acordada, deitada na cama, com a cabeça cheia de pensamentos idiotas como, por exemplo, não me mexer até que Danny volte. Hoje, embora nenhuma de nós duas o confesse, estamos convencidas de que a chamada foi dos seqüestradores e ali ficaremos deitadas, até que chamem novamente.

Estamos olhando para o teto, quando o telefone toca outra vez. Nove e vinte e quatro da manhã. É o Capitão. Nem diz "alô", fala simplesmente:

— Peguei todos, toda a família.

Sinto vontade de vomitar, vomitar o coração, mas ele acrescenta:

— Eles nos levarão a Danny — e compreendo que não chegamos ao fim. Mesmo assim, é algo extraordinário, a primeira boa notícia desde o desaparecimento de Danny. Três homens foram presos pela polícia, e todos têm algo a ver com o computador de onde foram mandadas as fotos de Danny. O Capitão, Randall e Dost passaram a noite interrogando os suspeitos.

— São meus hóspedes — diz o Capitão.

Tudo começou por causa dos esforços de Zarur. Depois de rastrear penosamente o caminho dos *e-mails*, ele conseguira isolar cinco conexões que poderiam levar aos expedidores das fotos escaneadas. Quatro levavam a cybercafés em vários pontos de Karachi; a quinta, entretanto, revelou uma linha fixa. Em termos ideais, o Capitão e seus homens poderiam pedir à companhia telefônica que identificasse o assinante, ou pelo menos a pessoa que pagava as contas; mas recearam fazer a pergunta abertamente e alertar alguém. Em vez disso, pediram à telefônica que informasse em que subestação se originava a linha.

Com essa informação, que os fez identificar a linha, seguiram-na pelas ruas de Karachi, fazendo escavações no asfalto e atravessando paredes quando necessário. Seguiram a pista até o fim, ou pelo menos ao que parecia ser o fim. Descobriram que o assinante original da linha era o ex-proprietário de uma loja de computadores. Quando a polícia chegou a ele, ou mais exatamente, chegou ao terminal de seu telefone, a conexão já havia sido passada a outra pessoa, que a passara a outra, e essa a ainda outra. Num país pobre como o Paquistão, essa prática é comum. E tudo pode ser ainda mais complicado: na quarta troca de mãos, aquele número de telefone encontrado por Zarur finalmente foi identificado como pertencente a um servidor, que proporcionava acesso à internet por cabo a 80 assinantes ilegais diferentes.

Oitenta! Não admira que fosse tão difícil encontrar Danny. Qualquer um desses 80 assinantes poderia ser o expedidor do *e-mail*.

Todos os 80 assinantes moram num prédio tipo dormitório. Muitos são estudantes, e todos possuem computadores ligados ao que o novo dono da linha batizou de Speedy Network. Zarur dá um rápido curso sobre a navegação na rede a Asra e a mim. O servidor, explica ele, é basicamente um centro, um computador com ampla memória, velocidade e espaço para armazenagem de dados. Imagine-se uma agência de correio, sendo o computador a caixa postal. A correspondência é dirigida ao servidor. O que os investigadores têm de descobrir é quem estava operando o computador na linha precisamente no momento em que o primeiro ou o segundo *e-mail* foram expedidos, e quem utilizou o *hotmail* ou o Yahoo! direto do provedor, como fazem os seqüestradores. O Capitão mandou o melhor de seus homens, Faruk, para que entrasse no servidor e recuperasse essa informação essencial. O problema era que, embora Faruk "seja muito valente, não sabe nada de computadores", nas palavras do Capitão. Nem sequer sabia o que era um servidor. O Capitão (que também tinha acabado de aprender essa parte) rapidamente o instruiu. Havia também peritos em computação do FBI disponíveis, prontos a proporcionar assistência mais qualificada, se fosse necessária.

Durante três noites, os agentes bateram às portas dos quartos dentro do prédio, exigindo verificar cada computador. Os inquilinos se mostravam cada vez mais aborrecidos, e o resultado parecia duvidoso. Nesse ponto, um jovem de aparência comum, como um vizinho curioso, se aproximou de Faruk.

— Talvez eu possa ajudar — disse ele. — Tenho um computador. Nele vocês não encontrarão nada, mas se quiserem posso ajudar a inspecionar outros computadores. — Disse que seu nome era Fahad Nasim; sua conexão era a de número 66.

— Ele estava nos ajudando voluntariamente, mas, por alguma razão, não confiei nele — diz-me o Capitão. — Mandei que Faruk o trouxesse a meu gabinete. Estava blefando. É assim que a polícia trata dos suspeitos. Disse a ele: "*OK*, vamos inspecionar seu computador, e temos dispositivos que podem recuperar imediatamente os arquivos apagados, aqui mesmo. Por isso, não precisa mentir."

Um milésimo de segundo de pânico nos olhos de Fahad foi o suficiente para que o Capitão e Faruk percebessem que se tratava de um suspeito.

— O blefe funcionou! Funcionou! Por isso, estou pulando de contentamento, sabe por quê? Porque sei que hoje vamos encontrar Danny vivo.

— Reze por mim — continua o Capitão. — Eu já disse isso antes, mas num dia bem próximo, eu vou entrar pela sua porta e Danny virá atrás de mim. Só quero ver o sorriso em seu rosto quando você vir Danny. Não vou olhar para ele, e sim para você.

O Capitão chama seu chefe e diz:

— O mistério está resolvido. Tenho a primeira pessoa. Agora vou buscar a segunda.

Enquanto isso, o FBI recupera dois *e-mails* apagados do computador de Fahad. Um em urdu, o outro em inglês, e junto com eles estão os anexos contendo as fotos de Danny. Passaram-se 13 dias desde o desaparecimento de Danny, e todos se mostram tão tensos, que Fahad sabiamente não se atreve a bancar o esperto. Algemado, ele os leva ao bairro onde costuma ficar seu primo Suleiman.

Randall se junta ao Capitão, e ambos se preparam para o ataque.

— Quero fazer isso de maneira perfeita, a fim de surpreender esse homem — diz o Capitão.

Em breve, Suleiman aparece, caminhando por algo que parece uma calçada. Já vai virar a esquina, quando um carro sem emblemas pára a seu lado. Dois homens saltam rapidamente, agarram-no e o atiram para dentro. Segurando-o pelos cabelos, um policial o joga de rosto para baixo no chão do veículo, e com um gemido de pneus o carro recua e sai velozmente do bairro. Tudo isso leva apenas alguns segundos.

O Capitão está nervoso.

— Você sabe, queríamos respostas rápidas — iria ele me explicar mais tarde. Quer agir antes que alguém note a falta do primo, e antes que qualquer sinal ou mensagem em código possa pôr em perigo a vida de Danny. — Mas os homens não queriam falar... bem, fizemos com que falassem.

Já passa da meia-noite. Em duas horas, a polícia tem o nome e endereço do terceiro cúmplice. O nome é Adil.

— Chame-o — ordena o Capitão a Suleiman.

Uma voz sonolenta e mal-humorada levanta o fone. Não é Adil, e sim um membro de sua família.

— Ele não mora mais aqui — grita o homem, antes de desligar.

O Capitão não sabe — o sujeito estará dizendo a verdade ou está simplesmente irritado por ter sido acordado no meio da noite? Se Adil não está em casa, estará com Danny?

— Chame Adil no celular —, ordena o Capitão. Isso dá certo; desta vez, a voz de sono é a de Adil.

Suleiman repete palavra por palavra o que o Capitão o mandou dizer:

— Tenho uma coisa muito urgente para dizer agora. É muito importante.

— Nada disso —, responde Adil. — Estou dormindo. Podemos nos encontrar amanhã de manhã, mesma hora, mesmo lugar —, e desliga.

O Capitão arranca o aparelho das mãos de Suleiman e chama a sede da companhia do celular, exigindo que informem a seção geográfica, ou célula, do telefone de Adil. Os computadores da companhia medem automaticamente a intensidade do sinal, a fim de passá-la de uma torre a outra, conforme a necessidade. Se a firma puder dizer de qual torre emanavam os sinais do telefone de Adil, saberemos qual é a célula em que estava. É uma área de aproximadamente três quilômetros de raio. Não é pequena, mas suficiente para que saibamos se Adil está ou não na casa de sua família.

Mas a companhia telefônica leva tempo para dar a informação. Uma hora... outra meia hora... o Capitão explode. Manda seus homens entrarem à força na companhia e fazer as perguntas com os revólveres apontados: *Qual é a torre? Qual é a célula?*

Quando o Capitão chega à telefônica, o agente não se mostra satisfeito.

— Por que está fazendo isso comigo? — pergunta ele ao Capitão.

— Este país é nosso. Se eu não fizer isso, o jornalista morre. Quer que isso aconteça?

O Capitão consegue o que quer.

Adil é apanhado em casa, na cama. Recusa-se a responder às perguntas, e o mesmo método é utilizado. Ao revelar finalmente o que sabe, fica evidente que não conhece o paradeiro de Danny, assim como Fahad e Suleiman.

Isso é o que assusta o Capitão. O seqüestro foi muito mais bem planejado do que ele supunha. Quem quer que seja o responsável, sabe muito bem o que faz. O primeiro homem sabe da existência do segundo, e este do terceiro, mas não do quarto. Mesmo assim, o terceiro revela um quarto nome: Omar Said Xeique.

Omar Xeique. É o ex-estudante da London School of Economics, transformado em militante islâmico, que apareceu no artigo do *Independent*. Foi ele quem mandou 100 mil dólares a Mohammed Atta; foi ele o militante preso por raptar ocidentais.

Uma casa vem sendo grampeada há vários dias, porque a CLPC a designou como sendo o lugar de onde Bashir fazia chamadas freqüentes, antes do seqüestro em 23 de janeiro. A escuta nada revelou, mas o Capitão tem sorte pela segunda vez nesta noite, quando um de seus auxiliares menciona que o dono da casa pode ser parente de Omar. De repente, as peças do quebra-cabeça se juntam na cabeça do Capitão, e num segundo ele entende uma coisa importantíssima: Bashir, o homem que atraiu Danny para a armadilha, é Omar Xeique.

Furioso por não ter tido melhor informação sobre o proprietário da casa, o Capitão reúne uma unidade policial fortemente armada. Atacam a casa, forçam a entrada e invadem os cômodos. São quatro horas da manhã. Juntam rudemente os habitantes, os quais, para surpresa dos invasores, são um homem idoso de aparência bastante inocente e uma família perfeitamente honrada, todos muçulmanos devotos. A casa é da tia de Omar, e a família é a dela. Sob os olhares meio assustados e meio furiosos da família, a polícia revista os quartos buscando pistas do uso da casa por Omar para organizar o seqüestro de Danny.

Faltam menos de duas horas para o nascer do dia e a hora da prece. Em breve, a notícia das batidas e das prisões será conhecida nas ruas. Num impulso, o Capitão chama um agente estacionado em Lahore, onde mora o pai de Omar.

— Vá a essa casa — diz o Capitão ao agente —, mas não faça nada até eu mandar.

O policial se coloca diante da casa do pai de Omar e ouve o telefone tocar lá dentro. Da casa da tia, em Karachi, o Capitão está chamando o pai de Omar e pedindo calmamente o número do celular do filho. O pai dá a informação. Em seguida, sob os olhares vigilantes da tia e da família, o Capitão liga para Omar, que ele imagina estar com Danny.

— Minha mão não tremia —, ele me diria um pouco mais tarde naquela manhã —, mas estava tão suada, que parecia grudada ao telefone.

Omar atende o celular.

— Sou o agente investigador — diz o Capitão. — Sei o que você fez, sei exatamente. Seu jogo terminou. Se não acredita, veja o número de onde estou chamando. — O Capitão estava usando o celular de Adil.

O Capitão aproxima o fone da tia de Omar, e ela fala rapidamente com o sobrinho. Depois o Capitão traz o primo ao telefone. Um por um, os membros da família ouvem Omar. Depois, o Capitão fala novamente.

— Você pertence a uma família respeitável — diz o Capitão. — Não os humilhe.

Omar fica em silêncio e de repente diz:

— Não sei — desligando o telefone.

O Capitão não se importa. Para que prender a família inteira? (A tia confessou que o sobrinho "sempre a assustara".)

— Moeda de troca — explica Dost laconicamente. — Graças a Deus, somos o único serviço de coleta que funciona 24 horas no Paquistão! — Está convencido de que Omar será preso em breve.

Ansiosamente, Asra procura Omar no Google e imprime sua foto. No início do ano 2000, sua cara estava em todos os jornais, quando ele foi libertado da prisão na Índia junto com três outros militantes paquistaneses em troca das 178 pessoas cujo avião da Indian Airlines foi seqüestrado num vôo partindo de Katmandu, no Nepal. Estava preso desde 1994, acusado de seqüestro. Um dos outros militantes libertados na troca foi Massud Azhar, ex-líder da Harkat-ul-Mujahidin que saiu para fundar a Jaish-e-Mohammed. Danny havia escrito sobre ele em Bahawalpur. Diz-se que Omar é discípulo de Azhar.

Asra cola a foto de Omar no mapa, junto ao retrato falado de "Bashir", baseado na descrição de Asif, o intermediário. Asif dissera que ele tinha bigodes e os lábios finos, mas não há dúvida de que se trata da mesma pessoa. Omar em nada se parece com os demais combatentes do *jihad*. Lembra mais um primeiro aluno da classe do que um soldado do terror. Mas quando se presta atenção, o rosto dele não transparece nenhuma expressão humana.

Quando o cônsul americano, John Bauman, se junta a nós, a excitação está no grau máximo. Sentindo a aproximação de um final feliz, começamos a especular tolamente. Nossa aventura se transforma em um filme de Hollywood. Todos aprovam unanimemente Winona Ryder no papel de Asra. Bussey será representado por James Woods, Randall por Steven Seagal. Bauman participa de bom grado da brincadeira.

Vai ser uma refilmagem de *Os Intocáveis* — diz ele; e como ambos usam o mesmo casaco impermeável, Dost será nosso Elliot Ness.

Asra começa a reunir nossa documentação. De repente, sentimos um desejo incontrolável de escapar daqui. Levar Danny e fugir. Mandamos Imram comprar malas no bazar Chaowk. Steve LeVine corre ao Sheraton para buscar a garrafa de uísque Wild Turkey que tem guardada para Danny. Para não ofender nossos amigos muçulmanos, escondemos a garrafa no andar superior. Aviso a Bussey que, grávida ou não, vou tomar um gole, quando Danny chegar.

Randall e o Capitão fazem uma escala na casa antes de voltar à cela onde os três suspeitos estão detidos.

— Mesmo sendo arrogantes — diz Randall, pigarreando — certamente darão as informações necessárias sob interrogatório profissional. — Depois olha para mim e pára de bancar o durão. — Odeio aqueles desgraçados — admite.

— O presidente Musharraf está chamando Azhar.

Embora os olhos do Capitão estejam vidrados pela falta de sono, e ele fale em uma espécie de código Morse, podemos facilmente preencher as lacunas. Dois meses depois dos ataques ao World Trade Center, Massud Azhar, considerado potencialmente perigoso, foi posto em prisão domiciliar. Agora, o presidente Musharraf está chamando Azhar para que ele telefone a seu discípulo Omar e diga que liberte Danny. É brilhantemente simples ou completamente surrealista, dependendo da maneira de ver. Quando Azhar foi colocado sob vigilância, o perigoso Omar continuou livre como um passarinho. Alguém tem estado a protegê-lo. Em algum lugar, entre políticos corruptos e falsos pregadores, Omar encontrou um refúgio.

Capítulo 9

ESTAMOS TENTANTO MATAR o tempo. Ou melhor, estamos fingindo que o tempo não está nos matando. Já examinei todas as irregularidades na parede diante da cadeira de balanço em que estou sentada. A pintura da casa foi refeita há pouco, mas posso discernir algumas rachaduras e buracos, onde antes havia quadros. Estou sentada há muito tempo, com as mãos cruzadas sobre o que imagino ser a cabeça de nosso filho. Os segundos se transformam lentamente em minutos, e as horas relutantemente formam a metade de um dia. Podia-se imaginar que os pesadelos chegam à noite, mas não é assim. Chegam quando a consciência me alcança, e eu digo a mim mesma: Poderei agüentar? Poderei passar outro dia assim sem entrar em colapso? Sinto-me como uma prisioneira riscando os dias numa folhinha caseira. Cada dia riscado no calendário imaginário é uma vitória.

Omar Said Xeique está fugindo com sua jovem esposa e com o filhinho ainda bebê. Tanto quanto sabemos, poderá já estar nas regiões tribais, isto é, na terra de ninguém. Esse cinturão montanhoso de 450 quilômetros entre o Afeganistão e o Paquistão abriga uma população tribal que se considera fora do alcance da lei. É uma terra proibida para muitos paquistaneses, e os militares tendem a ficar longe dali. Em conseqüência, o território sempre foi um santuário para contrabandistas e traficantes de armas, e atualmente proporciona um esconderijo natural para a Al Qaeda e o Talibã, cujos membros vagam entre os dois países sem serem identificados.

Certa vez Danny e eu entrevistamos um chefe tribal que havia se aventurado fora de seus domínios na temporada de caça. Na época o governo paquistanês estava procurando convencer as tribos a deixar de proteger o Talibã. Fomos a uma casa que o clã usava como pavilhão de caça. Havia aproximadamente uma dúzia de homens, todos vestidos de mantos acinzentados e todos com o acessório essencial, um AK-47, sentados em círculo no chão de um cômodo vazio. O chefe usava um turbante branco. Ao perguntarmos se eles tinham intenção de obedecer a Musharraf, ele pareceu divertir-se com a pergunta, como se estivéssemos contando uma piada. Chamou um empregado e mandou-o trazer um grande bolo coberto com glacê branco e cremoso. Com sua própria faca, o chefe cortou o bolo em dois, e como para provar que não estava envenenado, tirou um pedaço para si e comeu, sorrindo e acenando com a cabeça. Dividiu o restante entre mim e Danny. Toda a tribo nos observava com atenção, enquanto nós dois, laboriosamente, consumíamos o par de enormes pedaços. Nem uma palavra foi pronunciada até que nossos pratos ficaram limpos. Então o chefe, que parecia ter gostado de nós, nos convidou a visitá-lo, "protegidos somente por suas armas", na região tribal. Terá sido para lá que Omar fugiu?

Esta noite Bussey e Steve não têm pressa em regressar ao Sheraton. Todos têm dificuldade em aceitar a idéia de que cada nova noite não traga maiores notícias de Danny do que a anterior. Quando Bussey não está colado a seu computador, mergulha nas tarefas administrativas que tanto aprecia, e recomeçou a tomar contato com os correspondentes no estrangeiro. Cada vez mais sai da casa para dar telefonemas. Pensa que está sendo discreto, mas precisa falar alto para ser ouvido e podemos acompanhar suas conversas, porque o som se filtra para a cozinha através do exaustor.

Nossa capacidade coletiva de rir vai ficando cada vez menor. Evitamos falar, por medo de que alguma palavra pareça inadequada. Mas sentimos que se falarmos muito pouco, o silêncio criado por todas essas dúvidas se tornará pesado demais. Asra viaja em seu próprio espaço mental, cuidando do que precisa ser cuidado. Nosso quartel-general é impressionante. Os arquivos ostentam etiquetas, com todos os acontecimentos registrados em ordem cronológica. Temos notas sobre tudo — o que discutimos, como a investigação foi conduzida, quem se envolveu e até que ponto. Tudo foi transcrito naqueles registros — cada refeição que fizemos, cada som que ouvimos, cada esperança que nutrimos.

As batidas vêm se intensificando. A polícia e o FBI vasculham todos os grupos fundamentalistas ligados a Omar, esperando que alguém saiba onde Danny está sendo mantido prisioneiro. O Capitão conduz pessoalmente as batidas mais importantes, usando carros particulares e à paisana, vestindo principalmente *jeans*. ("Meu Deus", diz Bussey, com um misto de admiração e incredulidade, "o Capitão é elegante até mesmo para fazer uma batida.") Randall, com roupa de ninja, todo de preto, acompanha armado o Capitão, mas este faz questão de que Randall fique a uma distância segura das atividades.

— Não quero mais problemas para o Paquistão —, diz-lhe o Capitão. — Se houver um tiroteio e você for atingido, vai estar em toda a imprensa. Por isso, venha, fique no meu carro, observe, e mais nada.

Há 45 pessoas detidas, inclusive toda a família de Omar, com exceção de uma tia que a polícia espera possa convencê-lo a entregar-se. A família está detida como moeda de troca — entregue-se, Omar, e nós lhe devolveremos um tio, dois primos e seu avô. Traga Danny, e todos estarão livres.

— Eles seqüestram, nós seqüestramos — resume Dost, meio brincando e meio a sério. — É uma coisa cultural, como muçulmanos, não desejamos envergonhar nossa família.

Oh, o código de honra! Dost nos assegura que a família de Omar não está sendo maltratada. Mas Steve observa que, para os asseclas de Omar, a coisa é diferente. Como jornalista, Steve luta com um dilema ético.

— Se houver maus-tratos físicos, não quero saber — diz ele. — E se souber, terei de escrever a respeito.

— Então não tome conhecimento — aconselha Dost, como se fosse um tema inexistente.

Eu? Ao contrário do que seria o normal para mim, pouco me preocupo com a ética da situação. Minha opinião é que somos nós os torturados.

Descubro no *laptop* de Danny alguma coisa sobre Omar Said Xeique. Quando se divulgou a informação de que ele havia mandado 100 mil dólares para Mohammed Atta, Danny pediu a seu assistente na Índia que coletasse mais informações sobre Omar e as mandasse por *e-mail*. O arquivo resultante é pouco denso. Ao lê-lo, minha impressão é de que Omar é um fracassado. Digo isso a Randall.

— Não — responde Randall. — Ele é psicopata.

❋ ❋ ❋

Assustei todo mundo. Fui ao hotel Sheraton para uma entrevista com a BBC e disse aos terroristas, disse ao mundo inteiro:

— Não façam mal a um homem inocente, porque simplesmente vão criar mais um sofrimento. Usar Daniel como símbolo, e tudo o mais, é completamente errado, completamente errado. Se alguém vai dar a vida para salvá-lo, serei eu. Por favor, façam contato comigo. Estou pronta.

Bussey não gostou, mas não se atreveu a enfrentar-me diretamente, e por isso deixou que o FBI cuidasse de mim. A agência levou a sério o encargo. Bob Dinsmore, membro da equipe de negociadores do FBI, veio me ver.

— Eu queria, bem, fazer alguns comentários baseados no que temos observado — disse ele a Asra. — Queremos reduzir ao mínimo a comunicação entre Mariane e você. Aparentemente, ela fez uma declaração e solicitou aos seqüestradores que entrassem em contato com ela. Pode ser que gente mal-intencionada aproveite isso. É só uma sugestão, mas vocês poderiam pensar em manter certa discrição. Queremos que Paul Steiger seja a pessoa a quem eles chamem.

Steiger procura substituir minha mensagem veemente por outra, mais fria. Numa carta mandada pelo *Wall Street Journal* a empresas jornalísticas de todo o mundo, ele escreve:

> Sei que o Movimento Nacional para a restauração da Soberania Paquistanesa é muito zeloso e deseja que outras pessoas saibam de sua existência. Para assegurar que isso ocorra é preciso que respondam a esta mensagem. Faz vários dias que não temos notícias de vocês e queremos começar um diálogo que tratará de suas preocupações e resulte na libertação de Danny são e salvo. Desde o último *e-mail,* tenho recebido numerosas outras mensagens eletrônicas de pessoas que afirmam ter Danny em seu poder. Por causa dessas afirmações, ficou difícil para mim saber se estou em comunicação com os que efetivamente o detêm. [...] Além disso, essas mensagens, que foram publicadas, não tratam das graves preocupações de vocês. [...] Sugiro que utilizemos uma conta de

> *e-mail* ou um número particular de telefone de um ou dois amigos de Danny, ambos padrinhos de seu casamento. Essa linha de comunicação me asseguraria de que Danny está com vocês e nos permitiria contato direto. Estamos ansiosos por uma pronta resposta.

Todos se comportam como se minha aparição na BBC fosse um impulso suicida. Todos menos Steve Goldstein. Depois de toda a contenção em minhas apresentações televisadas anteriores, ele se sente aliviado por essa explosão de emoção.

— Oh, sem dúvida, o FBI se assustou, mas acho que foi muito bom.

Na verdade, não tenho impulso suicida. Simplesmente, os pensamentos que surgem em minha cabeça são provavelmente muito íntimos, dramáticos e radicais para que eu possa compartilhá-los. Preciso guardá-los só para mim e ficar em meu santuário no andar de cima, rezando. Nas orações, fico instantaneamente ligada com Danny. Sei o que ele está sentindo. Claro, alguma coisa está acontecendo com ele que não está acontecendo comigo, mas estamos ambos em cativeiro.

Na noite de sábado, 9 de fevereiro, recebemos novo *e-mail.* Informa que Danny foi morto e que seu corpo foi colocado em um saco de lona perto da zona industrial de Karachi. Todos acham que é novo rebate falso. Pelo menos, é o que dizemos uns aos outros — ora, absolutamente, sem dúvida, certamente tem de ser falso. Mesmo assim, a polícia vasculha a área e encontra um saco contendo um cadáver. Não é de Danny — aparentemente esse assassinato foi resultado de uma disputa de família sobre dinheiro —, mas a coincidência parece estranha e assustadora. Um dos investigadores de Tariq Jamil nos diz com naturalidade que sempre encontram cadáveres em sacos na zona industrial — em média, dois ou três por semana.

O Capitão chega trazendo uma sacola escolar de lona verde, com marcas de tinta e dois fechos ecler.

— Confiscamos isto — diz ele, jogando a bolsa no sofá. Dentro, não há livros nem cadernos escolares, e sim algumas folhas de papel dobradas em quatro, uma foto de um rapaz ainda muito jovem para poder ter a barba que está tentando fazer crescer, um passaporte paquistanês e uma carta com um coração mal desenhado no envelope. O proprietário da sacola está no distrito policial, detido por "comportamento suspeito". Abro o passaporte: nenhum visto nem carimbos. Uma das folhas de papel dobradas revela ser uma carta do consulado americano, recusando visto ao jovem. A outra é um documento que prova ter ele estudado engenharia de computação numa instituição privada em Karachi.

Levo alguns segundos para compreender o que as duas últimas folhas representam. São planos detalhados de aeronaves comerciais. A primeira mostra uma visão lateral que indica a posição dos motores e dos tanques de reserva de combustível. A segunda descreve pormenorizadamente o interior do avião, a cabine de comando e a exata dimensão dos corredores entre as poltronas. O envelope com o coração contém uma carta de amor dirigida a uma jovem cujo nome não se conhece. Em seu melhor inglês, o jovem barbado promete a ela felicidade eterna.

O Capitão diz que pretende manter o aspirante a terrorista detido por alguns dias.

— O suficiente para que suas paixões esfriem um pouco.

O Capitão nos visita todos os dias, e é sempre a mesma coisa: antes de cumprimentar qualquer pessoa, ele chega perto de mim e me olha profundamente nos olhos. Quer saber como estou agüentando; quer ter certeza de que ainda confio nele. Seu *leitmotiv* é: "Se eu achasse que Danny está morto, não estaria me esforçando tanto por ele." Isso faz sentido, e eu acredito nele.

Dost está tendo ataques de ansiedade em relação à sua mãe. Ela não confia nele. Foi visitá-lo há poucos dias, a fim de estabelecer uma ligação com uma de suas primas em primeiro grau. Ela passou a acreditar que seu belo filho nunca pára em casa porque está secretamente nos braços de alguma mulher. Isso não é verdade, pois de fato Dost tem muito o que fazer 24 horas por dia com o trabalho policial. Mas não há dúvida de que esse homem bonito, valente e poético está preso num emaranhado clássico e emocional: está secretamente apaixonado por outra pessoa, alguém que sua mãe jamais aprovaria.

Está rodeado por homens que, assim como o Capitão, encontraram satisfação e felicidade genuína em seus casamentos arranjados. Viu, porém, outros casamentos fracassarem tristemente, e fica imaginando se é possível deixar de lado a música apaixonada do coração. Asra e eu lhe damos conselhos em nossos raros momentos de descontração. Advogamos a livre escolha e apoiamos o casamento por amor. Asra, *La Pasionara*, prega a libertação com tanta veemência, que não me surpreenderia se Dost fugisse. Sentados à mesa de jantar, porém, analisando sua vida, seus amores e seu futuro, acende-se entre nós uma amizade genuína. É como se já nos conhecêssemos há muito tempo, ou talvez não importe há quanto tempo nos conhecemos. Somos amigos, e jamais desapontaríamos um ao outro intencionalmente.

Temos agora duas fotos de Omar Said Xeique em nosso mapa. Uma delas o mostra barbado, magro e ferido numa cama de hospital na Índia, recuperando-se de um tiroteio com o exército indiano. Na outra, está saindo de um carro, no dia de seu casamento. Vestido de branco e com um colar de flores em volta do pescoço, não sorri. Quando me casei, não conseguia parar de sorrir. Sorri durante os três dias que durou nossa festa. Minhas mandíbulas doíam, mas meu sorriso não desaparecia. Examino ainda mais a foto de Omar. Procuro características que o definam como terrorista. Mas, na verdade, ele se parece com os rapazes com quem eu cresci, com a diferença da barba. Penso que realmente é o cúmulo: terroristas que não têm cara de terroristas.

Com artigos e informações fragmentárias enviadas por colegas jornalistas, faço o possível para compor um retrato desse homem. Aos 27 anos, Omar já é uma espécie de mito vivo. Em 2001, um jornal indiano o proclamou "Omar, o Principal Assessor", o que sem dúvida é um exagero, mas dá uma idéia da aura que o circunda.

Sua origem — foi educado principalmente na Inglaterra — contribui muito para sua reputação. Filho de um rico industrial têxtil paquistanês, freqüentou escolas de elite na Inglaterra e no Paquistão; essa combinação de riqueza e instrução faz de Omar o modelo de uma nova geração de terroristas globais que possuem vínculos com o mundo fundamentalista muçulmano e com o Ocidente.

Sua dedicação ao *jihad* muçulmano data de 1993, quando se alistou para uma missão à Bósnia organizada pelo Comboio de Misericórdia, uma associação islâmica de caridade, registrada no Reino Unido. Omar ficou doente na Croácia e não chegou à Bósnia, mas a viagem lhe forneceu o caminho de seu futuro. Numa anotação de abril de 1993 em seu diário, ele escreveu: "Encontrei alguns *mujahidin* indo para a Bósnia, que recomendaram primeiro treinar no Afeganistão. Voltei à Inglaterra com carta de recomendação de Abdur Rauf para a Harkat-ul-Mujahidin. Tentarei voltar à vida acadêmica para preparar-me para os exames. [...] não posso estar quieto. Volto ao Paquistão. Vou ao escritório da Harkat-ul-Mujahidin em Lahore."

O jovem rebelde tinha encontrado sua causa. Os que o conheceram quando menino dizem que não compreendem onde, ou quando, as coisas mudaram para ele. Sua verdadeira natureza parece desconcertar a todos — de vontade forte, porém instável, sempre buscando reconhecimento. Bom em matemática, perito jogador de xadrez e louco por luta livre, inspirado por um filme de Sylvester Stallone, chamado *Over the Top*. Tem sido considerado alternadamente uma pessoa de fala mansa, inteligente, inquieto, irritadiço, temperamental e manipulador. Um funcionário indiano que o interrogou disse ao *New York Times*: "Ele estudava as mentes das pessoas. [...] estudava-as para ver como poderia manipulá-las."

Alistou-se na Harkat-ul-Ansar, passou um ano em treinamento no Afeganistão e entrou oficialmente na guerra santa. Omar tinha 21 anos e havia escolhido sua especialidade: seqüestrar estrangeiros — ocidentais — que poderiam ser vantajosos para o *jihad*, seja com o dinheiro de resgates, seja para a troca por prisioneiros. Com seu sotaque britânico e modos adquiridos nas escolas de elite, tinha condições adequadas para isso.

O diário que mais tarde escreveu na prisão aparece na internet. A letra é caprichada, um tanto infantil em seu desejo de correção. Algumas palavras estão cuidadosamente riscadas, como numa carta de um menino de dez anos. Sobre sua primeira missão, Omar escreveu:

> Shah-Saab me deu as seguintes instruções. Eu deveria ir a lugares de interesse turístico em Délhi e ver se poderia começar a estabelecer amizade com turistas. Nosso novo encontro foi organizado na mesquita de Jamia. No início, achei quase impossível a tarefa da amizade. Como é possível aproximar-se de um estrangeiro e de repente ficarmos amigos? Especialmente quando há uma companheira do sexo feminino com ele e uma

dúzia de vendedores atrás dele. Em nosso encontro na mesquita de Jamia, eu disse a Shah-Saab que a única forma era assaltá-los e raptá-los. Mas ele me instou a continuar a tentar.

Omar acabou por encontrar um alvo — um turista israelense de mais de um metro e oitenta. Um israelense! Ficou tão agitado, que acordou Shah-Saab no meio da noite para contar-lhe.

— Seu idiota! — foi a única resposta. — Você vai fazer com que sejamos todos mortos. Leve-o imediatamente de volta ao hotel e volte amanhã de manhã!

Em 1994, Omar seqüestrou quatro rapazes de mochila às costas, três britânicos e um americano, para trocá-los por militantes islamistas detidos em prisões indianas. Acorrentou suas vítimas e ameaçou decapitá-las, se o governo se recusasse a colaborar. Uma das vítimas recorda que Omar ria quando lhe disse isso. Antes que a troca acontecesse, a polícia indiana recebeu uma denúncia, os reféns foram libertados sem um arranhão e, após um tiroteio e um julgamento, Omar foi jogado em uma prisão indiana.

Na véspera de Natal em 1999, no quinto ano do cativeiro de Omar, o vôo IC-814 da Indian Airlines foi seqüestrado ao decolar de Katmandu, no Nepal, com destino a Nova Délhi. Utilizando horripilantes técnicas de intimidação como as que seriam usadas nos aviões em 11 de setembro, os seqüestradores cortaram a garganta de um passageiro — um jovem em lua-de-mel — e obrigaram os demais, inclusive a noiva, a vê-lo sangrar até morrer.

Fizeram o avião seguir para Kandahar, no Afeganistão, e ali, oito dias depois, trocaram as 178 pessoas a bordo por três militantes presos na Índia, entre eles, Omar Said Xeique e Massud Azhar, fundador da Jaish-e-Mohammed.

Azhar se mantivera discreto na cadeia.

— É contra nossa religião barganhar a vida de inocentes —, teria ele dito a um dos guardas. Mas de volta a seu feudo em Karachi, recuperou a retórica guerreira.

— Não me dêem vivas — disse ele a auditórios entusiasmados. — Não me felicitem por minha libertação. Não façam *slogans* com meu nome. Em vez disso, dêem-me uma guirlanda de sapatos* e escureçam

* Oferecer uma guirlanda feita de sapatos ou colocá-la em alguém, ou em uma estátua, é considerado gravíssimo insulto na Índia. (N. do T.)

meu rosto, porque a Índia ainda será destruída. — Esse é o homem que agora esperamos possa convencer Omar a libertar Danny.

Quanto a Omar, simplesmente desapareceu, evaporou-se. Os arquivos paquistaneses não têm nenhum indício de seu regresso ao país, após a libertação no Afeganistão. Agentes secretos indianos o viram diversas vezes no Paquistão, especialmente em uma livraria em Islamabad.

Continuo imaginando de que forma os seqüestradores fizeram Danny entrar no carro. Ele é um homem cauteloso. Será que o ameaçaram com uma arma? Bateram nele? O Capitão não se preocupa com esse aspecto tanto quanto eu.

— Mariane — diz ele, pacientemente —, Omar Xeique é um *expert*. Danny é quem está sendo seqüestrado pela primeira vez. Omar Xeique já fez isso dez vezes. Há uma diferença. Ele aprendeu com seus próprios erros. É um *expert* nisso. Depois disso, você acha que Danny será seqüestrado novamente? Não, não vai ser.

"Somente com o coração conseguimos enxergar bem. O essencial é invisível para os olhos." Assim diz o Pequeno Príncipe no clássico de Antoine de Saint-Exupéry. Asra comprou o livro não há muito tempo na livraria Paramount, no centro de Karachi, e o tem aberto no colo quando a encontro aninhada no sofá, quase inteiramente coberta com seu xale cinza. Embora o livro esteja aberto, ela não está lendo. "Sente saudades daquele namorado que não vale nada", penso. Asra simplesmente fita de maneira estranha um ponto sem sentido na parede diante dela. Minha amiga, normalmente tão animada, transformou-se numa boneca de trapo — inerte, com os grandes olhos negros abertos.

De repente, compreendo. Ela está entrando em colapso. Aquela expressão nos olhos é a de alguém que está perdendo o juízo. Não podemos ter um colapso agora, e isso é o que digo a ela:

— Sei que é injusto, que você tem direito a ficar deprimida, mas não agora! Está assustada? — pergunto. — Está exausta? Já vieram suas regras?

— Não — diz Asra.

— Não, o quê?

— Não chegaram as regras. Já são três semanas de atraso.

Acho que é loucura demais para ser verdade. Tudo desfila como um filme diante de meus olhos, como deve acontecer no momento de nossa morte: Danny, o *Journal*, o Namorado, Merve e Blink, as acusações contra Asra, Morgantown, mãe solteira.

— Se você estiver grávida, deve ter seu filho — digo. Não sei por que digo isso. Não tenho absolutamente nenhum direito de ser tão afirmativa, pois não terei de suportar as conseqüências de tal decisão, e além disso parece inadequada qualquer discussão sobre o futuro neste momento. Mesmo assim, estou convencida do que disse.

Asra e eu organizamos uma espécie de calendário, procurando identificar as datas de suas relações com o Namorado, sua última menstruação, as épocas de ovulação e quando seria o fim de uma possível gestação. Mas nossas cabeças parecem mergulhadas num pântano de fadiga e ansiedade, e não conseguimos determinar nada com precisão.

Mesmo assim, precisamos saber a verdade, agora que a possibilidade foi ventilada. Já passa da meia-noite e só existe uma farmácia aberta 24 horas em Karachi, mas Asra diz a nossa sentinela que precisamos ir lá imediatamente. Para usar um eufemismo, inicialmente o guarda se mostra relutante, mas Asra começa a falar em urdu sobre hormônios e outros assuntos correlatos e ele acaba cedendo nervosamente. Parece que já não saio de casa há uma eternidade e uma parte de mim se sente ansiosa por respirar o ar além dos portões. Não posso sair, porém. Asra zarpa, acompanhada por dois soldados armados, num jipe decrépito que parece transformar-se numa carruagem mágica.

Na farmácia, os soldados negam privacidade a Asra, mas afastam os olhos enquanto ela examina os *kits* para testes caseiros. Escolhe um e o leva à rua Zamzama, e aqui temos a reposta.

Nossas vidas se tornaram de tal maneira estranhas que tudo parece quase, *quase* lógico. Quase notáveis, doces. Asra Q. Nomani, suposta espiã indiana, deixou-se engravidar por um homem com quem não fala mais, num país onde o sexo ilegal é punível como chicotadas ou morte por apedrejamento. Agora todas as mulheres da casa, inclusive Nasrin, estão grávidas.

— Asra é tão boa amiga — explico a Bussey, — que pensou até em preparar um amiguinho para o meu bebê.

Não precisamos convencer Bussey de que a gravidez é uma novidade bem-vinda. Ele demonstra alegria genuína e, no dia seguinte, traz biscoitos para Asra. A verdade é que fico feliz, porque meu filho terá alguém com quem conversar sobre uma vida intra-uterina movimentada.

❋ ❋ ❋

Estamos cada vez sabendo mais sobre os primeiros dias do seqüestro. Por exemplo, que os três homens presos em 5 de fevereiro foram recrutados por Omar poucos dias antes do seqüestro, em 23 de janeiro. No dia 21, foi Suleiman; no dia seguinte, seu primo, Fahad, o homem do computador, entrou para o grupo. Omar Xeique vinha preparando ciladas para Danny há várias semanas, e precisava apenas dos burros de carga locais para que tudo funcionasse.

Os militantes do *jihad* mantêm listas de candidatos potenciais para atividades da guerra santa. As *madrassas* paquistanesas, aproximadamente 40 mil, segundo estimativas, transbordam de jovens disponíveis, homens que podem não ser capazes de escrever os próprios nomes, mas que recitam capítulos inteiros do livro sagrado durante o sono, e sabem que os Estados Unidos são "o centro do mal".

Certa vez, acompanhei Danny em uma visita a uma *madrassa* da Jaish-e-Mohammed, nos arredores de Karachi. Embora minha cabeça estivesse coberta, tive de ficar escondida no carro. As paredes da *madrassa* estavam repletas de *slogans* e havia lixo por toda parte. Olhando para fora, observei os rapazes — na verdade, meninos, descalços e vestidos de *salwar kamiz* encardidos — entrando na *madrassa.* Era como observá-los entrando em uma instituição de lavagem cerebral. Fiz anotações em meu bloco de repórter, mas a palavra que repeti e grifei várias vezes foi *ASSUSTADOR.*

Quando os campos de treinamento sustentados pelo Talibã ainda existiam no Afeganistão, alguns dos estudantes eram selecionados para programas básicos de instrução nos quais aprendiam a aterrorizar, torturar e matar. O custo de treinamento de uma pessoa é de apenas 20 dólares, ou 50, se calcularmos as armas. Enquanto aprendiam as técnicas terroristas, aprendiam também a jamais questionar a organização, que passaria a ter o controle completo de suas vidas. Quando não estavam nos campos de batalha da Cachemira ou do Afeganistão, eram mandados de volta a suas casas, a fim de comportar-se como "cavalheiros" e granjear o respeito de suas comunidades como "bons muçulmanos", acolhendo-se mutuamente, forjando novos vínculos e procurando novos recrutas.

Este é o mundo dos três homens presos em 5 de fevereiro.

Sied Suleiman Saquib entrou para o *jihad* em outubro de 1998.

— Eu queria ir para a Cachemira, mas a Harkat-ul-Mujahedin me mandou para o Afeganistão — disse ele em seu depoimento, traduzido para o inglês pelos escrivães do tribunal.

Ali, após vários meses nas linhas de frente de Bagram, recebeu tiros de metralhadora no abdômen e foi repatriado para o Paquistão. Sofreu 30 operações cirúrgicas em diversos hospitais e ainda coxeia acentuadamente. Havia estado somente duas vezes com Omar durante os últimos dois anos, ambas nos escritórios da Jaish-e-Mohammed, mas todos os combatentes do *jihad* sabiam quem era Omar Xeique. Adil explicou em seu depoimento:

— Omar é um grande *mujahid*. Veio para cá depois de ser libertado na Índia, eu tinha grande respeito por ele.

Certo dia em janeiro, Suleiman recebeu um telefonema inesperado de Omar.

— Estou indo a Karachi, podemos nos encontrar? — disse ele.

— Respondi: "Pode vir, nos encontraremos amanhã." — contou Suleiman. — No dia seguinte, ele me informou por telefone: "Estou chegando de Islamabad de avião, pode ir ao aeroporto receber-me, e tem algum meio de transporte?" Respondi que não tinha carro, mas, se ele fizesse questão, eu poderia ir de táxi.

Omar desceu no aeroporto de Karachi no dia seguinte, 21 de janeiro. Estava na sala de espera com um homem que apresentou como Naim, quando Suleiman chegou.

— Temos um trabalho a fazer — disse Omar a Suleiman.

Primeiro, Omar e Suleiman tinham de "refrescar-se", e Suleiman os levou à casa de um tio. Dali foram para um restaurante popular de estudantes, onde Omar conversou "reservadamente" com um novo indivíduo. Omar levou o grupo, já acrescido desse indivíduo secreto, a um bairro residencial fechado, chamado Sociedade Muhammad Ali, onde procuraram a casa nº N-D 17. Era uma casa de dois andares com um gramado na frente, onde morava uma tia paterna de Omar.

Na manhã seguinte, 22 de janeiro, mais ou menos quando Danny e eu estávamos partindo para Karachi e nos despedindo do grupo do Chez Soi, Omar novamente chamou Suleiman, que se preparava para ir ao mercado com o primo Fahad. Omar pediu-lhes que fossem encontrá-lo na casa da tia paterna, a caminho do mercado. Ao chegarem, Omar lhes disse:

— Eu tinha um trabalho para vocês, mas pedi a outra pessoa para cuidar dele. Se precisar, chamarei vocês; podem ir ao mercado.

Duas horas depois, Omar chamou Suleiman no celular.

— Compre uma máquina Polaroid para mim — pediu.

Suleiman ponderou que não tinha experiência com essas coisas.

— Isso é simples — disse Omar —. pode ser comprada no mercado de aparelhos eletrônicos.

Foi o que Suleiman e Fahad fizeram. Após interrogar os dois homens, o Capitão ficou sabendo mais coisas. Suleiman "atraiu Fahad com palavras açucaradas — 'Deus escolheu você para prestar um serviço ao Islã', e Fahad aceitou. Por ser perito e professor de computação, achou que não seria apanhado. Quase conseguiu escapar".

Suleiman depôs:

— Depois de sair do trabalho, fui acompanhado por Fahad a Sadder [um bairro de Karachi] e comprei uma câmera Polaroid por 1.500 Rps [rupias] e dois cartuchos de filme para ela, e em seguida fomos ao D/17 [a casa da tia de Omar] para entregar isso a Omar Xeique. Naquele momento, havia mais duas pessoas presentes, das quais uma era Quasim e a outra era Adil, com quem eu já me encontrara uma vez.

Omar, Adil, Suleiman, Fahad e esse novo personagem, Quasim, rezaram juntos, após o que Omar entregou a Suleiman e Fahad textos em duas línguas. Disse que em breve pediria aos dois primos que os mandassem por *e-mail* tanto doméstica quanto internacionalmente, mas que primeiro deveriam esperar por outra "coisa" que deveriam mandar junto com os *e-mails*. Pediu também aos primos que esperassem dois "amigos", que os instruiriam no uso da Polaroid. Os dois amigos apareceram duas horas depois. Suleiman reconheceu um deles como o rapaz que haviam encontrado no restaurante de estudantes.

O depoimento de Fahad Nasim acrescentou maiores detalhes ao relato de Suleiman. Ao ser apresentado a Omar por seu primo, foi-lhe dito que "Este é o homem que foi libertado na Índia junto com Molana Massud Azhar e veio de avião". Quando Fahad disse a Omar que era programador de computadores, ele respondeu:

— Deus está me ajudando! Eu estava procurando a pessoa certa, e aí está ela!

Omar fez diversas perguntas a Fahad: "É possível mandar um filme por *e-mail*? Não? É grande demais? E fotografias? Negativos, não? Mas fotos de Polaroid, sim?".

— Enquanto isso — disse Fahad em seu depoimento —, um homem de barba comprida se juntou a nós na sala em que estávamos. [Era Adil.] O homem sentou-se. Quatro ou cinco minutos depois, chegou outro homem. Seu nome era Quasim. Adil fez o "Imamat" [a chamada para a oração] e todos nós rezamos a "Zuhar" [oração do início da tarde] acompanhando-o. Depois Omar Xeique disse: "Agora vão e me tragam a câmera".

Fahad foi levado ao edifício da Bolsa de Valores de Karachi, onde trocaram dinheiro estrangeiro — ele não sabe de que país — por rupias paquistanesas, e foi assim que compraram a Polaroid. Fahad recebeu ordem de ler as instruções e aprender o funcionamento da câmera.

Ao receber os textos para os *e-mails*, Fahad perguntou de que tratavam.

— Basicamente, Daniel Pearl é judeu e agente americano que trabalha contra os muçulmanos — respondeu Omar. — Se você me ajudar nesta tarefa, Deus Todo-Poderoso vai recompensá-lo, porque é uma grande empresa. E até mesmo você pode participar dessa grande empresa, mandando um *e-mail*.

Fahad quis saber o que ia acontecer a Danny, e Omar respondeu:

— Faça o que lhe mando fazer, nada mais. E não faça mais perguntas. Isso pode lhe criar grandes problemas.

Omar saiu de Karachi para Lahore no fim da tarde do dia 23, enquanto Danny se dirigia a seu compromisso no restaurante Village. No dia seguinte, Fahad foi convocado a um hotel chamado Nau Bahar. Mandaram-no comprar um *scanner* e levá-lo consigo. Ao entregar o *scanner*, Fahad presenciou mais um desdobramento desse processo multifacetado: outro homem, que ele nunca havia visto, entrou no hotel, entregou um envelope a mais outro homem, que o levou a um banheiro, aparentemente para verificar seu conteúdo.

No dia 26 de janeiro, Fahad foi levado a um cybercafé onde lhe entregaram um disquete; ali recebeu ordem de expedir as mensagens e seus anexos a uma lista de destinatários. O computador naquele café era muito lento, e procuraram outro café, que desta vez deu certo.

(Quanto mais fico conhecendo o processo do seqüestro, mais indignada fico. Muitas pessoas poderiam tê-lo detido, ou impedi-lo, ou ter deixado escapar alguma informação. Um homem secreto, outro homem secreto... o homem do aeroporto... o homem do banheiro do hotel...)

Depois de alguns dias, todo o processo de expedição de *e-mails* se repetiu com mais duas fotografias. Mas antes que Fahad e Suleiman mandassem o segundo *e-mail*, Omar telefonou e mandou-os modificar o texto, mantendo esta frase-chave: "Interrogamos o Sr. D. Parl e chegamos à conclusão de que, ao contrário do que pensamos anteriormente, ele não trabalha para a cia." Originalmente, o que vinha em seguida era "e portanto vamos libertá-lo". Mas Omar quis substituir por "na verdade ele trabalha para o mossad. portanto, vamos executá-lo em 24 horas a menos que a américa satisfaça nossas exigências".

Os primos cumpriram as ordens de Omar, mas Fahad resolveu poupar tempo e, "embora me tivessem instruído a não o fazer", mandou os *e-mails* de seu alojamento no prédio de estudantes onde mais tarde o Capitão o prenderia.

A segunda transmissão de *e-mail* foi o fim da participação de Fahad, o perito em computação dos seqüestradores. Quando chegou o momento de assinar seu depoimento no tribunal, ele aparentemente não sabia fazê-lo, e assinou com a impressão do polegar.

Outro depoimento. "Nome do acusado: Xeique Mohammad Adil."

Não somente Adil é policial, mas pertence ao mesmo ramo de inteligência de Dost. Aí terminam as semelhanças e, embora Adil haja trabalhado na polícia durante dez anos, não conseguiu subir muito na hierarquia. Em 1999, tirou uma licença de dois anos sem vencimentos e foi ser *mujahidin*. A Harkat-ul-Mujahidin o enviou a Kandahar, no Afeganistão, e depois à Cachemira. Durante seu treinamento como terrorista no Afeganistão, ele conheceu Omar, nas linhas de frente de Bagram.

A experiência de Adil em Karachi foi semelhante à de Suleiman: conheceu Omar, que estava com um homem desconhecido e barbudo; esteve com ele e com mais alguns desconhecidos barbudos. Em 22 de janeiro, Omar levou Adil a uma reunião sob a ponte Baloch. Dois homens esperavam Omar num Toyota Corolla branco. O que estava no banco do passageiro à frente desceu para que Omar entrasse no carro. Nesse ponto, Adil recebeu instruções para ir rezar na mesquita Sabil Wali, no bairro de Grumandar.

— Nós encontraremos você lá — disse-lhe um dos homens.

Adil se afastou e foi rezar, e mais tarde recebeu um envelope dos dois homens que estavam no Corolla branco, agora estacionado diante da mesquita. Encontrou Suleiman e Fahad e entregou o envelope a

Suleiman. Poucos dias depois, fez uma segunda entrega, porém agora passara a ter graves reservas, como fez questão de dizer no depoimento.

— Abri os dois envelopes e vi que continham as fotos do jornalista americano. Antes disso eu não tinha conhecimento de que estivesse envolvido em violência contra o jornalista americano Daniel Pearl, devido às astuciosas técnicas de Omar Said Xeique. Na verdade, Omar Said Xeique me manteve em ignorância e me utilizou de maneira malévola para seus objetivos, sem que eu tivesse conhecimento, embora eu o respeitasse em meu coração. Não estou contente com as ações de Omar Xeique. Penso que não foi honesto e minha consciência está contra mim. Omar Xeique me usou traiçoeiramente para seus próprios fins.

O Corão é muito claro: É errado prejudicar os inocentes. Atrevo-me a pensar que Adil poderia salvar Danny em nome do Corão.

— Hummm — faz o Capitão, dubitativamente. — Adil foi treinado no Afeganistão. É um terrorista fundamentalista.

— Há alguma possibilidade de que sua fé o leve ao arrependimento? — pergunto. O Capitão acende outro cigarro.

Um homem gorducho e jovial aparece à porta, trazendo uma bolsa com temperos, um avental e um livro de receitas internacionais. É Yussuf, o cozinheiro-chefe de John Bauman. O cônsul dos Estados Unidos, excepcionalmente atencioso, achou que já é tempo de passarmos além do *biryani* de frango do hotel Sheraton, e por isso nos empresta Yussuf para o restante de nossa estada. Com seu bigode ao estilo de Einstein, o cozinheiro parece uma figura ideal de avozinho, o que se revela errônea presunção. Vir ficar conosco representa para Yussuf um grande sacrifício, de maneira que ele não está nada contente com a tarefa. Mesmo assim, apresenta-se orgulhosamente. Estudou gastronomia em Londres e Paris; cozinha somente para os grandes homens deste mundo, ou pelo menos os do seu mundo.

Sem avaliar bem a dádiva que recebemos, Asra e eu vagamente apontamos a direção da cozinha para Yussuf. Após detido exame do ambiente, abrindo armários e gavetas com ar de consternação, Yussuf-le-chef trata de reaparelhar a cozinha, comprando um sortimento de panelas, facas de pão, facas para peixe e outras facas para sobremesas.

Com grandes suspiros, prepara comidas principescas em meio à indiferença geral. Chega a hora de comer e nossa equipe, exausta, encontra a mesa de jantar posta com perfeição. Os talheres são apresentados à maneira européia, com o garfo à esquerda, a faca à direita. Guardanapos de um branco imaculado estão dobrados como acordeões, dentro dos copos. Jantamos sopa de pepinos com hortelã, peru recheado, torta de limão com cardamomo. Lambendo as feridas de sua dignidade, Yussuf aceita nossos elogios com graça e uma pitada de soberba.

Certo dia, quase perdemos nosso *chef*. Ele resolve nos assombrar com um caranguejo em molho branco, mas o prato tem aparência tão estranha, que ninguém ousa tocá-lo, com exceção de Steve. Eu tenho uma boa desculpa: estou grávida. Asra também, e Bussey se preocupa demasiadamente com a higiene para que se aproxime daquelas coisas. Quase em lágrimas e revoltado com tanta ingratidão, Yussuf está disposto a ir-se embora correndo. Procurando demovê-lo, Steve aceita repetir o prato. Bussey aplaca Yussuf mostrando que ele teve um sucesso notável ao contentar a dois judeus (Bussey e Steve), uma muçulmana (Asra), uma budista (eu) e um cristão (o próprio Yussuf). Isso parece devolver a tranqüilidade ao cozinheiro.

Yussuf é cristão muito devoto, membro da minoria de 13 por cento existente no Paquistão. Enquanto cozinha, fala obsessivamente em Deus e reza constantemente. Faz orações para que Deus nos ajude a encontrar Danny.

De repente, acontece. Omar Xeique se entrega próximo à aldeia no Punjab onde nasceu seu pai. Voltando a Karachi algemado e com a cabeça coberta, diz ao Capitão: "Danny está vivo", mas não quer, ou não pode, dizer onde ele está.

A fim de aliviar minhas frustrações, o Capitão faz o possível para manter-me informada do que ocorre no centro dos interrogatórios. Mesmo numa cela cujas paredes têm marcas de umidade, suja e cheia de ratos, Omar parece conservar a autoridade. Os guardas da prisão não se aproximam dele, temerosos de que ele os acuse de maus-tratos e os torne alvo de retaliações. Embora não seja um grande pregador, Omar invoca Alá e os ameaça. O Capitão se recusa a intimidar-se.

— Essa pessoa é minha inimiga — diz-me. — Eu disse a ele: "Vamos ver se sua organização é capaz de fazer alguma coisa. Para mim, você é um criminoso comum e será tratado como tal." Sem diferenças. Sem instalações especiais. Sem respeito.

Omar afirma haver seqüestrado Danny, "a fim de dar uma lição aos Estados Unidos. Certo ou errado", diz ele, "fiz isso porque não acho que o Paquistão deva ficar ajudando os Estados Unidos."

Proponho-me a falar com Omar, mas o Capitão diz, rapidamente:

— Deixe-o conosco. Cuidaremos dele. Estamos preparados.

Com a mesma rapidez, respondo:

— Eu também — e me sinto agradecida ao ver o Capitão assentir com a cabeça, como para me dizer: "Eu sei que está."

Segundo o Capitão, há diversos estágios em qualquer investigação. No começo, "quando estamos procurando um criminoso, geramos ódio contra ele. E a cada dia o ódio — ou, melhor dito, a *animosidade* — aumenta, e se torna mais pessoal".

O Capitão sabe perfeitamente que "não é digno de um agente policial comportar-se de forma vingativa, ou com animosidade e ódio". Sabe que é importante "sobrepujar o ódio e resistir a ele". Mas sabe também que os policiais são seres humanos.

— Nos filmes, na TV, às vezes a polícia está perseguindo um criminoso em um carro a toda velocidade, durante dez, 15 quilômetros, e o bandido passa de 140, 160, e de repente conseguem pará-lo. E sabe o que fazem, então? Somente o tiram do carro e dão-lhe uma surra.

— Porém — acrescenta o Capitão —, depois que o policial o leva para o distrito e faz a ficha, e já se passaram dois ou três dias, será que ainda tem raiva? Não. O policial já está calmo. Sabe que prendeu o criminoso e que ele ficará atrás das grades, talvez a vida inteira. E aí começa o estágio em que realmente se inicia a investigação do criminoso.

Felizmente Omar apareceu a tempo da esperada reunião de Musharraf na Casa Branca. Seria embaraçoso para o presidente do Paquistão não ter boas notícias para dar a Bush ou à imprensa americana. Ele diz aos repórteres que, com base nas declarações de Omar Xeique, tem "razoável certeza" de que Danny está vivo e que "estamos tão perto quanto possível de sua libertação", como se isso significasse alguma coisa. Mesmo assim, Musharraf não se contém e revela suspeitas. Danny foi "se envolvendo demais nas coisas que estava fazendo, se aproximando muito dos extremistas", diz ele. Diz também que "essas coisas são previsíveis". Oh, meu Deus, penso, nós somos efeitos colaterais.

Vai ser difícil fazer Omar falar. John Bauman o descreve como "um jovem frio e duro"; é "um desses terroristas que podem levar outros a suicidar-se", diz o Capitão. As equipes americana e paquistanesa se revezam passando as noites com ele, mantendo-o acordado com baldes de água fria.

Sinto-me numa montanha-russa emocional e isso me faz mal, mas o Capitão está otimista.

— Não existe forma de avaliar com exatidão o coração humano e saber se está dizendo a verdade ou não. Mas um policial experiente desenvolve a capacidade de ler mentes, expressões e linguagem corporal. Sem querer, os policiais se tornam psicólogos. Não aprendem isso nos livros e sim pela experiência. E aprendem a conhecer, em três ou quatro dias, as fraquezas de uma pessoa, e a maneira de explorá-las.

Um tênue sorriso de orgulho suaviza as linhas de tensão nas feições do Capitão.

— Esse camarada, por exemplo, tem um fraco pelo filho. Isso é uma coisa que eu posso explorar. Vou falar sobre o filho, que idade tem, se parece com o pai ou com a mãe, essas coisas. Conversa boba, nada a ver com o caso. Mas enquanto ele se descontrai, posso levá-lo na direção que quero. E talvez ele comece a chorar, sinta falta do filho... Nesse ponto a maioria das pessoas não diz mentiras. Ou então podemos falar de religião. Também posso explorar isso. Quando estamos diante de Deus, estamos rezando e prometendo que seremos boas pessoas, e nesse instante não se pode mentir. Quando estamos diante de Deus, temos um certo receio de que ele saiba o que estamos fazendo, não é verdade?

Durante vários dias, o Capitão conversa com Omar sobre o filho dele, a família e religião, intercalando esses assuntos com o seqüestro, seqüestros anteriores e atividades do *jihad*. Toma notas constantemente. Omar comporta-se bem, isto é, é coerente no que diz e nas informações que está disposto a dar. Periodicamente vinha um perito polígrafo, e Omar se dá bem também nesses testes, como psicopata frio que é. Porém, três ou quatro dias depois, exausto, Omar escorrega, e o Capitão o apanha em uma mentira. Coisa pequena, que tinha a ver com uma chamada telefônica que ele teria ou não teria feito. Mesmo assim, fornece ao Capitão a munição de que ele necessita.

O Capitão se faz de chocado.

— Eu disse: "Considerava você muçulmano, e pensava que fosse um bom muçulmano, mas você é um mentiroso. Como posso acreditar no que você diz? Não acredito. Você é mentiroso."

Omar fica calado durante alguns minutos e depois pergunta se poderia fazer suas orações. O Capitão diz:

— Por que não?

Ele responde:

— Preciso do Corão.

— Dei o Corão a ele, tirei as algemas e as correntes que o prendiam, até deixei que tomasse banho e mudasse as roupas. Ele rezou. Recitou o Corão. Depois gritou, me chamando. Estava na cela. Gritou: "Digam ao Capitão que quero vê-lo agora!".

O Capitão recusa-se a ir até lá, dizendo que Omar deveria vir a seu gabinete.

— Recebi-o, mandei que se sentasse em uma cadeira, ofereci uma xícara de chá. "Quer me dizer alguma coisa?", perguntei.

Omar diz ao Capitão que realmente havia mentido anteriormente, mas que dali em diante diria a verdade. Fornece pequenas informações fragmentárias, porém importantíssimas, alguns codinomes, algumas datas. E diz que havia estado preso desde 5 de fevereiro.

Cinco de fevereiro. Fora a noite em que o Capitão prendera Fahad, que o levara a Suleiman, e este a Adil. A noite em que o Capitão localizara Omar e o chamara do celular de Adil na casa da tia de Omar. A noite em que tínhamos pensado que Omar escapara da polícia e fugira, sem deixar rastros, para as terras tribais.

Mas isso não tinha acontecido. Ele se entregara ao brigadeiro reformado Ejaz Shah, secretário do Interior do estado do Punjab, distrito de onde provém o pai de Omar, o rico industrial têxtil. O brigadeiro Shah, ex-oficial da ISI, demonstrou absoluto desprezo pela lei, pela justiça, pelo presidente Musharraf, pelos Estados Unidos e por mim. Manteve em segredo a detenção de Omar, de 5 a 12 de fevereiro.

O Capitão não soube, nem o FBI — será que não?

O ISI saberia? Tinha de saber. Mas teriam permitido a detenção de Omar para obter dele alguma informação? Haveria informações que não quisessem que fossem reveladas? Estariam fazendo algum tipo de barganha com ele — "fique um pouco na cadeia e depois cuidaremos de soltá-lo"? Ou estariam apenas aproveitando o tempo para apagar as pistas que levariam a eles próprios?

O Capitão procura esconder a profunda tristeza e indignação, mas não consegue. Lamenta por mim, por ter sido impedido de buscar a verdade e por seu país. Acima de tudo, o Capitão é um paquistanês patriota. Mesmo assim, há coisas que ele não pode comentar abertamente, e acabei por compreender e respeitar o fato de que ele não pode fazer comentários sobre o ISI comigo.

— Mariane — diz ele —, se você perguntar quem deteve Omar ou o motivo pelo qual foi detido, eu não sei. Sou muito, muito honesto quanto a isso. Não sei mesmo.

Aqui na varanda, usando as linhas de internet roubadas dos vizinhos, esforço-me por juntar as peças conhecidas do quebra-cabeça. Tive de entender — todos tivemos de entender — que embora Omar tenha sido nosso alvo original, na verdade ele era somente um elo de uma cadeia incrivelmente complexa. Claro, ele é competente em sua atividade malévola, mas em última análise é um instrumento. Mas de quem? Fica claro que Omar não sabe onde está Danny. Esse papel jamais foi seu. Ele foi a isca; os seqüestradores são outros. Quem pertencerá a esse grupo? Omar forneceu o nome de um intermediário, que tinha contato com a célula de Omar e com a equipe do seqüestro. Isso é um começo. Mas quem supervisiona tudo? Quem puxa os fios?

Penso em coisas como esta: Quem disse a Omar que Danny é judeu? Quem tinha essa informação?

Na internet, o fluxo de informações é constante. Assombro-me ao descobrir que há muita coisa sobre Omar e suas ligações aparentes, tanto com a Al Qaeda quanto com o ISI. Leio que a embaixada dos Estados Unidos em Islamabad pediu ao governo paquistanês que entregasse Omar em 21 de janeiro — dois dias *antes* do seqüestro de Danny. O motivo da solicitação foi que no seqüestro de 1994 havia um cidadão norte-americano. Mas parece-me claro que as autoridades dos Estados Unidos pretendiam prosseguir num caminho muito mais inquietante. Leio uma reportagem datada de outubro que informa ter o FBI encontrado "vínculos fidedignos" entre Omar Said Xeique e o então diretor do ISI, tenente-general Mahmud Ahmed. Alegava-se que fora Ahmed quem instruíra Omar para mandar os 100 mil dólares a Mohammed Atta.

Leio também que essa revelação acarretou a demissão de Ahmed da direção do ISI, decidida pelo presidente Musharraf em 7 de outubro de 2001.

Assim, Omar parece ter estado ligado tanto com o diretor do ISI quanto com a Al Qaeda. Entregou-se a outro ex-funcionário do ISI que o manteve detido durante uma semana, até a véspera do dia em que Musharraf se encontrou com o presidente Bush. O tempo exato para que Musharraf aparecesse diante de Bush e da imprensa americana e declarasse, ao revelar a "prisão" de Omar Xeique: "Estamos tão perto quanto possível da libertação [de Danny]."

Em meu cérebro, as perguntas dançam como uma bola de pingue-pongue enlouquecida. Não apenas se desvanecem as distinções entre o bem e o mal, as organizações governamentais e as terroristas: parecem ser faces da mesma moeda.

Musharraf sabia que Omar estava detido? Seria possível que não soubesse? E a CIA (só Deus sabe sua posição nesse jogo), saberia? Quem estará envolvido, entre os amigos de Omar, ex-funcionários do ISI, e até que ponto? E o brigadeiro Abdulla, responsável pela célula do ISI na Cachemira, até ser demitido por Musharraf durante as recentes limpezas na organização, estaria também envolvido? Será que trabalha para Osama bin Laden? Que teria sido prometido a Omar em troca de sua prisão?

Após vários dias de interrogatório, Omar é levado ao tribunal, onde se vangloria de ter executado o seqüestro "por minha livre e espontânea vontade". Mas espanta a todos ao mudar parte de seu relato. Quando o Capitão o vira pela primeira vez, o terrorista dissera: "Danny está vivo, está bem." Agora, diz: "Tanto quanto sei, está morto."

Perguntado por que motivo tem essa convicção, Omar fala de palavras em código usadas pelos seqüestradores entre si. Diz que em 5 de fevereiro telefonou a seus asseclas para dizer-lhes que soltassem Danny: "Entreguem o paciente ao médico." Mas era tarde demais: "Papai faleceu", foi a resposta, segundo diz ele. "Fizemos os exames, inclusive raios X e autópsia."

Que psicopata, dizemos nós, uns aos outros. Que mentiroso. São todos psicopatas e mentirosos. Não há motivo para crer mais nessa afirmação do que na anterior.

Mesmo assim, não consigo respirar.

Capítulo 10

UM ESPESSO NEVOEIRO parece ter-se abatido sobre a casa, envolvendo-a completamente. Caminhamos pelos cômodos nas pontas dos pés, perdidos em nossos próprios pensamentos. Ninguém sabe para onde ir, muito menos o que dizer ou pensar. As batidas policiais noturnas continuam, mas nesta casa, antes cheia de gente dia e noite, somente há agora longas horas de um silêncio angustiante. John Bauman faz relatórios diários a Bussey e Steve, o Capitão vem visitar-me regularmente, mas, se alguma coisa está acontecendo, é longe dali. Na maior parte do tempo, recolho-me a meu santuário e rezo. Esta casa é o último lugar em que Danny e eu estivemos juntos. Deixá-la algum dia é quase inimaginável para mim.

Isso é o que Bussey quer que eu faça. Insiste em que eu me concentre na gravidez, em vez de em Danny.

— Para a saúde do bebê, você precisa fazer exercício — resolve ele, e organiza caminhadas para mim e Asra no Parque Zamzama, a poucas quadras de nossa comunidade fechada.

Não há calçadas, e por isso caminhamos em fila indiana pela rua com dois guardas armados à frente e dois atrás; parecemos sentenciadas sendo levadas para nova penitenciária. No caminho, passamos por uma *madrassa*, em frente à qual um homem idoso grita com estudantes que o provocam. Um de nossos guardas se detém para intervir, mas alguma coisa o interrompe e continuamos a caminhar. Ao chegarmos ao Parque Zamzama, não se permite a nossos guardas entrarem armados, e o parque, bem projetado pelas filhas de Musharraf, tem cheiro de esgoto que vem das ruas vizinhas.

Sinto-me tonta. Levam-me de volta à casa.

Bussey e Steve acham que massagens no Sheraton fariam bem a mim e a Asra. Ao entrarmos, o diretor de segurança corre a nosso encontro e balbucia:

— Meu instinto me diz que ele está vivo.

Não estou interessada em seu instinto. Entro de volta no carro, e aqui estou outra vez, em casa.

Inconcebivelmente, as horas ficam ainda mais longas. Não me permito chorar, mas me sinto como uma represa prestes a ser avassalada pela torrente das lágrimas que venho contendo. Para me defender, busco na memória momentos que possam me ajudar. Penso nas dificuldades que Danny e eu enfrentamos, sua maneira pragmática de lidar com os problemas. Recordo um livro que eu adorava quando mocinha, *The Loneliness of the Long-Distance Runner* [A Solidão do Corredor de Longa Distância], que tratava de uma corrida de resistência e do interminável monólogo interior que fazia o atleta continuar a correr.

Asra e eu estamos deitadas no sofá do escritório, quando meu celular toca. Usamos esse telefone há uma semana para mandar uma mensagem escrita ao número de Danny: "Danny, nós te amamos."

Asra olha a pequena tela iluminada do aparelho. "Danny" é o que está escrito. Ela abre o telefone.

— Alô?

— Passe à mulher de Daniel Pearl — diz uma voz áspera, em urdu.

Nessa língua, as pessoas tendem a falar em dois tons: obsequioso ou rude. A voz usa este último.

— Quero falar com ela.

— *OK* — diz cautelosamente Asra, percebendo que quem está chamando tem relação com os seqüestradores.

— Vou passar a ela, mas saiba que ela não fala urdu.

O homem aparentemente dirige-se a outra pessoa.

— Ela não fala urdu — diz ele. Em seguida, desliga.

— Ó, meu Deus! Que fiz? Eles desligaram! — exclama Asra, com voz histérica.

— Cale-se — digo. — Deixe-me pensar.

— Não, não, tudo bem. Eles estão fazendo contato — diz Randall quando lhe contamos, como se essa novidade oferecesse alguma luz nessa escuridão cada vez mais negra. É difícil concordar. Nada faz sentido. Se

Danny ainda está vivo, por que não vieram mais *e-mails*, mais exigências? E se Danny está morto, por que seus assassinos não se mostram orgulhosos?

O Capitão aparece e me diz que seu assistente também recebeu uma chamada do telefone de Danny. A pessoa que chamou jurou que os seqüestradores matariam a mulher e os três filhos do assistente, e em seguida desligou. Agora os misteriosos telefonemas parecem menos estranhos. Falando em urdu, não chamaram para fazer contato, e sim para ameaçar.

Vinte e um de fevereiro. Estou em meu oratório. Asra, sentada a meu lado, sente-se deprimida, porque o ex-Namorado não apareceu para uma das conversas periódicas entre os dois, embora tenha dito que viria antes das nove da noite. Desanimada, ela desce e conversa com Steve sobre sua desilusão com os homens, quando Bussey entra na sala, agitado, arrancando o fone do ouvido e guardando no bolso o aparelho.

— Temos de ir — diz Bussey a Steve. Fala muito depressa.

Steve tenta argumentar que Asra necessita de atenção, mas Bussey diz apenas:

— Não posso esperar — e desaparece.

Algo errado aconteceu. Sinto isso. Desço e Asra conta que os dois saíram correndo. Isso não é bom — por que saíram sem nós?

— Chame-os, chame-os — digo, e Asra tenta todos os números que sabe, mas ninguém responde. Finalmente consegue achar Randall. Fala agressivamente:

— Ei, o que está acontecendo? Não pode nos deixar de fora.

Ele grita:

— Quer que eu conte a ela por telefone? — e desliga.

— Contar o quê? — Minhas mãos tremem tanto, que não consigo amarrar os laços de minhas botas.

— Vamos sair daqui — digo.

Não sei para onde ir — ao consulado? — mas preciso sair e encontrá-los. Asra liga para o Eurocar pedindo um veículo, mas então os homens aparecem na porta, primeiro Bussey, depois o Capitão, Dost, John Bauman, Steve, Randall e um outro que não conheço. É tarde, e todos têm uma aparência espectral na noite escura. O rosto de Bussey está pálido como cera.

Entram em fila na sala.

— Ele não conseguiu — diz ele. — Temos a prova.

Empurro-o para um lado; preciso chegar perto do Capitão, cujo rosto tomou um horrível tom marrom-amarelado. Quando olho para ele, vejo que está chorando.

— Sou um ser humano — ele me diria mais tarde. — Não conseguia controlar minha dor. Sabia o que você esperava de mim. Eu tinha prometido isso a você, e não pude manter minha palavra.

Saio de perto do Capitão e passo adiante do grupo petrificado, dizendo:

— Deixem-me só.

Dirijo-me a meu quarto. Bato a porta e grito com todas as forças. Nunca havia gritado assim antes. Sinto que estou gritando, mas o som que emito é alheio, como se tudo estivesse saindo de mim. Pareço um animal apanhado numa armadilha que lhe esmaga os ossos.

Asra se agacha do lado de fora da porta, recitando uma prece muçulmana de proteção.

Entro no banheiro e bato a cabeça na parede. Ouço vozes no corredor, murmúrios frenéticos, procurando decidir o que fazer. Meu Deus, eles me sufocam. Abro a porta de um golpe.

— *Parem com isso!*

De repente, penso: por que tenho de acreditar neles? Não creio que seja verdade. Não é possível. Puxo o Capitão para o sofá e me sento a seu lado.

— Como sabe que ele está morto? — pergunto, com esperança, ou talvez desespero.

— Há um vídeo.

Ora, isso eu conheço. Sou cineasta. Por isso, digo:

— Oh, Capitão, é isso? Não se preocupe. É muito fácil fingir um assassinato em filme. Qualquer um pode fazer isso. É uma montagem...

— Mariane — diz ele —, Danny está morto.

Sua voz é cheia de dor e rouca, como se cada sílaba saísse dolorosamente lá do fundo.

— Agora é você, seu dever é continuar a missão dele.

Por que sua voz tomou de repente esse tom severo? Fico olhando para ele, incapaz de compreender o que está dizendo.

— Mariane, você tem de aceitar o fato de que ele está morto.

Resisto, e o Capitão repete várias vezes o que disse.

— Aceite, ele morreu. Aceite, ele morreu. Aceite. Ele morreu. — O Capitão precisa me vencer.

— Por que tem tanta certeza de que ele morreu? — desta vez dirijo a pergunta a John Bauman.

— Eles tinham uma faca, e a usaram de uma forma que não deixa dúvidas...

— Que quer dizer isso, "que não deixa dúvidas"? — eu o desafio.

— Ele foi decapitado.

Estão todos chorando, cada um deles, toda a equipe. Choram como homens. Sem soluços, sem lágrimas escorrendo pelo rosto. Mas os olhos dançam nas fisionomias arrasadas. Não sei se choram por mim, porque me recuso a aceitar que tenha perdido meu marido de uma forma que ninguém tem coragem de descrever, ou se choram por Danny e pelo que ele sofreu.

— Vocês todos viram esse vídeo? — Olhando para eles, sei a resposta sem que precisem falar.

Asra se inflama.

— Mostrem a mim. Quero ver!

— Pare com isso — exclamo. — Não quero ver, e também não quero que ela veja.

O Capitão me abraça, fortemente. Ele e eu estamos tremendo. Muito devagar, ele começa a descrever-me o que aconteceu com Danny.

— Quem é essa pessoa nova? — pergunta Asra a Randall, mostrando o desconhecido sentado na sala.

— Um médico para Mariane.

— Mande-o embora. Não queremos gente estranha agora — diz ela.

Mais tarde, estou sentada na ponta do sofá, de cabeça erguida, ereta, como se estivesse preparada para a partida de uma corrida. Bussey está a meu lado. Ainda está pálido como uma toalha branca, mas estou contente em tê-lo aqui.

— Não sei o que vou fazer — digo.

— Não se apresse. Vá passo a passo, pouco a pouco — responde Bussey.

Mas não é isso o que quero dizer. Na verdade, estou resolvendo se quero ou não ir para o lugar onde Danny esteja, seja onde for. Como é possível explicar a John Bussey uma coisa dessas?

— É como Romeu e Julieta — digo. — Não se pode separá-los. De outra forma, não existiria Shakespeare.

Silêncio.

Resolvo ser mais direta:

— Nada me assusta mais agora. Nem sequer tenho medo de morrer.

Os olhos de Bussey, já muito abertos, se arregalam mais. Minha morte é a última coisa de que ele precisa.

Tenho a estranha sensação de que sou duas pessoas ao mesmo tempo. Uma observa a conversa, enquanto a outra fala. Tudo é anormal, especialmente essa extrema calma que se apoderou de mim. Procuro explicar a Bussey que, se eu resolver morrer, será sem amargura. Sei que fiz tudo o que me era possível e, portanto, meu adeus será digno. Farei uma reverência à vida como uma atriz que, havendo dito sua fala, se inclina diante da platéia e se retira de cena. Digo a Bussey que essa decisão nada tem a ver com ele, é inteiramente minha. Decidirei se quero viver ou morrer, mas não posso permitir-me ficar entre as duas coisas. Não quero passar pela vida como um fantasma.

— Você acha que dessa maneira encontrará Danny? — pergunta Bussey.

Minha mente vagueia por todas as teorias disponíveis sobre o além. É como se essa questão metafísica se tornasse tão real quanto o ar que respiramos. O budismo ensina que a vida é um ciclo eterno sem começo nem fim. Recordo a metáfora: "Nossas vidas individuais são como ondas produzidas pelo grande oceano que é o universo. Quando uma onda emerge, eis a vida, quando se abate, é a morte. Esse ritmo se repete eternamente."

Finalmente respondo a Bussey.

— Não, acho que não.

Bussey parece aliviado, mas eu me sinto em pânico, porque nunca tinha pensado que poderia vir a ficar sozinha. Na minha cabeça, acontecesse o que acontecesse, Danny e eu estaríamos juntos para sempre.

Randall e todos os outros saem para procurar os assassinos. Corro atrás deles. Tiro um AK-47 dos braços de um dos guardas e declaro a Randall:

— Vou com vocês!

— Você não pode ir — diz Randall. — É muito perigoso.

— Dane-se! Não estou preocupada com o perigo!

Os olhos de Randall se enchem de lágrimas novamente.

— Mariane, por favor.

Entrego a arma ao guarda e volto a meu quarto.

O Capitão fica comigo. Toma minhas mãos e me fala da filhinha que perdeu.

— Vai ser muito difícil para você — diz ele. — Vai ser uma terrível provação. Mas você vai vencer, porque é valente, porque é guerreira, você vai vencer.

— Vou lhe dizer mais uma coisa — diz o Capitão. — Estarei sempre aqui à sua disposição.

Não sei quando nem como adormeço. Simplesmente desabo. Ao acordar, na madrugada seguinte, estou sozinha em nossa cama. Meu corpo se curva, pronto para a posição da "colher". Então, ouço a chuva. Desde que chegamos, não havia chovido nem uma vez. Mas agora cai um aguaceiro, como se uma cisterna celeste transbordasse. A chuva continuaria o dia inteiro, até mesmo quando timidamente aparece o sol.

Chamo meu irmão mais velho, Satchi, em Paris.

— Acabou-se — digo. Satchi reage como eu:

— Não, não podemos desistir, não é verdade. Tudo o que precisamos é que o mundo inteiro cante conosco.

Em todo o mundo, os budistas vêm entoando cânticos por nós. A maioria pertence à organização budista leiga Soka Gakkai Internacional. A SGI é uma rede de pessoas ao mesmo tempo extraordinárias e comuns, chefiada por Daisaku Ikeda, um lutador pela paz. Os membros da organização começaram a cantar por nós espontaneamente há algumas semanas, e em pouco tempo — como numa corrida de revezamento em que se entrega o bastão ao atleta seguinte — fizeram questão de assegurar que durante 24 horas por dia, através de todos os fusos horários, houvesse alguém entoando cânticos por nós.

Durante um momento contemplo o mundo através dos olhos de Satchi, e digito uma mensagem: "Continue. Continue cantando por Danny." Mas ao apertar o botão para transmitir, compreendo que tudo está acabado. É hora de informar o resto do mundo que Danny está morto.

Minha adorada mãe tinha terror da morte. Quando compreendemos que ela iria morrer de câncer, percebi que tinha de ajudá-la a vencer seu medo. Mas ao vê-la enfrentar essa travessia que somente pode ser feita a sós, percebi também que não poderia acalmar seus receios a menos que também vencesse os meus.

Ela morreu exatamente um mês antes de meu casamento com Danny. Estávamos junto dela, Danny, Satchi e eu, quando a vida abandonou seu corpo. Deu um rápido suspiro final, quase como uma expressão de alívio, e senti minha própria energia subir com ela. Olhei para ela, admirada por eu ainda estar viva. Olhei para o teto, imaginando minha mãe flutuando em algum lugar sobre nossas cabeças, e sua grande surpresa ao nos ver a todos reunidos em redor de seu corpo vazio. Sorri, sob os olhares preocupados das enfermeiras que haviam corrido para o quarto, e beijei os lábios de minha mãe, ainda mornos.

Poucas semanas depois do falecimento de Marita, descobri que minha mãe não deixara posses materiais. Nenhum móvel, nenhum testamento, nenhuma propriedade; somente um desejo. Encontrei-o num caderno escolar em que ela havia escrito, ao destruir seus diários anteriores: "Meu monólogo durou tempo suficiente." O resto do caderno estava em branco, exceto uma página, escrita em espanhol, que imediatamente traduzi para Danny: "Tenho de ir a Santiago [de Cuba]. Tenho de encontrar alguém lá. Quem? Não sei... Pode ser uma mulher ou um homem. Talvez uma criança ou uma paisagem. Uma rua? Uma árvore ou uma montanha. Seja como for, hoje tive a convicção de que lá encontrarei o que me falta para ser feliz.Talvez seja uma canção, ou talvez seja apenas 'la casa de la nueva trova' com meus amiguinhos músicos negros que começaram a se interessar tanto pelas notas de dólar."

Um mês depois, estávamos prontos a seguir para o aeroporto — Danny, minha mãe em sua urna e eu. Minha mãe estava dentro de uma caixa metálica azul que tinha uma tampa elegante, selada com um anel de ferro. Inicialmente, Danny e eu estávamos assustados, sem saber como nos relacionarmos com essa nova versão de Marita. Danny rompeu o gelo. Colocou a caixa em cima de minha escrivaninha e começou a explicar a ela que nós três em breve chegaríamos a Santiago de Cuba, onde espalharíamos suas cinzas na primeira manhã do novo milênio. Falava com ela como se fala com uma criança, com um sorriso na voz. Eu sabia que ela adorava isso. Por não saber o que fazer, resolvi escrever uma carta para ela.

Mami,

Tivemos de transformar você em cinzas. Satchi achou isso melhor. Você sabe que ele destesta os vermes, essas criaturinhas que se alimentam de nós. Por isso quero que saiba que você não pode ficar no cemitério Père-Lachaise, onde sua alma iria vagar entre lápides pesadas e luzes tristonhas. Danny, meu anjo-marido, e eu vamos levar você de volta a Cuba, que é o seu lugar. Ainda não resolvemos para onde, exatamente. Gostaria que você me aparecesse em sonhos e me orientasse, e também seria ótimo se me visitasse durante o dia.

A funcionária da alfândega cubana era uma mulher de mau gênio que exigiu, vociferando, uma licença de enterro para nos permitir entrar no país. Provavelmente estava convencida de que minha mãe era uma traidora arrependida que ansiava por um repouso final em Cuba após ter abandonado o país. Não tive forças para explicar que era perfeitamente legítimo que minha mãe apolítica descansasse nessa terra. Ela *é* Cuba, pensei, sem nada dizer em voz alta. Usando seu espanhol mímico, Danny cuidou da situação. Descreveu, principalmente por meio de gestos, que sua sogra não seria enterrada. Agitando loucamente os braços, tentou imitar cinzas voando. A funcionária desistiu e nos deu passagem com um gesto.

Nos dias seguintes, levamos minha mãe a toda parte. Oferecemos a ela um *cocktail* cubano em La Casa de la Trova, onde encontramos os músicos mencionados na anotação de Marita. (Eles aceitaram os poucos dólares que lhes deixamos em testamento.) Comemoramos a noite de Ano-novo com outros músicos amigos de Mami. Sempre que nos falavam da falta que sentiam de Marita, Danny apontava para a caixa e dizia: "Bem, na verdade ela está aqui mesmo..."

Em 1º de janeiro de 2000, Danny vestiu um de seus calções de banho preferidos e uma camiseta tola, com a figura de Mr. Bubble. Coloquei um vestido de praia de cor violeta. Estávamos tão acostumados a levar a caixa para toda parte que nem pensamos em nos paramentarmos para o grande dia. Em nosso carro alugado, passeamos pelos arredores de Santiago, até nos determos em uma belíssima árvore no alto de uma colina. Era um jacarandá solitário num mar de palmeiras-reais, que dominava o panorama.

Danny tentou retirar a urna de Marita, mas a caixa estava selada. Ele ainda lutava para libertar minha mãe de sua prisão metálica, quando a Providência, naquele ambiente magnífico e deserto, mandou um camponês a nosso encontro. Lá vinha ele, descalço, de chapéu, com um grande sorriso e um facão. A lâmina recurvada que usava para cortar cana-de-açúcar finalmente foi mais forte do que a tampa da urna.

Danny tirou a rabeca do estojo e começou a tocar a música preferida de minha mãe, "Chan-Chan", uma melodia tradicional do campo, enquanto eu entregava seu corpo aos ventos. A carne se transformara em cinzas e os ossos em pequenas pedras, leves como cascalho. Quando Danny terminou a música e a urna ficou vazia, sentei-me junto ao tronco da árvore e chorei.

Satchi chega a Karachi acompanhado por dois cônsules, um francês e um americano, que tiveram a gentileza de ir buscá-lo no aeroporto no meio da noite. Pousa a mala no chão, me abraça, e nós dois choramos, dormindo na mesma cama pela primeira vez desde a infância.

Ao acordarmos na manhã seguinte, a rua Zamzama vibra com o balido de carneiros. É o Eid-ul-Adha, que comemora a disposição do profeta Abraão de sacrificar tudo a Deus, inclusive seu filho Ismael. Como Deus poupou Ismael e aceitou um carneiro em seu lugar, os participantes nas festividades fazem o mesmo; e embora eu acredite em festivais e confesse que adoro carneiro, os gritos dos animais são perturbadores. Para nossa consternação, verificamos que nossos vizinhos têm o futuro jantar amarrado na ruela atrás de nossa casa. Satchi está tendo um curso rápido sobre a vida em Karachi. Depois de visitar Kashva e seus pais no cubículo externo que lhes serve de lar, é preciso convencê-lo a desistir de trazê-los para dentro de casa junto com os carneiros do vizinho.

Pode-se dizer que Satchi é uma espécie de concentração de calor humano, e embora ainda esteja meio tonto de exaustão, quase incapaz de distinguir a realidade e o pesadelo, não se esquece de abraçar Bussey, o Capitão, Dost e todos os que "cuidaram tão bem de minha irmã".

Ah, os carneiros. Da varanda onde almoçamos, ouvimos cada vez menos balidos. Shabir conclui, radiante:

— Nossos vizinhos já estão cortando as orelhas do animal!

Bussey tenta uma definição pessoal da tradição: uma festa muçulmana consiste em comprar um carneiro, domesticá-lo e demonstrar-lhe afeto, antes de sacrificá-lo.

Quando vou à cozinha buscar café, Bussey segura Satchi pelo braço.

— É preciso que você fale com ela. — Bussey tem medo que eu me sacrifique.

Meu irmão e eu temos uma conversa mais profunda do que eu imaginava possível numa troca de palavras. Ainda não toquei nos pertences de Danny que estão no quarto. Ali, deitados na cama, rodeados por todas aquelas pequenas coisas que fazem com que Danny ainda esteja tão dolorosamente vivo, Satchi e eu falamos das coisas essenciais. Definimos os motivos pelos quais vale a pena viver e lutar. Falamos muito sobre a morte, sobre vencer batalhas e sobre o preço que é preciso pagar para isso. Falamos de missões e de temores. Falamos de nosso pai, nossa mãe, dos dois filhos de Satchi, de meu filho.

Falamos sobre Danny. Sobre o que ele disse ao tocar o violino na cerimônia fúnebre de minha mãe: "A única maneira que tenho de fazer Marita feliz é fazer a filha dela feliz." E é a única maneira que tenho para confirmar a vitória espiritual de Danny: seguir vivendo e lutando para ser feliz novamente.

Acontecesse o que acontecesse, Danny costumava brincar: "Não perca o sorriso, *OK?* Vamos ficar velhos e gordos, mas você não pode perder esse sorriso."

A frase continua voltando à minha memória. Que desafio incrível. Não sei se posso ser feliz novamente. Parece uma montanha demasiado alta para escalar. Desistir seria muito mais fácil. E sei que é justamente por isso que devo prosseguir.

Também sei que se os terroristas tiverem matado meu desejo de viver, Danny e eu teremos sido derrotados. E isso será um erro. Em nenhum momento ele abaixou a cabeça para esses homens. Prenderam seu corpo, mas não venceram seu espírito. Não posso deixar que destruam o meu. Nesse desafio, Danny e eu estaremos juntos para sempre.

Além disso, nosso filho está vivo.

— Se você se matar, matará o bebê — diz Bussey, como se tivesse recebido uma grande revelação. Suas palavras me fazem compreender que talvez não tenha escolha, porque se eu viver, ele viverá. E se nós dois vivermos, Danny vencerá.

Talvez a escolha não seja entre viver e morrer. Talvez seja entre a vitória e a derrota. Quando se trata de continuar, de viver, não há meio termo. Conversando com Satchi, compreendo isso. Graças a meu irmão, estou novamente de pé. Dou meu primeiro passo nesta batalha para derrotar as trevas absolutas que geram os terroristas: chamo o gabinete de Musharraf. Digo ao assistente que o presidente e eu temos de nos encontrar.

Danny tentou escapar.

Nos meses vindouros, ficarei sabendo que os seqüestradores o mantiveram em uma cabana isolada, num conjunto residencial nos arredores de Karachi, do lado norte, longe de alguma rua, longe de transeuntes. Ao ser desacorrentado para ir ao banheiro, tentou fugir esgueirando-se por uma janelinha de ventilação. Foi apanhado e trazido de volta, e desta vez acorrentado ao motor de um carro, pesado demais para ser arrastado. De outra feita, tentou escapar ao caminhar com os seqüestradores do lado de fora. Certa vez ouviu um vendedor ambulante vendendo legumes de porta em porta, e gritou por socorro; fizeram-no calar-se, fosse apontando uma arma ou tapando sua boca com as mãos. Suspeitou que a comida estivesse drogada e não comeu durante dois dias. Somente concordou em alimentar-se depois que um dos guardas provou um sanduíche que lhe trouxeram.

Às vezes, quando penso que ele deve ter tido muito medo, passo mal. Mas não o torturaram. Não o espancaram. Alimentaram-no, mas não muito. A comida era trazida por Naim Bukhari, o intermediário entre duas células, a de Omar e a que mantinha Danny prisioneiro. Naim era uma força poderosa em Karachi. Líder do ramo local da Lashkar-e-Jhangvi, já era procurado pela polícia mesmo antes do seqüestro de Danny. Era acusado do assassinato de dúzias de muçulmanos xiitas. Estava com Omar no aeroporto de Karachi em 21 de janeiro, e era um dos que se encontraram com ele sob a ponte Baloch no dia seguinte. No outro dia, 23 de janeiro, quando Danny entrou no carro no hotel Metrópole, foi Naim, montado em uma motocicleta, quem indicou o caminho àquela impiedosa cabana.

Os homens que vigiavam Danny falavam muito pouco inglês. Era impossível a ele comunicar-se com seus seqüestradores, ou eles com Danny. Creio que por isso não notaram os gestos que ele fazia com os dedos quando tiraram as fotos com a Polaroid — com uma das mãos o V da vitória, com a outra um gesto obsceno, com o dedo em riste. Não podiam controlar a energia e desafio que ele mostrava no rosto.

Ele lutou até o fim. No vídeo, contam meus amigos, Danny diz: "Meu pai é judeu, minha mãe é judia, eu sou judeu." Sim, tenho certeza de que o obrigaram a dizer isso, assim como o fizeram denunciar a política exterior dos Estados Unidos e talvez até acrescentar que seu pai vem de uma família de sionistas. Afinal, a família se mudara para Israel em 1924.

Mas eis por que até o fim Danny foi vitorioso. No vídeo, ele diz: "Na cidade de Benei Beraq, em Israel, há uma rua chamada Chaim Pearl, em honra a meu bisavô, que foi um dos fundadores da cidade."

Isso não era uma informação que seus seqüestradores pudessem ter sabido ou que o obrigassem a pronunciar diante da câmera, para sua propaganda. A escolha dessas palavras e a decisão de dizê-las foi puramente de Danny Pearl, seu ato pessoal de desafio, dizendo em essência: "Se vão me matar por causa do que sou, podem fazê-lo — mas não me vencerão." Danny disse aquilo por mim, por seu filho e por seus pais. Disse-o para que soubéssemos. Para que tivéssemos orgulho, e para prosseguirmos. Suas palavras sobre o passado criaram um futuro.

Até o fim ele não ficou sabendo que iria morrer. Segundo as autoridades, por volta de 1º de fevereiro, um fabricante de roupas chamado Saud Memon, proprietário do conjunto de cabanas, levou para lá três homens novos, que falavam árabe, provavelmente iemenitas. Num artigo escrito por Steve para o *Journal*, descubro o que se acredita ter acontecido:

> [Naim] Bukhari mandou que todos os guardas saíssem, menos um, e deixou os três homens que falavam árabe a sós com o Sr. Pearl. [...] O guarda que ficou [...] era um empregado de Memon, de nome Fazal Karim. Este, que sabia um pouco de inglês, disse mais tarde à polícia que pelo menos um dos recém-chegados se comunicou com o Sr. Pearl em uma língua que o guarda não compreendia. O Sr. Pearl, que falava francês e hebraico, respondeu irado, com veemência, e essa foi sua primeira conversação desde sua captura.

Acalmados os ânimos, um dos visitantes acionou uma câmera de vídeo e outro fez perguntas ao Sr. Pearl sobre sua religião. Pelo menos um dos grandes jornais paquistaneses já havia informado que ele era judeu. Após a confirmação no videoteipe, no qual ele descreveu o lugar onde crescera nos Estados Unidos, sua herança religiosa e sua simpatia pelos indivíduos capturados pelos Estados Unidos no Afeganistão e detidos em Guantánamo, o Sr. Pearl teve os olhos vendados e foi morto.

Esperamos em vão durante três semanas antes de sabermos de sua morte; foi o tempo que eles precisaram para preparar o vídeo desse episódio. Quem quer que tenha assistido aos vídeos de Osama bin Laden, especialmente aquele em que ele se vangloria depois do 11 de setembro, notará a similaridade de estilo. Por trás do principal locutor — neste caso, Danny —, aparece uma montagem de imagens de diversos conflitos: cenas de crianças feridas, ruídos de explosões. Ao contrário do vídeo de Osama, este termina com o explícito e bárbaro assassinato de meu marido.

A primeira coisa que os seqüestradores fizeram foi privar Danny de sua voz. Nenhum telefone, nada para escrever, nenhum computador. Mesmo assim, centenas de milhares de pessoas em todo o mundo não somente o adotaram com um dos seus, mas também compreenderam exatamente quem ele era, o que fazia e por que motivo. Seus assassinos procuraram reduzi-lo a um símbolo — um judeu, um norte-americano. Mas por algum milagre as pessoas sabiam que ele era capaz de ser encantadoramente desajeitado e era um grande jornalista. Eram gratas a ele. Sabiam que era um excelente amigo, de espírito generoso. Por meio daquilo que sabia evocar nas vidas e nos corações das pessoas, a vida de Danny brilha com maior esplendor, enquanto as de seus assassinos definham nas trevas.

Eis aqui mais uma razão pela qual posso dizer que ele venceu: embora muito ferida, consegui me erguer novamente. Danny perdeu a vida, mas dele foi a última e amarga vitória.

Não há mais motivo para permanecer em Karachi. Na verdade, é perigoso para mim, mas a idéia de sair do Paquistão sem Danny é uma tortura. Não tenho vontade de ficar, mas tampouco desejo partir.

Bussey trata de pressionar Asra.

— Se ela tiver o bebê aqui, você será responsável por isso.

— Qual é o problema? — responde Asra. — Aqui já nasceram 140 milhões de pessoas.

Bussey não se impressiona. Eles vão me levar do Paquistão, quer eu queira, quer não. Mas antes de partir, quero falar ao povo do país. Quero deixar claro que não os culpo pelo que aconteceu. Quero compartilhar o que fiquei sabendo a respeito de uma ameaça que tem a ver com todos nós — o terrorismo em sua manifestação mais desesperada. E quero explicar por que estou convencida de que o espírito de Danny continua vivo.

Concordo em ir à CNN para minha primeira aparição em público depois de saber da morte de Danny, porque essa cadeia pode ser vista em todo o país. Serei entrevistada por Chris Burns, que cobriu o seqüestro para a CNN. Preparei-me cuidadosamente; conheço a mensagem que devo transmitir. Mais tarde, recordando essa cena, Satchi escreveria que, enquanto ouvia minha entrevista, "finalmente compreendi o que ela quer dizer quando afirma que 'Danny não está morto'. Era evidente que Danny lhe havia transmitido sua força, sua coragem e seu coração, além de um filho. Apesar de toda essa imensa dor, mas recusando-se inteiramente a desistir, ela era capaz de gritar aos seqüestradores: 'Vocês foram derrotados! Mataram seu corpo mas nem por um instante lhe mataram a alma, porque ela vive em mim.' Minha irmã é uma dessas pessoas dedicadas de corpo e alma a transformar o mundo tanto quanto lhes é possível."

Ao sairmos do elevador no 11º andar, Satchi, Bussey e eu, outra jornalista da CNN me agarra, me abraça e me puxa para perto de si tanto quanto minha barriga permite. É Connie Chung, que veio dos Estados Unidos para me convencer a participar de seu programa de notícias. Soltando-se do abraço, entrega-me uma carta sua dirigida a mim e pergunta se pode assistir à entrevista com Chris Burns.

Enquanto me preparo, Chung se informa e descobre o nome de meu irmão. Tem dificuldade em entender o sobrenome dele, cuja aparência física lembra vagamente um árabe, pois se chama van Neyenhoff e é cidadão holandês.

A atenção de Bussey se divide entre Connie Chung e o que ocorre dentro do estúdio.

Burns, a CNN e eu chegamos a um acordo sobre os parâmetros da entrevista. Avisei que não tenho forças para tratar das circunstâncias específicas da morte de Danny, e eles disseram que entendiam. Mas, no fim da conversa, Burns se inclina para mim com avidez.

— Você viu o vídeo? — pergunta ele.

Com que palavras posso explicar como me senti?

— *Vous n'avez donc aucune décence?* — exclamei em francês, porque sabia que ele falava essa língua. — Depois de tudo o que lhe expliquei, você ainda me faz uma pergunta dessas? Será que não ouviu nada do que eu disse?

Chris Burns balbucia desculpas. Mas agora é minha vez de não ouvir.

— Ele parecia ter levado um soco de Muhammad Ali e Mike Tyson juntos — diz Satchi, quando saímos do estúdio.

Connie Chung nos segue no corredor e abraça meu irmão.

— Lamento muito — diz ela —, lamento *muito.*

Apertando o abraço, ela lhe murmura ao ouvido:

— Você tem outro sobrenome?

Satchi, espantado, se afasta dela. Não consegue acreditar no que vê quando nosso elevador chega ao térreo e as portas se abrem: enfrentamos uma legião de jornalistas e fotógrafos que se acotovelam. Bussey fecha rapidamente as portas e nos leva ao segundo andar, onde o gerente do hotel, vestido de preto, nos guia pelas cozinhas a um elevador de serviço. O elevador enguiça. Libertados, passamos por uma lavanderia, por uma outra instalação no porão, de função desconhecida, e finalmente chegamos ao estacionamento, onde o carro nos espera.

— Muito bem, meu velho — diz Bussey ao motorista. — Já viu aqueles filmes na TV, quando os *tiras* perseguem os bandidos e os pneus cantam com o carro correndo de verdade? Isso somos nós! Vamos!

O motorista obedece alegremente. Arranca com tal velocidade, que quase atropela os jornalistas amontoados na saída do hotel.

— Oba! — exclama Satchi.

Steve foi nomeado nosso líder em temas relativos a compras e assuntos correlatos em Karachi. A lista de coisas a fazer tem o comprimento de seu braço — pegar as passagens de avião, comprar cadeados para as malas, dar gorjetas a nossas sentinelas —, mas com a pressa, comete um grave erro: recusa-se a passar pelo McDonald's para satisfazer Asra.

— Não temos tempo! — grita ele, quando ouve o pedido.

Enquanto ele se encaminha para a porta, Asra solta um gemido.

— Estão vendo? *Ninguém* gosta de mim!

Um lamento tão profundo emocionaria o homem mais frio do planeta. Asra sobe correndo as escadas, e os homens a olham contritos e embasbacados.

— Vocês não entendem? — digo. — Ela está grávida!

Bussey corre à cozinha, e num ousado ato de coragem entra no quarto onde Asra está caída no chão, em lágrimas. No braço estendido, segura uma banana. Asra sorri. Steve chega trazendo uma embalagem da refeição especial nº 1 do McDonald's justamente no momento em que o presidente Musharraf chama pela linha fixa, a que tínhamos deixado reservada para Danny. Musharraf indaga calorosamente sobre meu bem-estar, nosso bem-estar.

— Devíamos ver-nos — digo.

— Quer vir visitar-me? — pergunta ele, e eu concordo. O mundo parece completamente louco.

Asra faz as malas. Somente para si, tem seis malas de aparência do Terceiro Mundo. Faz também uma mala com as coisas de Danny — as camisetas e gravatas gaiatas, as revistas em quadrinhos, um tênis solitário, porque Danny conseguiu perder o outro pé, e o bandolim coberto de etiquetas de viagem.

Na última noite, convido à casa todos os homens que me ajudaram a procurar Danny. Randall pega rapidamente cerveja e vinho para os não-muçulmanos e não-grávidas, no depósito do consulado americano. Yussuf-le-chef faz canapés que ninguém come. Naturalmente, vieram o Capitão e Dost. Jamil Yussuf e Randall Bennett. Tariq Jamil e John Bauman. O agente do FBI John M. e John Bussey, Asra e Steve. Zarur. Todos parecemos mais velhos, acinzentados e de olheiras indeléveis, com raiva e dor nos corações. Mas todos estão bem-vestidos, como se deve estar para uma cerimônia.

Reunimo-nos em círculo, e durante algum tempo ficamos em silêncio. Ninguém fala porque todos compartilhamos alguma coisa que nenhum de nós é capaz de exprimir. Dost junta as mãos, como numa prece, e parecemos prestes a fazer um juramento coletivo. Nosso silêncio é cheio de tristeza e de amor — e de desafio.

Finalmente, consigo falar:

— Vocês são os homens mais corajosos que jamais conheci. Foram diretamente ao inferno, onde as trevas são mais densas, porque odeiam a injustiça, o racismo e a tirania. Fizeram isso por Danny, por mim e por nosso filho. Mas também o fizeram em nome do resto do mundo. Vocês estão na linha de frente da luta contra o terrorismo, e mesmo assim ninguém os conhece nem sabe o quanto vocês são bravos. Ninguém percebe que sua disposição de lutar contra a mais negra ameaça à humanidade faz cada um brilhar como indivíduo.

O Capitão parou de olhar para mim. Sei que está se esforçando para não chorar. Acho que se orgulha de mim. Quero que ele saiba — quero que todos saibam — que tenho orgulho deles.

— Pedi que viessem para agradecer-lhes as lágrimas que derramaram comigo e também para informar que falarei ao mundo sobre vocês. Primeiro direi aos presidentes, e depois a todos os povos.

— As pessoas precisam saber a verdade — continuo. — Se quisermos acabar com o terrorismo, os terroristas terão de enfrentar adversários tão decididos quanto eles próprios. Isso é o que vocês são. É o que todos nós somos.

Olho com atenção seus belos rostos, marcados e inchados de fadiga e angústia, e procuro gravá-los na memória para o resto de minha vida.

— Pedi que viessem aqui — digo —, para que saibam que sem pessoas extraordinárias como vocês junto a mim, a esta altura, eu já não teria esperanças. E como é possível viver sem esperança?

Ouve-se um barulho no corredor, e todos ficamos tensos. Logo descobrimos a causa: Kashva, que costuma entrar e passear pela casa, deixou cair um de seus tesouros. Olha atrevidamente para os adultos e depois sai correndo. O Capitão é o primeiro a sorrir para a menina e depois para nós. Em sua expressão, vejo essa estranha mistura de dor, orgulho e solene dignidade que todos compartilhamos.

Capítulo 11

PARTIMOS DE KARACHI como sombras que se esgueiram na escuridão da noite. Desde que Danny saíra de casa, Nasrin cuidadosamente evitava arrumar seus pertences no quarto. Mas agora tudo o que estava espalhado — as revistas em quadrinhos... os cabos elétricos de vários tipos para ligar isto ou aquilo... a meia solitária —, tudo já foi respeitosamente colocado na mala. Nasrin desfaz nossa cama como para assegurar que ninguém durma nela esta noite.

O choque destruiu, arrasou minha capacidade de ver as coisas com clareza. Esforçando-me por focalizar, sinto-me quase surpreendida ao perceber que estão todas ali, as testemunhas inanimadas de minha tragédia. O relógio de golfista, no qual o movimento do taco marcou cada segundo da ausência de Danny. A cadeira de madeira entalhada onde eu me balançava constantemente, embalando o bebê enquanto esperava por Danny. O mapa na parede, que Asra dobrou cerimonialmente, como se fosse uma bandeira descida do mastro em homenagem a um herói caído.

Encontro no poeta romântico francês Alphonse de Lamartine as palavras finais de adeus a esta casa que desejo jamais ver novamente e da qual não suporto a idéia de afastar-me.

> Objets inanimés, avez-vous donc une âme
> Qui s'attache à notre âme et la force d'aimer?
> [Objetos inanimados, tendes uma alma
> Que se junta à nossa alma e a obriga a amar?]

Nossa casa é a única ainda iluminada na rua Zamzama. Todas as malas, inclusive as de Danny, estão enfileiradas em ordem no corredor da entrada. Asra tem seis malas só para si, mas na verdade, além dos poucos pares de calças compridas Nike, a maior parte contém resultados de pesquisas e documentação: 60 pastas de arquivo, uma pilha de recortes de jornal da altura da cintura de uma pessoa, blocos de notas e alguns livros importantes.

Satchi desapareceu, mas o encontramos caminhando pela calçada no escuro, apertando as mãos de todos os guardas. Agradece profusamente, ensanduichando a mão de cada policial entre suas duas mãos, como para aquecê-las. Bussey o vê e explode numa gargalhada.

— Vejam Satchi! Ele devia ser candidato a prefeito!

Poucos minutos depois, nosso comboio parte, acompanhado pelas luzes vermelhas de nossa numerosa escolta policial. John Bauman vai à frente em seu 4x4 de placa diplomática. Inusitadamente, Bauman não apareceu na hora em que havia prometido; dormiu demais. Mas chegou a casa nem dez minutos depois que o chamamos por telefone, um pouco estremunhado mas vestido com um terno bem passado, camisa branca e gravata. Nossa tristeza nos faz parecermos vulneráveis e tímidos, e para evitar uma verdadeira conversa, nossa equipe de luto faz apostas sobre se o cônsul terá dormido vestido.

Olhando pela janela do carro, sinto-me aliviada ao ver que antes do romper da aurora as ruas de Karachi, silenciosas e vazias, nem sequer parecem conhecidas.

Primeira escala: Islamabad.

No palácio presidencial do presidente general Pervez Musharraf, a guarda protocolar veste *kolas*, casquetes ao estilo de turbantes com altas cúpulas, olhando diretamente para a frente, enquanto Bussey, Asra, Steve, Satchi e eu subimos as escadarias forradas de passadeiras vermelhas. Somos levados a um grande salão de pé-direito elevado e mobília vitoriana com aplicações e enfeites dourados. Há cadeiras estofadas de veludo vermelho para que nos sentemos, mas estão colocadas tão distantes umas das outras que é impossível fazermos comentários entre nós. Em vez disso, examino um enorme retrato de Quaid-e-Azam MuhAmmad Ali Jinnah, fundador da nação paquistanesa, anteriormente conhecido como embaixador da unidade entre hinduístas e muçulmanos. Depois de alguns minutos, somos introduzidos numa sala de recepção onde o presidente Musharraf nos espera. De baixa estatura, porém com inconfundível ar de autoridade, Musharraf traja um *chirwani*, a vestimenta tradicional paquistanesa. Em cada assento, alguém colocou um cartão com um de nossos nomes. O de Asra contém um erro, com "z" em vez de "s".

Sinto que Asra está pensando: "Que serviço de informações é esse?".

Enrolada no xale de Danny, de calças compridas verdes e botas de combate, pareço uma guerrilheira grávida em missão diplomática.

— Tenho certeza de que a senhora conheceu paquistaneses moderados enquanto esteve aqui — diz-me o presidente Musharraf.

— Sim — confirmo —, sei que os paquistaneses não são seqüestradores e assassinos.

O presidente nos serve amêndoas assadas com mel, as melhores que já provei. Observo-o, mais do que o escuto. Está obviamente em conflito: tem sinceramente pena de mim, mas ainda está furioso com Danny, preferindo acreditar que meu marido foi o causador do que lhe aconteceu. Procuro fazer perguntas a Musharraf sobre o ISI e o desaparecimento de Omar na semana de 5 de fevereiro. Ele, porém, leva a conversa para os imensos problemas com que se defronta o Paquistão: a Cachemira, a Índia, o *jihad*, o Afeganistão, a pobreza, o analfabetismo.

Quando ele termina, falo do Capitão.

— O senhor tem gente maravilhosa — digo. — É importante que os esforços deles não tenham sido em vão.

Enquanto falo, tenho um pensamento constante: executaram Danny, mas de alguma forma o senhor era o alvo.

Como se lesse minha mente, Musharraf diz:

— Eles também querem me pegar.

Concordo com a cabeça.

— Vamos encontrar os assassinos —, diz Musharraf, quando nos levantamos para sair.

Concordo novamente.

Naquela noite, tomaremos o avião para Paris, e ainda não sei onde está Danny. Sou uma alma errante, em busca de seu próprio corpo.

Bussey se esmerou em nossos arranjos de viagem. Quer que essa seja a mais segura que qualquer de nós jamais tenha feito. Somente um trecho está fora de seu controle: a parte entre Islamabad e Dubai. Para isso temos de usar a companhia Shahin, a única nessa rota que proporciona a conexão que desejamos. Em geral, a Shahin transporta levas de trabalhadores paquistaneses para os Emirados Árabes Unidos, onde eles alimentam a crescente demanda de mão-de-obra imigrante barata.

Um ônibus nos leva ao pé da escada na porta do avião. Ao embarcarmos, Bussey recua, com evidente alarma. Os três pilotos, todos da ex-União Soviética, ou não dormem há duas semanas ou têm uma ressaca tão forte, que já passaram para outra dimensão. Mesmo assim, entramos no avião.

Somos passageiros de "primeira classe", o que significa que a primeira fileira de assentos foi reservada para nós. Bussey se vira para olhar a "classe econômica". A cabine está cheia de homens barbudos, com cara de membros do *jihad.*

— Oh, isto é ótimo, ótimo — diz Bussey. Volta-se para Satchi. — Como é que vocês budistas dizem... *Nam Myo...* o quê?

Em Montmartre, escondo-me no refúgio que foi meu e de Danny. É um bom enconderijo; os vizinhos são conhecidos por sua indiferença a qualquer coisa que não sejam cortes de impostos e boletins meteorológicos. Espero que se cristalize algum sentido de realidade. As minhas malas e as de Danny ficam no meio da sala, sem serem abertas.

Não tenho desejo de falar com ninguém, exceto talvez com o presidente Jacques Chirac. Tenho algumas coisas a dizer a ele. Sinto uma forte necessidade de dizer-lhe que já é tempo de que a Europa deixe de considerar o terrorismo como um problema bilateral entre os Estados Unidos e o mundo muçulmano. Reafirmar que o terrorismo está tão enraizado na Europa quanto no resto do mundo.

Marcamos um encontro, eu e o presidente.

Em seu carro velho e sujo, Satchi leva Bussey, Asra, Steve e eu ao Palais des Elysées. Estamos atrasados e, quando chegamos ao palácio, todos os funcionários da presidência já foram para suas casas, menos o porta-voz e o próprio Jacques Chirac.

O presidente Chirac é um homem muito alto, simpático e caloroso. Quer saber tudo: que tipo de homem era Danny, quem Gilani representava, como se comportaram os serviços de informação paquistaneses.

Preocupa-se comigo — como estou suportando, se poderei sustentar meu filho. Faz com que Satchi prometa alertar o presidente, se eu vier a precisar de alguma coisa.

Quando o encontro termina, Jacques Chirac resolve perpetuá-lo com uma foto oficial. Mas não há fotógrafo disponível. *Pas de problème.* Sai da sala, traz sua própria câmera instantânea e nos dirige com mestria numa série de retratos oficiais: a viúva e o presidente. A viúva, seu irmão e o presidente. O grupo do *Wall Street Journal* e *le président.* Bussey, Asra e Steve falam muito pouco ou quase nada de francês, e nenhum deles gosta muito de ser fotografado, mas as instruções entusiasmadas do presidente divertem a todos nós.

Ao telefone, Asra informa endereços à chefe de gabinete da primeira-dama Laura Bush.

— Estamos no 18º *arrondissement* de Paris, quase no alto da colina de Montmartre. Mas devo avisar, é muito difícil achar lugar para estacionar aqui.

— Obrigada, pensaremos nisso — diz ela.

Ontem ficamos sabendo que Laura Bush quer fazer uma visita. Ainda não sinto vontade de receber visitantes, mas parece absurdo recusar a visita de uma primeira-dama. Que devemos oferecer a uma primeira-dama?, pensamos. Pão e queijo? Azeitonas e vinho? *Une tarte aux pommes?*

Resolvemos que o encontro com Laura Bush será no pequeno apartamento que aluguei a duas quadras dali, para servir de escritório. É menos desarrumado do que o lugar onde moro.

— Como é que se fala com uma mulher como ela? — pergunto a Asra. Depois, corrijo: — Como é que se fala com qualquer mulher?

Apesar de estarmos ambas grávidas (já estou do tamanho de um filhote de elefante), há muito tempo não conversávamos com outras mulheres. Há dois meses mudamos de continente, mas ainda não consegui realmente deixar o Paquistão; nosso mundo continua insular e intenso como antes. Omar Xeique e seus três cúmplices estão sendo julgados no tribunal antiterrorista no Paquistão. Passamos os dias seguindo ao mesmo tempo o julgamento e os últimos acontecimentos da busca dos que ainda estão foragidos.

A defesa tentou todos os subterfúgios. Procurou acusar Asra de ter sido o cérebro que planejou o seqüestro de Danny. Tratou de dizer que eu não era a verdadeira mulher de Danny e que talvez fosse espiã. (Uma jornalista *freelance*? Quem já ouviu falar nisso?) Sem dúvida, insistiram na tese de que Danny era espião. Obrigaram o tribunal a ver o vídeo, a fim de que decidisse se poderia ser usado como prova de que Danny realmente foi assassinado.

Zangadas, mandamos um *e-mail* a Randall pedindo conselhos sobre o que fazer com os advogados. "Olhe, menina, lembre-se", responde ele, "que eu conheço esses advogados de defesa e ganho deles sempre. São como crianças e não têm importância. Fazem coisas estúpidas porque não têm outras coisas a fazer. Isso é uma tática de despistamento que ninguém leva a sério."

Meu sentido de tempo está completamente perdido. Sinto-me olhando para trás, a fim de ver o futuro, e o presente é demasiado problemático para que eu o compreenda. Quando Asra e eu falamos do que está por vir, não vamos além das datas de nascimento de nossos filhos.

Não podemos pedir conselhos à primeira-dama sobre como ser mãe solteira, provavelmente não falaremos das frentes de batalha em Karachi, e parecemos ter esquecido todos os demais assuntos. Eu já tinha conhecido o marido dela, George W. Bush. Visitei a Casa Branca em meados de março, duas semanas depois de partir do Paquistão e uma semana depois do encontro com o presidente Chirac. Bush foi meu terceiro presidente em menos de um mês.

Washington, D.C., foi exaustiva, uma ronda incessante de entrevistas começando com o presidente e terminando com Larry King. Danny tinha me apresentado ao fenômeno que é Larry King, quando estávamos em um bar na Índia. Apontou para um aparelho de TV que estava pendurado no teto.

— Está vendo aquele sujeito de óculos, suspensórios e voz rouca? Com ele você pode conhecer um pouco dos Estados Unidos.

Bussey, Asra, Steve e eu ficamos no hotel Mayflower no centro da cidade de Washington. Uma bandeira americana esvoaçava diante de minha janela. Certa madrugada, às três horas, o alarma de incêndio tocou. Levei somente 30 segundos para saltar da cama e sair do quarto, mas no corredor todas as saídas pareciam estar bloqueadas. Comecei a entrar em pânico, mas então vi um indiano que abria uma porta dando para a escadaria de serviço.

— Desculpe — disse eu. — Realmente, peço muitas desculpas.

O homem olhou para mim, uma mulher grávida de camisola, e ficou espantado, mas nada disse, levando-me para um lugar seguro até que o alarma deixasse de tocar. Só quando tudo ficou normalizado e pudemos voltar a nossos quartos foi que ele se voltou para mim e perguntou:

— Por que estava pedindo desculpas?

Percebi que até aquele momento eu estava convencida de que o hotel estava pegando fogo por minha causa.

Contei a George W. Bush histórias das ruas de Karachi. Descrevi para Bush, para o ministro da Justiça, John Ashcroft, para o secretário de Estado, Colin Powell, e para a assessora de Segurança Nacional, Condoleezza Rice, que os homens que eu vira lutando na verdadeira guerra contra o terrorismo praticamente nada possuíam — meios de transporte e impressoras precários, nenhum telefone celular. Disse-lhes a impressão que se tem dos Estados Unidos no exterior. Instei-os a usar seus imensos recursos para encontrar os matadores de Danny, e levá-los à justiça, por mais difícil que isso fosse. Adverti-os de que as dificuldades políticas poderiam ser muito maiores do que os aspectos legais. Imagino que já sabiam disso. Só para me divertir, contei que minha mãe tinha nascido em Havana e minha sogra em Bagdá. Gostei de ver que Bush achou engraçado.

Mas o que ele realmente queria entender a meu respeito era: “Como é que a senhora não tem rancor?”. Respondi que, se deixasse o rancor me vencer, perderia minha alma e, se perdesse minha alma, perderia também a de Danny.

— Esta — disse eu ao presidente dos Estados Unidos, — é minha maior batalha.

Em 9 de maio, um homem-bomba suicida encosta o Toyota vermelho que dirigia em um ônibus diante do hotel Sheraton em Karachi e detona seus explosivos, matando 11 engenheiros franceses e dois paquistaneses. Os franceses vinham colaborando com a marinha paquistanesa num projeto de submarino. E Bussey ainda fazia questão de dizer que o hotel Sheraton era o lugar mais seguro da cidade.

O presidente Musharraf diz que foi "um ato de terrorismo internacional". O presidente Chirac o chama "ataque terrorista assassino, covarde e odioso".

Ainda não desfiz a mala de Danny. Estou sozinha, tratando de cuidar dos dois homens de minha vida, embora um esteja morto e o outro ainda não tenha nascido. Este deve chegar em algum momento antes de junho.

As batidas do coração do bebê me embalaram ontem, fazendo-me adormecer durante a última ultra-som antes do grande dia. Estou tentando fazer com que ele continue dentro de mim.

Acabaram de encontrar o corpo de Danny. Foi cortado em dez pedaços. Ninguém me disse isso. Fiquei sabendo por um *e-mail* anexado por acidente a outro *e-mail* endereçado a mim. Danny foi encontrado numa cova de um metro e vinte de profundidade no terreno do conjunto de casas nos arredores de Karachi, onde permaneceu prisioneiro o tempo todo. As autoridades souberam do lugar por meio de três membros do Lashkar-e-Jhangvi apanhados numa batida da polícia, após o episódio da bomba no hotel Sheraton.

O *e-mail* falava nos "restos". Para mim, o que na verdade resta de Danny está em minha barriga.

Danny será enterrado em Los Angeles, perto de onde cresceu. Não quero ir ao enterro. Não posso, com a iminência do parto. Além disso, de uma forma difícil de articular, estou demasiadamente concentrada no futuro de Danny para ocupar-me com o que passou. Os pais dele enfrentaram corajosamente os dolorosos detalhes do regresso de Danny. Encontraram uma bela colina onde enterrar o filho. Danny gostaria de ver a lápide no túmulo ao lado do dele. Diz assim: "Eu avisei que estava doente!".

Ultimamente, todos os *e-mails* que abro, todos os telefonemas que atendo, parecem um míssil que explode mais uma parte de minha vida. As pessoas chamam pedindo amostras de DNA, querem um pente ou uma escova de dentes, fazem questão de falar-me em autópsias ou provas de crime. Um completo desconhecido chama para falar dos dedos dos pés de Danny: havia um torto, subindo em cima do outro? Sinto-me vendo um filme de horror, só que não posso cobrir o rosto para evitar ver as cenas mais fortes. Quando o telefone toca, instintivamente coloco as mãos dos dois lados de minha barriga, como para tampar os ouvidos do bebê. Desde que li por acaso a notícia sobre o cadáver de Danny, Asra tem feito escrupulosamente o que lhe é possível para supervisionar os *e-mails*. Sei quando ela lê algum especialmente desagradável, porque seus olhos se arregalam de uma forma peculiar que já presenciei inúmeras vezes durante os últimos meses.

Passamos os dias trocando mensagens instantâneas com o Capitão, que acha ser esse nosso canal de comunicação mais seguro. Falamos regularmente com Washington, Islamabad e Los Angeles. Somos duas pequenas guerreiras grávidas lutando para manter a chama acesa.

Os paquistaneses me pressionam para que volte ao país e deponha no julgamento de Omar Said Xeique e seus três cúmplices. O tribunal já teve diversos problemas e dificuldades: o juiz foi substituído, a data de início dos trabalhos foi adiada, e como a promotoria concluiu que é perigoso continuar em Karachi, a sede foi transferida para Haiderabad.

Dois de nossos agentes do FBI tiveram coragem de depor. Um deles se tornou especialmente querido por nós em Karachi: John M., que certo dia apareceu e sentou-se no sofá da sala. Era uma montanha de músculos, tranqüilo e silencioso, de camisa verde-escura. Randall o apresentara como se tira um trunfo do baralho: "John M., FBI, 19 seqüestros, zero fracasso". Mostrou-se tão simpático quanto impressionante. Essa era sua primeira missão no exterior; antes disso, havia lutado contra quadrilhas de rua em Nova Jersey. Depois do depoimento, chamou-me para contar sua experiência. O julgamento ocorre numa cela tão pequena, que as testemunhas não têm onde se sentar; John suportou seis horas de interrogatório de parte da defesa, enquanto os acusados gritavam impropérios dirigidos a ele, a centímetros de distância. Depois disso, voltou às ruas de Nova Jersey, "missão facílima" comparada com a que tivera no Paquistão.

O *Wall Street Journal*, que detesta a idéia de meu regresso ao Paquistão, está me pressionando a não testemunhar. Sinto-me frustrada porque o jornal vai mandar um representante e acho que um de nós deveria ir. Quero que Danny esteja representado no tribunal. Acabo conversando com um advogado do *Journal*, que me diz:

— Esse caso é seu, e não nosso.

Um amigo sugere que eu contrate um advogado para falar com o advogado.

— Você precisa descansar — diz meu obstetra.

— Pense no bebê — dizem meus sogros e cunhadas.

O vídeo do assassinato de Danny está na internet para quem quiser ver.

— Tentamos retirá-lo — diz Bussey —, mas não podemos fazer nada.

Chamo o ministro John Ashcroft, esquecendo-me de que é noite nos Estados Unidos.

— Ligue amanhã de manhã — diz a pessoa do outro lado da linha.

Asra mergulha no problema, colocando em funcionamento toda a sua provada capacidade de cuidar de crises. O hospedeiro na Web é Lycos.uk. Presumindo que esse vídeo viola diversas leis americanas, chamamos o FBI.

— Lamento — diz o agente. — Infelizmente, não existe lei que possa ser utilizada para deter isso. A Primeira Emenda... liberdade de expressão... a senhora sabe?

— Mas isso é obsceno — protesta Asra.

— Sei disso — diz ele. — Mas *tecnicamente* não é uma obscenidade.

Chamamos a Scotland Yard. Foi melhor. No Reino Unido, é crime colocar um vídeo assim *on line.*

— Viola a lei de obscenidades, sabe disso?

Com o auxílio da Scotland Yard, descobrimos o funcionário da Lycos responsável pelo conteúdo na Web. Sua assistente faz com que sintamos vontade de chorar, de tão bondosa. Horroriza-se com o que lhe contamos e põe o chefe imediatamente na linha. Com ele descobrimos que o vídeo vem da Arábia Saudita, e foi posto na rede em Riad. Em aproximadamente dez minutos, o filme é retirado da internet.

Por enquanto.

Asra vai ter um menino. Tiro fotos da ultra-som e vamos a um café tomar cerveja sem álcool para comemorar.

Meu bebê não me dá pontapés. Movimenta-se suavemente, como para dizer: "Estou aqui. Quando você puder, deixe-me sair." Fico falando com ele: "Espere mais um pouquinho, ainda não é um bom dia para nascer."

Escrevo uma carta a ele.

16 de maio de 2002

Querido Adam,

Esta é primeira vez que te escrevo. Até agora, temos nos comunicado de maneira diferente e pedi a você que ficasse comigo. Você tem feito exatamente isso.

Em poucos dias, misturarei as duas coisas, a vida e a morte.

Vai haver alegria e dor quando você vier ao mundo. Mas, por favor, lembre-se sempre de que seu nascimento me deu um futuro e deu eternidade a seu pai. Juntos, poderemos dar a Danny o mais belo presente possível: você, Adam, um filho, a promessa de que o legado dele seguirá adiante. O fardo de nossa luta, no entanto, não repousará sobre seus pequenos ombros.

Somos amantes da vida e você é o melhor de nós.

Às vezes tudo pode ser triste, mesmo olhando para você, mas farei o que for humanamente possível não apenas para torná-lo feliz, mas também para fazê-lo crescer como um homem valioso. Algum dia, estaremos todos juntos. Já te amo,

Mamãe

Bussey liga novamente.

— Ainda más notícias? — brinco.

— Sim — diz ele, sem brincar.

Daqui a 50 minutos, a CBS vai transmitir uma parte do vídeo. O *Wall Street Journal* diz ter passado o dia tentando impedir, mas sem sucesso. Os pais de Danny pediram ao Departamento de Estado que interviesse junto à emissora, o que foi feito em colaboração com o Departamento de Justiça, porém não foi possível. Dan Rather e Jim Murphy, âncora e produtor executivo do programa de notícias vespertino *CBS Evening News*, estão dispostos a transmitir trechos.

Meu sangue ferve; literalmente, vejo tudo vermelho. Transformo-me num touro que lança fogo pelo nariz. Apelo a Andrew Hayward, presidente da CBS News. Ele parece compreensivo.

— Desculpe. Sei como você se sente.

Respondo:

— Você não pode ter idéia de como me sinto, a menos que esteja prestes a dar à luz um filho cujo pai foi assassinado diante de uma câmera de vídeo, e esteja falando com o homem que vai mandar exibir a fita na TV.

Ele murmura alguma coisa.

— Não pense em mim — digo. — Dê-me um motivo jornalístico para mostrá-la.

— É uma notícia importante — responde Hayward num tom que me faz pensar que ele esteja tentando convencer-se a si mesmo.

— Durma com sua consciência — digo. — Mas vou dizer o que realmente me faz ficar triste. Aqueles safados sabiam que tinham de fazer um vídeo, porque desde o início sabiam que haveria gente preocupada com a audiência, capaz de exibi-lo. Apelaram para sua fraqueza, e você *cedeu.*

Asra e eu estamos indo a meu escritório para receber Laura Bush. Caminhando pelas ruas de Montmartre, vemos por que a chefe de gabinete da primeira-dama não parecia preocupada com o estacionamento: os americanos ocuparam todo o bairro. As ruas estreitas e sinuosas da colina estão interrompidas por barricadas, e a cada 15 metros há um homem corpulento vestido de preto e murmurando em um celular. Os homens formam muralhas de proteção dos dois lados da avenida e nós, duas mulheres de barriga grande, caminhamos sozinhas. Somos como bolas de gude rolando num declive. Os vizinhos curiosos olham pelas janelas e nos observam. *"C'est qui?"* — perguntam. Quem é?

Levamos caixas de salgadinhos e latas de suco de frutas, esquecendo que talvez a primeira-dama não possa comer nada, por motivos de segurança.

— Lembre-se — diz Asra, quando subimos as escadas em direção ao escritório —, ela todas as noites dorme ao lado do presidente.

Quando Laura Bush chega, sua beleza serena e controlada me surpreende. Entrega-me um buquê de rosas brancas e rosadas e depois se senta a meu lado na ponta do sofá gasto, com as costas retas, um pouco tímida e muito elegante. Não foi ali para conversa vazia, nem para tirar vantagem política: a imprensa não foi informada da visita. Veio porque quer dizer-me algumas coisas. Sabe que o vídeo do assassinato de Danny está na internet e que a CBS exibiu trechos. Para mim, isso é como estuprar um homem assassinado, e Laura Bush se sente igualmente indignada.

Não reluta em falar dos defeitos que encontra em seus compatriotas. Fala da falta de preparo dos Estados Unidos para o tipo de guerra que enfrenta.

— Às vezes, em nossa cultura — diz ela —, parece que já digerimos tantas coisas, que não somos mais capazes de absorver o que é complexo.

Digo que minha impressão é de que os terroristas sabem muito mais a respeito dos Estados Unidos do que os Estados Unidos sabem a respeito deles, e por isso o Ocidente tem de relacionar-se melhor com o mundo. Debatemos ignorância e pobreza, os dois pilares da miséria global. Pertencemos a duas categorias distintas, mas sentadas ali somos simplesmente duas mulheres na mesma luta.

Ela me fala do caminho difícil que tenho à minha frente. Diz que meu filho tem sorte por me ter como mãe.

— Você tem uma missão. É absolutamente necessário que fale e compartilhe suas opiniões com o povo norte-americano — ela diz.

Nesse ponto, a porta se abre e uma moça loura e bonita, de pouco mais de 20 anos, se junta a nós. É Jenna, uma das filhas gêmeas dos Bush. Toma uma cadeira e senta-se à nossa frente, e a conversa passa a tratar da apatia política da juventude americana e dos ataques militares dos Estados Unidos no Afeganistão.

— Eu sempre fui contra os bombardeios — diz Jenna. Laura Bush olha de relance a filha, observando-a, porém com ar protetor.

Ao concordar em receber a primeira-dama, eu não imaginava que a visita me fosse emocionar. Mas Laura Bush me impressiona por sua personalidade intensa e compassiva, e sinto que a seriedade de seu objetivo me causa verdadeiro impacto. Quando ela sai, fico surpresa ao me sentir mais forte do que me vinha sentindo ultimamente.

Do lado de fora, juntou-se uma multidão durante a visita, e, quando a primeira-dama e Jenna entram no carro, os espectadores aplaudem calorosamente. Laura Bush acena, como fazem as primeiras-damas. Encosto a fronte na vidraça de minha janela e aceno de volta, junto com a multidão, vendo-a partir.

Quase deixei completamente de falar. Durante as últimas 24 horas, não pronunciei sequer uma palavra. Recordo meu avô materno em Cuba, que certo dia resolveu ficar mudo, porque já não podia suportar as brigas que tinha com a mulher. Meu avô era um homem alto, bonito, de mãos delicadas. Quando eu tinha nove anos, fui visitá-lo. Certa manhã, acordei cedo, como ele fazia, e pedi que falasse comigo. Ele me levou a passear ao longo de uma linha ferroviária abandonada e falou durante três horas sem parar. Deu-me mangas para comer e falou mais. Contou-me que durante a vida inteira tinha sido chofer de ônibus, passando por toda a cidade de Havana; contou que tinha amado muito as mulheres e que jogava cartas a dinheiro. Disse que eu tinha jeito para fazer as pessoas falarem e que eu devia ser jornalista.

Ao voltarmos para casa, meu *abuelito* e eu vimos que minha avó tinha vendido o mosquiteiro que eu trouxera de Paris para ele. Vendeu-o a uma moça da vizinhança que queria transformá-lo em um véu de noiva. Meu avô não discutiu, mas parou outra vez de falar e ficou em silêncio até morrer. E eu me tornei jornalista.

Há uma coisa que preciso fazer antes do nascimento do bebê. Preciso enfrentar o que Danny enfrentou. Tenho de enfrentar a verdade, porque ela é como um inimigo: se nos recusarmos e enfrentá-la, ela nos esmaga.

No dia 25 de maio, dois dias antes da data marcada, tiro o fone do gancho, deito-me a sós e imagino tudo o que aconteceu a Danny. Não é preciso muita imaginação; nesta altura, já tenho muitos detalhes. Mas obrigo-me a ver tudo — quando vendaram os olhos dele, quando pegaram a faca, durante quanto tempo o entrevistaram antes de começar a matá-lo. Obrigo-me a pensar o que Danny pensou, e a saber quando teve mais medo.

Faço isso durante dois dias. São os dias mais loucos de minha vida, mas tenho de fazê-lo, e fazê-lo a sós. Quando termino, sei que nada mais pode acontecer que eu não tenha a coragem de enfrentar dentro de mim.

Por volta das oito da noite, chamo Asra. Sei que ela tem estado preocupada. Digo que estou *OK*, mas não a informo de que começou o trabalho de parto, porque não quero pensar muito nisso. Quero guardar minhas forças para quando precisar delas de verdade, e por isso me sento diante da TV e vejo cinco filmes no HBO. Devo parecer lunática, deitada em minha espreguiçadeira olhando para a tela, mas acho que isso não importa. Estou lúcida o tempo todo, falando com Danny e com nosso filho, dizendo a eles: "Vamos ficar bem. Tudo vai dar certo."

Às dez horas da manhã, as contrações ficam mais fortes e eu chamo meu querido amigo de infância Ben, que me leva de carro à Maternité des Lilas, uma clínica divertida e cosmopolita para partos. Ben me ajuda a deitar-me no assento de trás do carro, sem fazer perguntas, respeitando minha profunda necessidade de comunicação sem palavras. Liga o rádio e entra uma canção brasileira alegre, que me faz sorrir e pensar na primeira vez em que Danny e eu fomos à Maternité. Era para uma festa. A mãe da mulher de Satchi trabalhava lá, e alguém estava se aposentando. Crianças corriam por toda parte e Danny corria atrás delas. Quando uma *salsa* começou a tocar, dancei com o Dr. Strouk, que iria ser meu obstetra-ginecologista. Um médico muito tranqüilo, certamente o único da clínica que vinha trabalhar numa moto Harley-Davidson preta e cromada. Em poucos meses, ele sabia muito mais coisas a meu respeito, além de minha técnica de dança.

Durante minha gravidez, tenho ido de avião a Paris para meus exames pré-natais, de onde quer que esteja no mundo — Índia, Catar, Bangladesh, Canadá, Paquistão. Com quatro meses, ao fazer um ultrasom, finalmente pude distinguir o rosto do bebê. Fiquei tão emocionada, que chamei Danny pelo telefone.

— Vejo o rosto dele — disse eu. — Vejo os olhos, o nariz...

— Nariz? — perguntou Danny. — Ele tem nariz de judeu?

Ri tanto que o Dr. Strouk me mandou desligar.

O que mais me dói é saber que Danny ficaria muito feliz se pudesse estar aqui comigo. Que ele aplicaria sua genialidade na preparação do nascimento de nosso filho. Teria gritado quando eu sentisse dor e traria todos os meus bichinhos de pelúcia à sala de parto. Quando minha mãe ficou doente e eu passei vários dias à sua cabeceira, cheguei em casa certa noite e vi que Danny tinha preparado um banho para mim, cheio de pétalas de rosa. Quando as coisas ficavam difíceis, ele cantava minha balada americana preferida, uma canção tola sobre a miséria em Arkansas. Fazia sopa de abóbora e massageava meus pés. Chamaria todo o planeta para anunciar o nascimento de Adam, nome que escolhera como se estivéssemos criando o primeiro homem.

Resolvi ter o bebê sozinha. Sem minha mãe e Danny, seremos apenas eu e uma parteira. Mas quando me levam na maca para o elevador, a caminho da sala de parto, fico aterrorizada. Meu Deus, penso, ele não está mesmo aqui! Estou usando uma camisa branca comprida que comprei com Danny em Dacca, Bangladesh. Uma mulher africana me saúda com a cabeça, num gesto de cumplicidade silenciosa. Durante uma fração de segundo quero pedir-lhe que segure minha mão.

Começo meu cântico. Reúno as energias. Estou pronta.

Sinto terríveis dores, contrações que chegam como ondas de uma maré e, quando as mais violentas me rasgam por dentro, dou um grito bestial pela segunda vez em quatro meses. Sou como uma loba uivando para os céus.

Mas quando a anestesia epidural acaba com a dor, sinto finalmente um gosto de vitória. Uma alegria estranha toma conta de mim, enquanto continuo meu monólogo com o pai da criança para que ele possa compartilhar minha sensação eufórica de absoluto desafio. "Aqui estou", digo a ele, "deitada na cama de parto, enfrentando a realidade de tua ausência, abraçando a dor que ela induz e finalmente dando à luz nosso filho." Sinto que uma mão abre a gaiola para que o pássaro possa voar novamente. Não seremos prisioneiros de nosso próprio destino. De alguma forma, além da vida e da morte, Danny está comigo.

Isso dura sete horas. De repente, a parteira começa a se movimentar e aparece uma enfermeira.

— Vamos ter de fazer uma cesárea — diz a parteira. — O ritmo do coração do bebê está diminuindo.

Posso ouvir no monitor o coração de Adam. A intensidade das pulsações se reduz, e as mulheres se movem mais rapidamente à minha volta. Começo a cantar um cântico, como nunca antes cantei. A parteira acredita que perdi a criança, mas canto mais alto, com tanto vigor e concentração quanto possível. Ponho todo o meu coração em minhas orações. Ao recitar o mantra, ouço o som do coração do bebê crescendo, crescendo, crescendo.

Vinte minutos depois, Adam emerge de meu corpo, e faço um esforço a fim de curvar-me para a frente e segurar o homenzinho, ainda meio do lado de dentro. Puxo-o para fora e deixo-o repousar em meu peito. Somente choro quando vejo seus olhos se abrirem, procurando meu rosto.

Nunca me ocorreu naquele momento que o bebê pudesse não ter agüentado. Mas vencemos, e sinto o alívio de Danny me envolver. Quero gritar minha vitória em voz alta, mas desmaio de exaustão.

O nome completo dele é Adam D. Pearl. Danny escolheu o nome em homenagem aos diferentes tipos de sangue que correm em suas veias. Disse que era o "bebê universal". Desde seus primeiros momentos, Adam olha para mim com a expressão do pai. Há uma rara pureza em seu olhar. Faz-me sentir que a vida é como um livro que não termina nunca. Isso me recorda um desejo antigo, meu e do pai dele: que durante a vida de nosso filho houvesse mais pessoas decididas a dar suas vidas pela paz do que pelo ódio em seus corações.

Permaneço na maternidade uma semana. Pedi aos médicos que me deixassem ficar, mesmo que não seja necessário por motivos de saúde. Não quero falar com ninguém. Mais precisamente, com ninguém que ainda pertença ao mundo dos vivos. Preciso chorar, e muito.

A recepcionista no andar térreo tem a missão de bloquear todas as chamadas. Mas no dia seguinte ao nascimento de Adam, ela põe a cabeça para dentro de meu quarto.

— *C'est Georges double v Bouche* — anuncia ela, com um laivo de terror na voz.

O presidente dos Estados Unidos me pergunta como estou me sentindo. Contenho-me bravamente e não falo em pontos, leite ou qualquer outra coisa descritiva. Ele demonstra felicidade genuína com o nascimento de Adam. Desde nosso encontro em março trocamos diversas cartas e creio que sua preocupação comigo e com meu filho é sincera.

Pouco depois, a mulher da recepção aparece novamente. Está ofegante de emoção.

— *C'est Jacques Chirac!* — anuncia ela, triunfante.

Adam, minha maravilha, suga tranqüilamente meu seio, ignorando placidamente a agitação. É uma vida triunfantemente concentrada.

Asra traz uma mensagem urgente do Capitão:

> captain1pk (21:40:47 pm): "há cerca de cinco minutos recebi esperada notícia chegada ADAMS.

> FELICITAÇÃO — espero mariane esteja bem. estou muito emocionado, é uma hora triste também, diga que sempre estarei presente para ela e o filho. muito amor para os três... capt."

Quando soube que eu estava grávida, Danny disse:

— Nosso filho vai mudar o mundo!

Argumentei:

— E se ele não quiser? Se preferir ter um rebanho de ovelhas, ou fazer flautas?

— Não — insistiu Danny. — Ele vai fazer alguma coisa grandiosa... não sei o que, mas sinto que fará!

Na época, deixamos o assunto morrer. Mas ontem à noite, a primeira noite de Adam, esgueirei-me até o berçário para onde o tinham levado, a fim de que eu pudesse dormir. Curvei-me sobre o berço e observei o peito de Adam arfando com a respiração, e afaguei seu rosto macio como pluma.

— *Mon amour* — disse eu, muito baixinho — se você quiser mudar o mundo, eu estou de acordo.

Epílogo

20 DE MAIO DE 2002

asra (08:17:46 p.m.): estou aqui, e você?

captain1pk (08:18:01 p.m.): sim, estou sim

asra (08:22:09 p.m.): como vai?

captain1pk (08:30:55 p.m.): BOAS NOTÍCIAS agora sei exatamente quem são os assassinos vou dizer daqui a um ou dois dias, não diga a mariane ainda vamos fazer uma surpresa para ela

Às vezes parecia que Asra e eu nunca tínhamos saído do Paquistão, e o Capitão estivesse prestes a entrar a qualquer momento pela porta de nossa casa. Trocávamos informações por meio de um fluxo constante de mensagens e achávamos, às vezes, que nossos amigos de Karachi precisavam ter notícias nossas tanto quanto nós precisávamos das deles. Anteriormente, nenhum dos investigadores havia se envolvido tão emocionalmente num caso como naquele. Estavam resolvidos a salvar a vida de um homem inocente, e o fato de não terem conseguido alimentou o desejo de aventurar-se no inferno ainda mais profundamente, a fim de vingar Danny.

Até hoje a polícia paquistanesa e o FBI continuam a perseguir os seqüestradores e os assassinos. Mas o tributo cobrado a todos os envolvidos no "caso Pearl" foi pesado. Eis um resumo do que aconteceu desde que partimos de Karachi em 27 de fevereiro de 2002.

Saiu de Karachi sob ameaça.

Depois que saímos do Paquistão, Randall se tornou o principal investigador do atentado à bomba no Sheraton, em 9 de maio; foi um dos primeiros a chegar ao local. "Encontrei uma mão", escreveu ele. Capturaram o terrorista, "naturalmente com o pessoal do Capitão e o FBI". Menos de um mês depois, em 14 de junho, a Al Qaeda realizou outro ataque suicida à bomba, desta vez atirando um veículo carregado de explosivos contra as barreiras de concreto que cercam o consulado dos Estados Unidos, em frente à janela de Randall. Quatorze pessoas morreram, todas paquistanesas. Pelo menos 50 ficaram feridas. "Pegamos todos eles [os terroristas cúmplices do atentado] durante as semanas seguintes, mas levou muito tempo para consertar o prédio, que nunca mais voltou a ser o mesmo."

Randall pretendia deixar a cidade para sempre em julho de 2002, mas em junho a agência paquistanesa de inteligência o advertiu de que a Al Qaeda planejava fazer uma emboscada e matá-lo quando ele saísse para o aeroporto. "Os agentes recomendaram que eu partisse imediatamente. Concordei, e já tinha minhas coisas preparadas, portanto... *adiós.*"

Não era a primeira vez que Randall recebia ameaças. Contou-nos outras num *e-mail* algumas semanas antes do nascimento de Adam. Estava escondido em Bangcoc, na Tailândia, aproveitando massagens reflexológicas, quando soube que meu filho tinha nascido. Correu a um cybercafé próximo e mandou um *e-mail* de felicitações:

> Tirei uma semana para escapar do flagelo de Karachi. Estou cansado de ficar olhando para trás e preciso de um descanso. Estou em Bangcoc para passar oito dias numa cultura feliz e pacífica onde o terrorismo não atacou, ainda. A Tailândia é exatamente o que preciso. Não apenas passo uma semana de repouso e alegria, mas os rapazes do Lashkar-e-Jhangvi que me caçavam provavelmente estarão dando voltas, querendo descobrir para onde fui. Quando voltar, vou convidá-los para um encontro.

Bem, está na hora de caminhar tranqüilamente pela rua como uma pessoa normal sem ter de levar arma, rádio nem celular.

Beijinhos para Adam,
Tio Randall.

Quando Randall partiu do Paquistão, 30 de seus amigos policiais mais chegados foram despedir-se.

— Chorávamos, nos abraçávamos e jurávamos amizade e lealdade. Nunca me emocionei tanto. Minha vida mudou depois que conheci algumas das melhores pessoas deste mundo durante os últimos anos — disse Randall mais tarde.

Randall é hoje o encarregado da segurança em Madri, "responsável pela segurança dos americanos na Espanha".

JAMIL YUSSUF

Sua carreira ficou prejudicada, embora não se tenha certeza se foi em conseqüência direta do caso Pearl ou simplesmente por fatores clássicos da política de Karachi.

O que está fora de dúvida é que após 14 anos de absoluta eficiência como diretor do Comitê de Ligação Polícia-Cidadãos, o carismático Yussuf foi demitido. Conforme disse ele num *e-mail* a Asra e a mim: "Na noite de 22 de março de 2003, foi dada a ordem que me desligava de meu trabalho honorário e voluntário auxiliando vítimas independentemente de sua casta, credo, *status* ou riqueza."

Por ter granjeado a confiança do FBI e trabalhado em estreita cooperação com a agência americana, viu-se colhido numa rede de inveja e intriga com as forças policiais e de inteligência, e surgiram boatos maldosos de que era agente da CIA. Em abril de 2002, quando Omar Xeique e seus três cúmplices foram julgados, a maioria das testemunhas da acusação foi tratada de maneira discreta e até certo ponto protegida. Mas isso não aconteceu com Yussuf. Foi transformado em um dos principais depoentes e exibido diante dos acusados, sendo obrigado a defender-se de ameaças contra si próprio e sua família.

Em seus 14 anos no CLPC, havia prendido entre 400 e 500 criminosos e/ou terroristas perigosos, porém jamais sentira a necessidade de proteger-se. Agora estava ameaçado por todos os lados, e teve de contratar guarda-costas para sua vigilância 24 horas por dia.

Continua a ser homem de negócios extremamente bem-sucedido e concentrou suas energias em casos humanitários.

DOST

Teve a carreira arruinada.

Pouco depois de deixarmos Karachi, Dost fez o mesmo. "Os chefes não estavam satisfeitos com ninguém depois desse caso. Segundo o espírito de deferência para com os superiores, que seguimos no subcontinente, eu não podia defender-me", escreveu-me Dost em seu estilo originalmente poético. "Não havia possibilidade de dizer qualquer coisa."

Dost abandonou a inteligência militar, mudou-se para Islamabad e ingressou num programa de treinamento da polícia. Ao mudar de ramo profissional, perdeu todos os benefícios de sua antiguidade na carreira anterior. "Estou gozando uma vida pouco conspícua e o bom clima de Islamabad", escreveu ele. "O mundo não é um lugar agradável, mas é preciso correr atrás da felicidade."

A vida sentimental de Dost não melhorou com sua nova posição. Não ficou nem com a namorada, nem com a mulher que a mãe tinha escolhido para ele. "Minha vida amorosa precisa de um duplo clique. Às vezes, no processo chamado vida, o arquivo 'vida amorosa' se perde. E como investigador de cybercrimes, estou procurando recuperar o arquivo perdido no disco formatado de meu coração."

JOHN BUSSEY

John Bussey continuou a ser nosso ministro da Segurança e Higiene todas as vezes em que viajamos juntos. Ele me acompanhou à Maternité des Lilas para meu primeiro exame depois de sairmos de Karachi e conversou com preocupação com o Dr. Strouk sobre o efeito da pressurização do ar nas cabines dos aviões sobre as mulheres grávidas. O Dr. Strouk ficou assombrado.

Bussey foi promovido a subdiretor-gerente do *Wall Street Journal* e mudou-se para Hong Kong, a fim de supervisionar a cobertura da Ásia. Poucos meses depois de instalar-se lá, começou a epidemia da Sars.

STEVE LEVINE

Steve LeVine venceu a relutância de seus editores e voltou ao Paquistão, a fim de fazer uma investigação jornalística sobre o que acontecera a Danny. Está atualmente na Universidade Stanford, que freqüentou como estudante, em licença do *Wall Street Journal,* a fim de escrever um livro sobre o mar Cáspio. O título provisório de seu livro é *Players.* Em junho de 2002, tornou-se pai de uma menina, Alisha, nascida em Tarzana, Califórnia. A mãe é natural do Casaquistão.

A FAMÍLIA PEARL E A FUNDAÇÃO DANIEL PEARL

Pouco depois da notícia da morte de Danny, a família dele estabeleceu, com amigos e colegas, a Fundação Daniel Pearl (www.danielpearl.com) que promove o entendimento entre culturas por meio do jornalismo, da música e de comunicações inovadoras. O primeiro grande projeto da Fundação foi o Dia Musical Daniel Pearl, um concerto global anual no dia 10 de outubro, dia no aniversário de Danny, no qual músicos fazem em seus concertos um chamamento à tolerância no espírito do amor de Danny pela música e seu compromisso com o diálogo e a humanidade.

A idéia foi inspirada por um concerto realizado em Tel-Aviv em 22 de fevereiro de 2002, um dia depois que o mundo soube de seu assassinato. Naquela noite, George Pehlivanian, vizinho de Danny e seu amigo de Paris, iria reger a Orquestra Filarmônica Israelense, como maestro convidado. Muito abalado com a notícia, hesitava em apresentar-se, mas no último momento resolveu desafiar os criminosos, dedicando o concerto a Danny.

— Quando a orquestra tocou a Sinfonia nº 5 de Tchaikowsky, finalmente compreendi o triunfo do amor sobre o desespero — disse Pehlivanian. Foi um concerto emotivo e triunfante, com 15 minutos de contínuos aplausos ao terminar.

A idéia se propagou como um incêndio numa floresta; evidentemente, o combustível de boa vontade em todo o globo eperava apenas uma fagulha adequada. De Moscou a Bangcoc, da Austrália ao Reino Unido, mais de 100 concertos em 18 países, com artistas como Ravi Shankar, Elton John e Itzhak Perlman, participaram desse projeto global. Junoo, a principal banda de *rock* do Paquistão, fez a dedicatória do espetáculo realizado em Edison, Nova Jersey, com as palavras: "Danny, todos nós, que ainda acreditamos que a bondade e a coragem são capazes de superar todas as injustiças, sentiremos sua falta."

Entre outros projetos lançados pela Fundação Daniel Pearl estão bolsas que permitem a jornalistas paquistaneses trabalhar nas redações de jornais americanos, uma série de conferências sobre jornalismo e relações internacionais, um concurso de ensaios em que adolescentes são convidados a escrever sobre algum incidente relativo ao ódio e uma série de simpósios intitulada "A Imprensa Debaixo de Bala", que trata dos riscos enfrentados pelos jornalistas.

ASRA Q. NOMANI

Em 16 de outubro de 2002, Asra deu à luz seu filho Shibli, nome de um antigo ancestral, famoso até hoje como um dos maiores estudiosos do islamismo em todos os tempos. Em junho de 2003, ela publicou o livro que a levara a Karachi — *Tantrika: Traveling the Road of Divine Love* ["Tantrika: Uma Viagem pelo Caminho do Amor Divino"].

A imprensa paquistanesa continuou a atacar Asra constantemente. Não somente a acusaram de espionagem, mas o último artigo publicado no Paquistão a respeito dela continha, além de todos os seus endereços e números de telefone, também os dos pais dela.

Asra começou a defender as mulheres muçulmanas que são consideradas criminosas por terem filhos fora do matrimônio. Ainda viaja com Merve e Blink.

CAPITÃO

"O que aconteceu pessoalmente comigo?", escreveu recentemente o Capitão. "Este caso me mudou por dentro. Não consegui dormir durante muitos dias. Até mesmo meus filhos percebiam que havia algum problema muito grave comigo. Foi aí que eu prometi a mim mesmo e a Mariane que custasse o que custasse eu levaria à justiça os responsáveis pela morte de Danny.

"A missão ainda não terminou."

Não, realmente. Eis o que o Capitão e outros homens da lei enfrentaram em Karachi na esteira do assassinato de Danny:

9 de maio de 2002: A bomba no hotel Sheraton matou dois paquistaneses e 12 engenheiros franceses que trabalhavam com a marinha paquistanesa em um projeto de submarino.

14 de junho de 2002: Um carro-bomba no exterior do consulado dos Estados Unidos matou 12 pessoas e feriu 50. A Al Qaeda financiou o atentado.

11 de setembro de 2002: Ramzi bin Al-Shibh, um dos líderes da Al Qaeda, foi preso após um tiroteio com policiais paquistaneses.

21 de setembro de 2002: Dez outros agentes da Al Qaeda foram presos, inclusive dois argelinos.

25 de setembro de 2002: Sete paquistaneses que trabalhavam para o Instituto de Paz e Justiça, entidade sem fisn lucrativos, foram encontrados assassinados.

17 de outubro de 2002: Seis pacotes-bomba, entregues em mãos a altos funcionários da polícia, detonaram em toda a cidade. Oito pessoas ficaram feridas.

15 de dezembro de 2002: A polícia paquistanesa desbaratou um complô para abalroar no trânsito o carro de um diplomata americano com um veículo cheio de explosivos. Um dos suspeitos presos tinha ligações com a bomba do hotel Sheraton.

20 de dezembro de 2002: Um depósito de produtos químicos utilizado como fábrica de bombas explodiu acidentalmente. Morerram cinco terroristas, inclusive um dos membros da segunda célula dos seqüestradores de Danny, Asif Ramzi, que era também suspeito no caso do carro-bomba do consulado morte-americano e no dos pacotes-bomba.

3 de fevereiro de 2003: Uma bomba oculta numa motocicleta explodiu próximo à sede da empresa estatal paquistanesa de petróleo. O alvo era Faruk, braço direito do Capitão, que morava ao lado do prédio. Faruk sobreviveu.

22 de fevereiro de 2003: Pistoleiros abriram fogo do lado de fora de uma mesquita xiita, matando sete fiéis.

3 de maio de 2003: Autoridades americanas descobriram um complô para provocar o choque de um avião leve com o consulado dos Estados Unidos em Karachi.

Em abril de 2003, o Capitão recebeu uma importante homenagem do presidente Musharraf por serviços prestados ao público. O texto de um trecho do comunicado diz:

> Diante da nova onda de terrorismo sectário, [o Capitão] se voluntariou para a tarefa altamente desafiadora de desbaratar a rede e prender os terroristas que ameaçavam a cidade de Karachi. [...] Por meio de vigilância constante [ele] conseguiu localizar o paradeiro de terroristas altamente escorregadios e bem conhecidos. Trabalhando segundo um plano bem organizado, pôde apreender um dos terroristas mais procurados, envolvido em 68 casos de assassinatos sectários em Karachi e em várias cidades do Punjab. Essa prisão impediu o assassinato de seis personalidades importantes que estavam na lista como vítimas futuras. [...]
>
> [O Capitão], no cumprimento de suas atribuições, demonstrou extraordinária diligência, dedicação e coragem além do que exigia seu dever, e conseguiu prender alguns dos terroristas mais procurados por meio de planejamento meticuloso, execução metódica e excelente liderança. Em reconhecimento por suas excepcionais realizações no campo do serviço público, o presidente da República Islâmica do Paquistão tem o prazer de conferir a [o Capitão] o prêmio Sitara-i-Imtiaz.

Esse reconhecimento teve grande significado para o Capitão, mas também o tornou um alvo ainda maior. Muitos de seus colegas se deixaram levar pela inveja profissional. Nunca mais lhe permitiram o contato com americanos, inclusive Randall. Passou a ser vigiado; seu telefone e conexão de internet foram monitorados. "A vida ficou um inferno", escreveu ele, sofrimento intensificado pelo fato de que era também ameaçado pelos militantes do *jihad*, especialmente depois que prendeu o chefe da Lashkar-e-Jhangvi.

"Eles sabem quem sou eu, e os prejuízos que lhes causei. Por isso querem meu sangue, e a vida de minha família também está em perigo. Houve algumas tentativas malogradas contra mim e contra minha equipe. Por isso tive de modificar muito minha vida — mudei de casa, interrompi a vida social. Não posso ir a lugar nenhum sem guarda-costas. Em suma, perdi minha independência."

Acrescentou, porém, à sua maneira característica: "Mas deixe-me dizer, não lamento nem um segundo."

O Capitão se proclamou padrinho vitalício de Adam.

O que o Capitão descobriu

Depois da bomba do Sheraton, a polícia vasculhou grupos do *jihad* e deteve cerca de 300 suspeitos, segundo alguns relatos. Descobriu-se que diversos dos detidos sabiam muita coisa sobre o assassinato de Danny. Por meio deles, chegamos a um entendimento mais claro das células envolvidas em seu seqüestro e morte.

Já conhecíamos a primeira célula, a de Omar Said Xeique e seus três cúmplices. Durante o julgamento, ficamos sabendo outras coisas sobre ela.

Os Estados Unidos solicitaram a extradição de Omar para julgamento, mas Musharraf recusou, esperando utilizar o julgamento como exemplo da linha-dura contra os terroristas. As peripécias do julgamento foram infindáveis. Houve substituição de juízes e debates sobre locais para as sessões. Omar exigiu ser julgado num tribunal muçulmano e não no tribunal especial antiterrorismo. Seu advogado tentou acusar o promotor de blasfêmia e de declarações antiislâmicas. O juiz não considerou a acusação. Finalmente, houve quatro condenações. Adil, Suleiman e Fahad foram considerados culpados e condenados à prisão perpétua.

Omar Said Xeique recebeu a pena de morte por enforcamento. O advogado de defesa imediatamente apelou contra a sentença de morte, e o promotor simultaneamente apelou contra as sentenças dos outros três. Queria a pena de morte para os quatro. Os casos estão pendentes de decisão do Supremo Tribunal do Paquistão.

O pai de Omar, Ahmed Said Xeique, que continua com seu bem-sucedido negócio de venda de roupas por atacado no bairro londrino de East End, declarou que "um inocente foi castigado". Omar não parece preocupar-se com sua situação. Já esteve preso outras vezes e sempre acabou por ser libertado, voltando aos seqüestros de verdadeiros inocentes. Qualquer coisa pode acontecer, e ele parece achar que é a prova viva disso. Ao ser condenado à morte, declarou: "Vamos ver quem morrerá primeiro — eu ou as autoridades que conseguiram obter a sentença de morte contra mim."

Haverá mais julgamentos em breve. As autoridades reuniram muitos elementos sobre os membros da segunda célula, a que foi responsável pelo cativeiro de Danny e finalmente o enterrou. Um dos presos foi Naim Bukhari, líder da filial da Lashkar-e-Jhangvi em Karachi, que mostrou o caminho para a cabana em 23 de janeiro. Naim, também conhecido como Ataur Rehman, foi apresentado a Omar por um amigo comum do mundo dos militantes — um homem chamado Amjat Faruk, aliás Haider Faruk. Haider pertence à Harkat-ul-Jihad-i-Islami e era o chefe da célula número dois. Acredita-se que tenha pouco mais de 30 anos e passou seis anos como instrutor principal nos campos de treinamento dessa organização no Afeganistão. Omar telefonou a Haider de Lahore e pediu-lhe que encontrasse um refúgio seguro para uma operação importante em Karachi. No momento em que escrevo, ainda está foragido.

Faisal Bhati também caiu nas mãos da polícia. Homem de cerca de 24 anos de idade, estava também presente ao encontro com Omar sob a ponte Baloch e confessou ter montado guarda a Danny. Faisal foi treinado nos campos da Lashkar-e-Jhangvi, no Afeganistão.

Todos esses estão ligados ao homem que continua a escapar da polícia: o rico proprietário de fábricas em Karachi, Saud Memon, dono do conjunto de cabanas onde Danny foi aprisionado e enterrado. Memon era a pessoa que as autoridades acreditam ter trazido os "três árabes", os quais, ao que ficamos sabendo, constituíam a terceira célula, a que perpetrou o assassinato propriamente dito.

Quem são exatamente os membros desse grupo? Isso ainda não está esclarecido. Randall Bennett sempre pensou que fossem sauditas. Muitos outros acham que eram iemenitas. Um cidadão do Iêmen, que pode ter sido componente da terceira célula, foi preso em Karachi em abril de 2003. No dia de sua prisão, Walid Mohammed bin Atash tinha em seu poder 600 quilos de explosivos. Bin Atash está igualmente detido pela CIA, que até o momento não revelou informações sobre seu envolvimento no caso de Danny.

Um dos presos paquistaneses da célula número dois afirma que Khalid Xeique Mohammed, o terceiro homem mais importante na hierarquia da Al Qaeda, não apenas era um dos três árabes mas foi também quem assassinou Danny. Mohammed foi preso em 1º de março de 2003, em Rawalpindi, e é atualmente "hóspede" da CIA, como diria o Capitão, detido em lugar não revelado; mas não sabemos se essa acusação é verdadeira.

Eis o que sabemos: Memon dirigiu o carro que levou ao esconderijo os três homens que falavam árabe, no oitavo ou nono dia do cativeiro. Levaram equipamento de vídeo. Naim mandou os guardas saírem, menos um, Fazal Karim, que estava na cabana desde o primeiro dia da detenção de Danny. Fazal foi preso e a maior parte do que sabemos é por seu intermédio.

Ele descreveu para a polícia a sessão de videoteipe. Utilizando uma língua desconhecida para Fazal, que somente falava urdu, Danny discutiu acaloradamente com um dos árabes, provavelmente em hebraico ou em francês. Um homem chamado Tassadaq Malik, amigo e assistente de Naim, recebeu a tarefa de operar a câmera de vídeo. Danny foi vendado e em seguida assassinado, com a câmera em funcionamento. O operador, talvez abalado, aparentemente prejudicou uma parte da filmagem. Um dos árabes gritou com ele, e a filmagem recomeçou.

Três semanas depois, no saguão do hotel Sheraton, um homem de nome Abdul Khaliq, aliás Marshall, fazendo-se passar por jornalista da Online Press, entregou uma cópia do vídeo ao agente do FBI John Mulligan, que também se fazia passar por jornalista. A polícia chegou a deter Marshall, mas soltou-o acreditando equivocadamente que se tratasse realmente de um jornalista. Desde então, ele desapareceu.

Enquanto escrevo estas linhas, o presidente Musharraf se esforça por manter controle de seu volátil país. Quando este livro seguia para ser impresso, outros ativistas da Lashkar-e-Jhangvi foram presos. São homens que não parecem estar envolvidos na morte de Danny, mas constituem grave ameaça a outros que figuram nestas páginas. Em 4 de julho de 2003, em Quetta, três pistoleiros entraram em uma mesquita xiita e mataram ou feriram de morte 48 fiéis. David Rohde, do *New York Times*, assim descreveu o massacre: "Sem nada dizer, parecendo 'muito à vontade', caminhando 'aqui e ali', segundo testemunhas, os três pistoleiros não identificados mataram, mataram e mataram na tarde de sexta-feira." O ataque durou dez minutos.

O Capitão está a caminho de Quetta, para investigar o caso. Ele diz que é uma honra.

"Reze por mim", escreve ele.

Cartas a Adam e Mariane Pearl

Caro Adam:

Escrevo em nome daqueles que conheceram seu pai por sua reputação, como jornalista do tipo que se lança aos cantos remotos do mundo a fim de mostrar com clareza pessoas e lugares que freqüentemente são apresentados ao público americano em forma de caricatura. Seu pai retratava seus temas de corpo inteiro, em artigos cheios de humanidade, percepção profunda e espírito original. Os estereótipos preconcebidos desapareciam; as pessoas eram descritas como são.

Neste mundo em que a presença dos Estados Unidos é tão forte, tanto como influência quanto como alvo, o que seu pai fazia era o jornalismo mais importante que posso imaginar...

O terrorismo que ameaça nosso mundo jamais será vencido somente com armas. Precisamos primeiro compreendê-lo. Foi nessa batalha, na batalha da compreensão, que seu pai deu a vida. Sou grato por tudo o que ele fez, e pelo exemplo que deixou.

Jon Sawyer
Chefe do Escritório de Washington
St. Louis Post-Dispatch

Senti-me emocionada quando o presidente Bush pediu espontaneamente aos membros do Gridiron Club, uma organização de jornalistas baseados em Washington, que escrevessem a Adam sobre seu pai. As cartas que ele recebeu, como esta de Jon Sawyer, são uma dádiva preciosa.

Mesmo sem serem solicitadas, vários milhares de pessoas em todo o mundo escreveram para mim, para nosso filho, para os pais de Danny e para os colegas dele. Às vezes eu conseguia identificar a procedência, outras vezes não. As pessoas mandavam *e-mails* ao *Wall Street Journal* ou cartas aos consulados norte-americanos em seus países, pedindo que me retransmitissem as mensagens. Escreviam em urdu, em japonês. Algumas pessoas conseguiram descobrir meu endereço e me mandaram pacotes — belos presentes, muitos deles feitos à mão, cobertores e mantas, sapatinhos e anjos. Muitas cartas ofereciam ajuda financeira. Eram muito mais numerosas do que eu seria capaz de contar ou de responder individualmente, mas li todas.

Após esse tormento excruciante, nada era mais necessário para mim do que voltar a confiar na natureza humana. Eu tinha acabado de experimentar a capacidade humana para a barbárie e estava prestes a trazer ao mundo uma criança. Viver aquele pesadelo foi como cair em um poço. Aquelas cartas — as cartas de todos vocês — foram a corda por meio da qual, palavra por palavra, consegui reerguer minhas esperanças e finalmente vislumbrar a luz.

Quando Adam crescer, terei, por um lado, o terrível relato do assassinato de seu pai, e por outro as vozes dos homens, mulheres e crianças de todo o mundo, expressando todo o poder da solidariedade humana. Ao ler cada uma das cartas — das quais reproduzo aqui uma pequena seleção —, pude sentir o remetente procurando encontrar as palavras e pensamentos que me trouxessem esperança. Estou convencida de que se chegarmos a vencer o terrorismo e a difusão do ódio, será porque nesta Terra existem muitos milhões mais que são semelhantes aos que me escreveram.

Nós os consideramos pessoas comuns. Para mim, são incomuns: são extraordinárias.

Sra. Pearl,

Queria dizer-lhe o quanto me senti tocada e entristecida pela morte de seu marido. Nem tenho bem certeza do motivo pelo qual isso me tocou tão profundamente, mas desde o momento em que fiquei sabendo de seu seqüestro enchi-me de tristeza e de esperança. Todos os dias eu procurava na mídia notícias dele, e me senti também muito agustiada por sua causa. Mal posso imaginar a espera. Desejei de todo o meu coração que ele tivesse podido escapar são e salvo.

Queria que a senhora soubesse que muitos de nós, os desconhecidos em todas as nações, nos sentimos com os corações partidos com sua perda. Não conheci seu marido, mas gostaria de ter conhecido. Compartilho a compaixão e as opiniões humanísticas dele (e suas). E apesar do terrível resultado final, compartilho o otimismo de Daniel sobre algum dia podermos chegar a ter um mundo em paz. E admiro muito qualquer pessoa que esteja disposta a "fazer a jornada", a fim de trazer ao restante de nós a verdade sobre o que está acontecendo nesses lugares tão distantes.

Muito obrigada por haver participado tanto da vida de Daniel. *Muito obrigada* por tê-lo estimulado a escrever, mesmo em lugares perigosos, para que todos nós pudéssemos ficar sabendo mais.

Meu coração, assim como os de minhas três filhas e de meu marido, estão com a senhora. Desejamos-lhe paz nos dias vindouros e que o sol brilhe em seus dias mais negros.

Se alguma vez vier a Chicago, gostaríamos que nos visitasse.

Com condolências e amor,
Carole Schmidt
Bloomingdale, IL

❋ ❋ ❋

Sou jornalista italiano, de 40 anos, e tenho um filho nascido em outubro. Minha mulher também é jornalista. Trabalhei na Bósnia como correspondente de guerra. Creio que nossa família é capaz de compreender muito bem o que Mariane sentiu naqueles tempos. Rezamos por ela. Vamos rezar por Daniel. Se pudermos fazer alguma outra coisa, por favor, diga-nos.

Un abbraccio da Alberto Romagnoli

❋ ❋ ❋

Embora a senhora não nos conheça, estamos profundamente entristecidos por sua perda e nos sentimos como se tivéssemos perdido uma pessoa de nossa própria família.

Tenha coragem, pois alguma coisa boa, ainda que pequena, sempre surgirá de uma tragédia assim — ou pelo menos eu acredito nisso.

Lamentando muito sua perda e com preces para Danny,

Zarina Mehta
Bombaim
Índia

❋ ❋ ❋

Cara Sra. Pearl e família,

Gostaria de enviar-lhe minhas condolências pela morte prematura do Sr. Pearl. Que ele descanse em paz. Como paquistanês, hoje me envergonho de minha nacionalidade. Seu filho ainda não nascido virá a este mundo nos odiando, mas seu ódio não será justificado? Não tenho palavras para dizer o quanto lamento o que aconteceu com Danny. Meu coração está com sua família. Danny morreu por uma grande causa, e é um mártir. Sempre tive esperanças de que fosse libertado e agora me consolo sabendo que ele está feliz lá no alto com seu criador olhando para baixo e sorrindo, desejando ver seu maravilhoso filho que ainda não nasceu. Danny será o anjo da guarda dele. Pessoas como Danny fazem com que valha a pena viver neste mundo. Que ele repouse em paz e que Deus lhe dê a coragem de que a senhora necessita.

Sultan, Sara, Ryaan e Raniya

❋ ❋ ❋

Meu nome é Remy, tenho 16 anos de idade e moro na Holanda. Soube da notícia sobre Daniel Pearl esta manhã e fiquei realmente chocado quando ouvi, é muito triste e me dá raiva. Vi o endereço para onde mandar condolências e é isso que faço agora, condolências à família e amigos da Sra. Pearl, talvez isso não seja muito, mas acho que é melhor do que nada. Desejo a todos muita coragem,

Remy

❋ ❋ ❋

Prezada Sra. Dan Pearl:

A notícia da morte de seu marido me fez chorar.

Quando ouvi sua reação ao que aqueles miseráveis fizeram a seu Danny, chorei mais ainda. Sou um homem idoso. Oitenta e cinco anos. Passei por muita coisa na vida e não sei como consegui manter o rumo até agora. Enxugo minhas lágrimas e penso: que posso dizer diante da dor em seu coração? Talvez o simples pensamento de que ouvir sua voz ferida e indignada me fez compreender a coragem e amor de seu casamento.

Estou certo de que seu filho absorverá a coragem de seu pai e de sua mãe e construirá sua vida a partir da tragédia.

Por favor, desculpe. Tenho de fazer isso, porque sua coragem me ajudou a ter coragem... O cheque anexo, uma "dose dupla de *chai*", para a senhora e seu filho, para que faça o que desejar, é testemunha de minhas lágrimas. Mas espero que seja mais valioso do que isso. Desejo que a anime.

É uma retribuição, porque sua voz me reanimou.

Sinceramente,
Sam Fink
Great Neck, NY

❋ ❋ ❋

Cara Sra. Pearl,

A ordem de pagamento anexa foi produto de doações de amigos, familiares e clientes da loja de bebidas Deegan, em Woodhaven, N.Y. Ficamos emocionados com sua história e de seu marido, e esperamos que esta contribuição relativamente pequena ajude nas despesas do bebê.

Com os melhores votos,
Elizabeth Deegan
Woodhaven, N.Y.

❋ ❋ ❋

Meu coração vai a seu encontro. Que Deus bendiga Daniel no céu. Seu assassinato foi um ato insensato de comportamento bárbaro que ninguém pode aceitar. Como jordaniano, nascido numa família muçulmana, sinto-me envergonhado pelo fato de que os assassinos de Daniel perpetraram seu ato hediondo em nome do Islã. E fico triste ao ver que um homem de seu calibre e conhecimento morreu tentando reportar a miséria e desespero dessa parte do mundo.

Daniel morreu cumprindo seu dever e fazendo as coisas que gostava de fazer. Espero que isso seja consolo para todos.

Com condolências minhas e de minha família,

Burhan Gharaibeh, Ph.D.
Centro de Pesquisas Rangos
Hospital Infantil de Pittsburgh
Pittsburgh, PA

❋ ❋ ❋

Cara Mariane,

Por favor aceite este meu presente de um cobertor para seu filho. Fiquei profundamente tocada por sua tragédia e quis fazer alguma coisa para você. Como não nos conhecemos, não posso consolá-la. Não somos amigas, e por isso não posso estar junto a você. Mas sou fabricante de cobertores e mantas artesanais e para mim nada traz tanto amor quanto um cobertor...

O nome desta peça é "Pearl of Wisdom",* por causa de sua força, coragem e atitude positiva. Essas qualidades certa-

* "Pérola da Sabedoria", que recorda o nome de Daniel Pearl. O cobertor era do tipo chamado "quilt", espécie de manta acolchoada, geralmente feita de retalhos. (N. do T.)

mente passarão a seu filho. Por tudo o que li e vi sobre você e Daniel, esse homenzinho, Adam, tem um maravilhoso futuro diante de si.

Espero que o cobertor lhe traga prazer, segurança e um pouco de consolo. Esse é meu desejo...

Quando abri a revista em que vinha este desenho, achei que seria o do cobertor para você e Adam. Não é uma declaração política nem uma mensagem patriótica, mas simplesmente uma manta colorida e divertida, para um bebê recémnascido. Enrole-se nele junto com Adam e considere isso um abraço de uma mulher de Austin, Texas, que pensa em você com carinho e somente deseja o melhor para o futuro dos dois.

Melhores votos, realmente!
Kyra H. Loadman
Austin, TX

❋ ❋ ❋

Para a família, amigos e colegas de Daniel,

Como leitor do *Wall Street Journal*, senti-me pessoalmente atingido por essa tragédia. Nas imagens de Daniel que descobri no *site* da BBC algumas semanas atrás, no início do seqüestro, vi doçura em seus olhos, apesar de sua terrível situação. Senti que em outras circunstâncias teria sido um grande privilégio para mim tê-lo conhecido melhor.

Ele agora entrou para a família dos repórteres dedicados que pagaram o preço mais elevado em sua busca de notícias sensíveis para nós, leitores do mundo livre...

Sua memória não desaparecerá.

Tenha fé.

Jean-Marc Peyron
Paris, França

❋ ❋ ❋

Ruth e Yehuda, Tamara e Michelle, Mariane,
Estimada família,

Não há palavras que possam consolar o corte da árvore da vida de um jovem que tem todo o futuro diante de si.

Não há palavras capazes de curar a terrível dor do assassinato de seu filho Daniel, um filho que vocês educaram e que encheu seus corações de orgulho com suas impressionantes realizações. Daniel assumiu uma missão pessoal e profissional e com coragem indescritível penetrou no coração das trevas em tempo de guerra, em sua cruzada para compreender, estudar e revelar à comunidade mundial a natureza do terror e da luta contra ele.

Nós, em Israel, sentimos que Daniel é parte de nossa carne, e que o amor de sua família, de seus amigos e dos amantes da paz e liberdade no mundo manterão viva nos corações sua memória.

Estou com vocês nesses momentos insuportavelmente difíceis, sentindo sua dor e chorando suas lágrimas.

Shimon Peres
Vice-primeiro-ministro e ministro do Exterior

❋ ❋ ❋

Estamos Pensando em Você — "Pensamentos carinhosos são dádivas que vêm dos cuidados do coração."

— dos funcionários na loja Wal-Mart nº 2281
Nancy, gerente do Depto. de Eletrônica; Ann S., Jack; Cecilia; Valerie; Cheryl, nos brinquedos; Sally; Cathy S.; Joanice O'Brien; Jean P.; Nancy Rachael; Rick; Lisa Brady; Gale; Betty; Hillary; Jessica; Arriana; Tina; Jim no Laboratório Fotográfico, entre outros.

Loja Wal-Mart nº 2.281
West Mifflin, PA

❋ ❋ ❋

Meu nome é Lukman Hidayat, muçulmano indonésio. Sinto-me realmente muito triste ao saber da morte do Sr. Pearl. Minhas condolências à família e que Deus Todo-Poderoso dê sua bênção para que possam suportar esse acontecimento doloroso e desagradável.

Melhores votos,
Lukman Hidayat

❋ ❋ ❋

Prezado Senhor,

O cheque anexo é para a Sra. Pearl.

Sou ex-jornalista, aposentado em Cape Cod; quero acreditar que em toda parte os jornalistas se sintam compelidos a ajudar.

Se souberem que a Sra. Pearl tem problemas financeiros, agradeceria que me colocassem em uma lista dos que sejam informados, e mandarei mais recursos.

Sinceramente,
Thomas Turley

❋ ❋ ❋

Cara Mariane,

Sei que provavelmente não será grande consolo neste momento difícil, mas saiba que meu coração e os corações de mil budas estão com você. Ninguém poderá saber a perda que você sente neste momento, mas lhe ofertamos nossas lágrimas...

Nam Myoho Renge Kyo
Brenda Thompson
Houston, TX

❋ ❋ ❋

Eu e minha turma lamentamos muito a morte de seu marido. Por isso levantamos dinheiro [em uma rifa] no Millenium Mall. Conseguimos cerca de 2.000 dólares. Espero que o dinheiro lhe seja útil. Seu marido foi um verdadeiro herói americano.

— Gregg Stevinski,
uma dentre 26 cartas escritas por alunos
da aula de leitura da Sra. Rudolf, quinta série,
Escola Intermediária de East Hampton,
East Hampton, NY

❋ ❋ ❋

Cavalheiros,

Meu filho, Philip, está no Afeganistão trabalhando para o *Christian Science Monitor* e para o *U.S. News*. Estamos muito sentidos.

Com amor, um pai e uma mãe.
Sr. e Sra. John R. Smucker
Alexandria, VA

❋ ❋ ❋

Prezado Senhor,

Meu nome é CHRISTIAN EMEKA UCHE. Sou nigeriano. Sou um dos que leram a respeito do seqüestro de Daniel Pearl no *website* da CNN.

Escevo para que saibam que não são os únicos afetados por sua morte. Senti-me mais do que emocionado quando li as notícias de seu assassinato.

Por favor, aceitem minhas condolências e rezo para que Deus os ajude nesse momento de tristeza.

Também para a mulher dele, sei que está passando por toda essa provação, só o que tenho a dizer é que possa suportar e permita que Deus a guie e proteja.

Quero que todos possam suportar a perda.
Deus os abençoe.

De: Christian Emeka Uche
Lagos, Nigéria

❋ ❋ ❋

Esta carta exprime minha tristeza e profundas condolências a Daniel Pearl e sua família. Penso especialmente em sua esposa e o filho que ainda não nasceu, que ficarão marcados por sua morte mais do que qualquer outra pessoa.

A obra do Sr. Pearl mostra um homem que tentava explicar a seus leitores as complexidades do mundo. Ele procurou aumentar o entendimento dos problemas de que tratou, e em minha opinião foi muito bem-sucedido. Era sempre um prazer ler seus artigos, e era possível notar a marca de uma mente aberta, cultural e intelectualmente.

Uma forma de homenagear seu legado seria, portanto, prosseguir em seu caminho e oferecer artigos profundos e esclarecedores, com percepção, humor e uma perspectiva humanística.

Não é coisa fácil.

Desejo o melhor,
Henning Gravklev
Oslo, Noruega

❋ ❋ ❋

À querida Mariane,

Aqui em Israel, ao celebrarmos o Festival do Purim, é difícil encontrar felicidade em nossos corações porque vivemos à sombra do terror. Somente podemos rezar por tempos melhores e um mundo melhor.

Enquanto isso, por favor saiba que todos nós aqui que lemos nos jornais a respeito de Daniel nos sentimos como se o conhecêssemos um pouco. Por favor, tenha uma boa gravidez e um parto bom e fácil. Todos estaremos pensando em você quando chegar a hora.

Que nossos filhos cresçam em uma realidade muito diferente da atual.

Com amor e respeito,
Katie e Aryeh Green
Yonatan (14 anos)
Michal (12 anos)
Moriyah (9 anos)
Bet Shemesh, Israel

❋ ❋ ❋

Cara Sra. Pearl,

Se isso a faz sentir-se melhor, minha mãe está grávida também e sei como a gente se sente quando perde alguém. Perdi duas pessoas que nem sequer conhecia, mas a senhora conhecia seu marido e pelo menos pode falar a seu filho sobre seu marido. Mas eu não posso falar com meus filhos sobre as pessoas que perdi.

Sinceramente,
Katie Sorrels
Indiana

❋ ❋ ❋

Mariane Pearl & família:

Sou uma mulher de 29 anos de Belfast, Irlanda do Norte, e freqüentei a escola durante a fase mais difícil que passamos. Minha mãe é judia croata. É por meio de pessoas como Daniel que o mundo ouve a verdade...

Sua família estará sempre em meu coração.

Com os melhores votos,
Natalija Harbinson
Surbiton, Surrey
Inglaterra

❋ ❋ ❋

Em nome do presidente geral da Associação Internacional de Bombeiros, Harold Schaitberger e de toda a nossa organização, envio nossas mais sinceras condolências à Sra. Pearl e aos funcionários do *Journal* por ocasião da trágica morte do repórter Daniel Pearl, do *Wall Street Journal*.

Tanto no caso dos 343 bombeiros do Corpo de Bombeiros de Nova York, no ataque ao World Trade Center, quanto no de um repórter do *Wall Street Journal* morto no Paquistão em conseqüência de um ataque terrorista, todos esses eram homens que cumpriam seus deveres da melhor maneira que podiam e que procuravam fazer do mundo um lugar melhor.

Nossos corações estão com todos os da família do *Journal* e especialmente com a Sra. Pearl e o filho que ainda não nasceu.

Que ele descanse em paz.

George Burke
Washington, D.C.

❋ ❋ ❋

Saudações! Minhas sinceras desculpas e sentidos pêsames por sua perda e sua dor. Sou xiita, de Karachi, e cresci com meu pai na cadeia entre 1977-1978 por pertencer ao movimento para a democracia, não posso saber a extensão de sua perda mas sinto-me emocionado por ela, qualquer que seja o valor. O sangue de seu marido se assemelha ao de todos os que procuraram denunciar, lutar e resitir à opressão ao longo da história, cuja epítome são os mártires de Kerbala, e isso não será em vão.

Sou arquiteto de profissão, e prometo projetar um memorial a seu marido (se isso ainda não tiver sido feito), no modelo arquitetônico da região, como testemunho de nossa terra a seu sacrifício. (...) Que o Bem esteja com todos e que a memória dos mártires e sofredores lhes dê forças e os torne orgulhosos. *Khuda Nigehban!* *

Tehmoor Nawaz

* Invocação budista. (N. do T.)

❋ ❋ ❋

Estimada Mariane,

O choque causado por atos desumanos é para nós algo muito pessoal. Há três anos adotamos uma criança brasileira. Luciano é um menino que vivia nas ruas de uma grande cidade no Brasil. Tinha sido vítima de um policial que estava de folga e que havia sido contratado por comerciantes para matar crianças de rua que eles consideravam nocivas. Sem a imprensa e a Anistia Internacional, esse atos horrendos teriam continuado. Mas por causa de jornalistas corajosos como Daniel, Luciano sobreviveu e vai muito bem. Não usamos o termo herói, mas ele sem dúvida se aplica a Daniel. Ele se colocou conscientemente em perigo para denunciar atos tirânicos.

Embora nunca tenhamos conhecido você nem Daniel, por favor, saiba que sua coragem viverá para sempre em nossos corações...

Com amor, Kathy, John e Luciano Vaden
Greenville, TN

❋ ❋ ❋

Querida Mariane,

...Não sei se você gostaria disso, mas recitei o Kaddish* para Danny.

Muito, muito amor,
Anne-Marie Dogonowski
Smorum, Dinamarca

❋ ❋ ❋

ESPERO QUE TENHA SIDO SUFICIENTE PARA EVITAR QUE O MUNDO ENLOUQUEÇA.

---

* Oração fúnebre judaica. (N. do T.)

— bilhete enrolado em uma nota de cinco dólares enviada de Brooklyn, NY

❋ ❋ ❋

Muitos dos que estão escrevendo para esse endereço provavelmente não conheceram Danny Pearl. Eu não sou exceção.

No entanto, como aconteceu com tantos que pereceram em setembro... a nota fúnebre publicada hoje para Danny revelou um pouco do brilho de um indivíduo cujo rosto jamais conhecerei: sua inteligência atrativa, engajada, original, brilhante e investigativa. Nas conversas agradáveis com pessoas que encontramos, são esses os elementos que me atraem. E a súbita perda desses traços é o que mais me entristece.

No fundo, talvez isso seja tudo o que possuímos: uma conexão humana com outro indivíduo. Alguém que nos emociona, que desafia nossas convenções e nos consola quando o mundo desaba ao nosso redor. Suspeito de que para seus colegas, amigos e familiares, Danny era tudo isso.

Juli Goins
Minneapolis, MN

❋ ❋ ❋

Madame,

Soube da notícia do nascimento de seu filho terça-feira passada em Paris. Regozijei-me e gostaria de enviar-lhe minhas mais calorosas congratulações e desejos de boa saúde para a senhora e seu filho.

Como todos os meus compatriotas, admirei sua coragem após a morte de seu marido, em circunstâncias tão revoltantes. Espero sinceramente que o nascimento de seu filho lhe traga conforto depois dessa terrível provação.

Esteja certa de que meu Ministério estará sempre à sua disposição para qualquer problema que possa surgir com as autoridades paquistanesas ou norte-americanas.

Respeitosamente,
Dominique de Villepin
Ministério dos Negócios Estrangeiros
França

❋ ❋ ❋

Desejo expressar minha tristeza porque esse jovem foi morto por terroristas. Minhas preces são para sua esposa, família, amigos e companheiros de trabalho no *WSJ*.

Da fazenda,
Bobby Leezer
Fazenda Magnum Creek

❋ ❋ ❋

Cela da Morte
Círculo 3
Peniteniária Central
Rawalpindi
Assunto: CONDOLÊNCIA
Prezada Excelência,

Esta carta é para expressar tristeza pela lamentável e prematura morte do Sr. Daniel Pearl, o falecido cidadão norte-americano e jornalista, vítima do Terrorismo Religioso no Paquistão.

Que sua alma repouse no céu.

Apresentando os pêsames à família enlutada,
e ao Governo dos Estados Unidos,
Dr. Mohammed Younas Sheikh
(Eu próprio vítima de Terrorismo Religioso de
parte dos mulás por meio de abuso da famigerada

Lei de Blasfêmia 295/e PPC e ameaças ao processo normal do direito e da justiça.)

[O Dr. Mohammed Younas Sheikh era professor de medicina homeopática em uma escola em Islamabad. Junto com cerca de 12 outros professores, foi acusado de blasfêmia. Seu crime: em uma aula no ano 2000 fez uma observação inócua sobre as origens do Islã. Sheikh foi condenado e aguarda execução, obrigatória segundo a lei de blasfêmia.]

❋ ❋ ❋

Chère Madame,

Estou absolutamente arrasada pelo que aconteceu à senhora e não encontro palavras de consolo adequadas. As que me ocorrem parecem insuficientes [...] A única coisa a meu alcance é convidá-la a hospedar-se em minha casa por algum tempo se estiver pensando em vir à França.

Sou médica aposentada e vivo com meu marido no sul da França, próximo a Montpellier, numa grande casa de fazenda perto da praia.

A senhora seria bem-vinda, nós a divertiríamos, tratá-la-íamos bem, cozinharíamos belos pratos para a senhora e a cercaríamos com nossa afeição. (Tenho três filhos e seis netos.)

Embora não a conheça, tomo a liberdade de mandar-lhe um beijo...

COURAGE!

Edmée Finet
França

❋ ❋ ❋

Queridos todos,

Minha família e eu desejamos enviar-lhes nossos pensamentos e nosso amor pela perda de Daniel Pearl. Nosso filho Andrew, de 20 anos, está no navio U.S.S. *Kitty Hawk*, como aviador na Marinha americana. Rezamos todos os dias pelos nossos militares para que Deus os mantenha em segurança. Daniel faz parte das preces de nossa família (inclusive as de nosso filho de seis anos) desde 23 de janeiro.

Daniel JAMAIS será esquecido em nossos corações. Por favor transmitam à esposa e pais de Daniel nossa tristeza por esse assassinato insensato. Lamentamos também sua perda.

Obrigado por deixar-nos tomar seu tempo. Deus Abençoe.

Saudações
Sandy, Mike, Kristina, Kimberly Palumbo...
Round Rock, Texas
Andrew Yarnish — U.S.S. *Kitty Hawk*
Atsugi, Japão

❋ ❋ ❋

Caros Sr. e Sra. Pearl,

... Conheço Danny desde a oitava série. Danny e eu ficamos bons amigos no Acampamento Musical Wildwood, onde fazíamos juntos brincadeiras em volta da fogueira, e continuamos amigos em Stanford e novamente em Washington, D.C., onde trabalhávamos em escritórios fronteiros um ao outro há seis ou sete anos.

Não sei se se lembram de mim; encontramo-nos rapidamente em algumas ocasiões quando minha mãe, meu pai e eu passávamos por sua casa para pegar Danny e levá-lo ao acampamento musical. Danny sempre falava dos senhores com muito amor e verdadeira afeição — até mesmo quando adolescente, quando todos nós nos sentimos um pouco envergonhados diante dos pais...

Meu coração sofreu, especialmente pelos senhores, quando ouvi a notícia do assassinato de Danny. Agora sou pai, e vi em Danny tudo o que gostaria que meus filhos se tornassem — e não estou falando em realizações profissionais. Falo da capacidade de realmente viver a vida: a capacidade de experimentar alegria sem repressão; a capacidade de ser reflexivo sem absorver-se em si mesmo; a capacidade de ver e aumentar o humor da vida sem adotar o distanciamento fácil dos cínicos e a capacidade de ser espontâneo e simples nos relacionamentos com outras pessoas.

Esses são atributos de uma coisa rara: um ser humano integral, plenamente desenvolvido. Paradoxalmente, são qualidades mais encontráveis nas crianças do que nos adultos. E os adultos que as possuem quase invariavelmente foram educados por pais que os amavam sem sufocá-los, sem tentar viver vicariamente por meio deles.

Quando vi Danny pela última vez, numa festa de despedida para ele em Washington, em 1996, fiquei impressionado ao ver que conservava suas melhores qualidades do tempo de adolescente no acampamento musical. E devo confessar que tive certa inveja, porque pensei que, assim como muitas pessoas, eu havia ao longo dos anos construído em volta de mim essa espécie de membrana invisível que precisava afastar, contra uma resistência crescente, a fim de relacionar-me com outras pessoas tão integralmente quanto o fazia no passado, e até mesmo relacionar-me com minhas próprias aspirações. Em Danny, não existia essa barreira entre ele e os outros, nem entre ele e si próprio. Não admira que as pessoas fossem atraídas por ele...

Por haver conhecido Danny, e por ouvir outros que tiveram a ventura de conhecê-lo, estou convencido de que muitas centenas de pessoas, consciente ou inconscientemente, receberam de Danny lições semelhantes e foram inspiradas por ele a viver uma vida melhor e mais plena, uma vida de dádiva. Por me haver enriquecido dessa forma, estou certo de que não devo agradecer somente a Danny, mas também aos senhores.

Meus pensamentos e preces continuarão a estar com os senhores.

Sinceramente,
Leon Dayan
Washington, D.C.

❋ ❋ ❋

Cara Mariane,

Ótima notícia — Adam chegou! Alegramo-nos com você e estamos felizes por saber que ambos estão bem.

Recordo com prazer nosso encontro em Paris e espero algum dia conhecer Adam.

O presidente Bush e eu enviamos nosso afeto a você junto com nossa esperança de que estes dias sejam o começo de uma nova luz em sua vida.

Com votos calorosos,
Laura Bush
Casa Branca

❋ ❋ ❋

Prezada Família e Amigos de Daniel Pearl,

... Acordei pensando em Danny e vocês às 4h30 da madrugada de hoje e chorei em meu travesseiro, pensando no que poderia dizer-lhes.

Espero que com o tempo vençam sua tristeza — tenho certeza de que a Sra. Pearl e o bebê que está por chegar serão amparados com muito amor. Certamente o bebê será um cidadão do mundo.

Meu marido e eu costumamos tocar músicas antigas e irlandesas ao violão e bandolim e tocaremos "Red-Haired Boy" para Danny.

Com melhores votos e amor,
Susan Coale
Highland Park, IL

❋ ❋ ❋

Meu marido James W. Barbella morreu em 11 de setembro no World Trade Center. Compreendo o horror que a esposa de Danny está sofrendo. Isso não apagará sua dor, mas espero que ela saiba que muitas pessoas pensam nela com carinho.

Sinceramente,
Monica Barbella

❋ ❋ ❋

Cara Mariane,

Felicitações pelo nascimento de Adam. Sei que essa alegria é matizada pela tristeza. Como minha mãe ficou viúva três meses antes de meu nascimento, tenho idéia do que a senhora pode estar sentindo e pensando a respeito do futuro de seu filho.

Minha mãe se esforçou para que eu sentisse que tinha conhecido meu pai, para que eu me orgulhasse de ser seu filho e para que minha vida honrasse sua memória. O amor dela me deu forças e segurança para suportar o vazio da ausência dele. Sei que seu amor fará isso também.

Meus pensamentos e preces, assim como de Hillary, estão com a senhora.

Sinceramente,
Bill Clinton

❋ ❋ ❋

Cara Sra. Pearl,

Anexa está uma carta de condolências de Sua Alteza o xeique Hamad bin Khaifa al-Thani, emir do estado do Catar, sobre o triste e lamentável assassinato de seu falecido marido.

Gostaria também, nessa hora de luto, de oferecer meus pêsames pessoais. Na verdade, ele era um bom amigo e sentirei muito sua falta...

Há poucas semanas recebi o livro de notas que ele prometera mandar-me. Era um homem de palavra.

Sinceramente,
Abdulrahman bin Saud al-Thani
Subsecretário, Estado do Catar

❋ ❋ ❋

Cara Sra. Pearl,

Fiquei chocado ao saber do assassinato brutal e selvagem de seu amado marido. Ao mesmo tempo que condeno veementemente esse ato bárbaro e atos terroristas semelhantes, desejo expressar-lhe minhas sinceras condolências e pêsames, orando a Deus Todo-Poderoso para que dê repouso à sua alma e conceda à senhora e sua família enlutada coragem e consolo para superar essa triste e lamentável perda.

Hamad bin Khalifa al-Thani
Emir do Estado do Catar

* * *

Dez Conselhos Úteis para o Bebê, alguns dentre muitos oferecidos pela aula de quinta série da Sra. Brosius, Escola Intermediária Laurin, Vancouver, WA

Não dêem alimentos pequenos e redondos. Eles os colocam no nariz.

Não deixem o bebê sozinho no carro. Pode ter desaparecido quando voltarem.

Nunca batam nele, porque mais tarde ele baterá em outras pessoas.

Não o deixem comer *petits-pois*; ele os mete no nariz.

Se o bebê não dormir, ponham-no num assento para automóvel e dêem uma volta.

Nunca levem o bebê de um fuso horário para outro distante. Por exemplo, de Washington para o Texas.

Se o levarem à Disneylândia, não o deixem ir à Casa Mal-assombrada, porque pode ser assustadora demais.

Se comprarem uma cama elástica, não o deixem brincar nela, porque pode cair e machucar-se.

Guardem sempre as moedas em lugar alto, porque ele pode engoli-las.

Como é um menino, quando mudarem a fralda fiquem de lado, porque por motivos inesperados ele pode fazer xixi quando se tira a fralda. Portanto, cuidado!

❋ ❋ ❋

A senhora não me conhece — sou uma pessoa dentre muitas que acompanharam a história do seqüestro do Sr. Pearl pelo noticiário durante o mês passado. Lamentei saber esta manhã de sua morte, quero que sua família e amigos saibam que meus pensamentos estão com eles. Sei que esses momentos são muito difíceis.

Tatiana Schwartz,
gerente de escritório, MITS
Michigan

❋ ❋ ❋

Prezados amigos e familiares de Pearl,

Este pode não ser o melhor consolo neste momento... mas eu realmente acredito que o Sr. Pearl e todos os jornalistas servem a um bem maior.

Nós lhes devemos nossos agradecimentos por contribuírem para que o mundo continue sendo um lugar livre. Quando um jornalista morre em função de seu trabalho, ele morre nos salvando. Agradeço ao Sr. Pearl e a todos os jornalistas pelo risco que assumem. Não posso imaginar como o mundo seria diferente se não se arriscassem.

Nathaniel Toll
Athens, Georgia

❋ ❋ ❋

Prezada Madame

Nunca conheci seu marido. Na verdade, não costumo ler o *WSJ*. Além disso, sou turco e muçulmano. No entanto, lamento muito esse hediondo ato criminoso que vai muito além de qualquer espécie de pensamento religioso...

Espero que Deus dê à senhora e seu filho forças para atravessar esses tempos difíceis. Como cidadão do mundo, eu também gostaria de ver os autores desse ato de barbárie sentirem a espada da justiça.

Uma coisa boa que posso dizer neste momento é que seu marido é agora um desses grandes mestres que ensinam à humanidade a importância da livre expressão e a importância da tolerância entre as culturas.

Ozgur Altinyay
Istambul, Turquia

❋ ❋ ❋

Cara Sra. Pearl,

Meu marido Keith e eu conhecemos Danny numa tarde ensolarada de verão em Washington, quando o *Wall Street Journal* deu uma surra no *New York Times* numa partida de *softball.* Depois do jogo, Danny foi tomar um drinque com alguns de seus colegas, inclusive meu marido e eu, e tivemos o prazer de conhecê-lo, ainda que ligeiramente.

Muitas vezes conhecemos alguém e depois esquecemos. Recordo Danny porque obviamente ele era uma pessoa muito boa em seu interior. Estou certa de que a senhora sabe disso melhor do que ninguém e lamentamos a perda de um marido, amigo e pai de seu filho.

Com nossos melhores votos para a senhora e os seus,
Robyn Meredith
Keith Bradsher

❋ ❋ ❋

Fui um dos 52 americanos mantidos como reféns no Irã durante 444 dias entre 1979 e 1981. Por favor, aceite minhas condolências mais profundas. Admiro o que Daniel fazia. Embora não haja consolo, estou certo de que seu filho crescerá recordando com amor um pai bondoso, generoso e realmente dedicado.

Barry Rosen
Nova York

❋ ❋ ❋

Considerando que somos parte de um mundo que interage, controla e redefine seu próprio meio ambiente, sinto-me parte de uma tristeza impotente porque um indivíduo pode ser morto tão cruelmente e sem necessidade. Minhas preces e angústia de coração estão com a família do Sr. Daniel Pearl.

Bin Bakshi
Bombaim, Índia

❋ ❋ ❋

Cara Mariane,

Sou um estudante indiano, profundamente abalado pelo assassinato de seu marido. Somente posso dizer, se existir um DEUS em algum lugar, ele CASTIGARÁ os seus assassinos... Espero que onde quer que esteja Danny esteja em boas mãos. SEI que ele estará protegendo a senhora e seu bebê. Por isso, por favor, nunca se sinta só. Se isso significa alguma coisa, estarei rezando pela senhora e por sua família e por todos os que sentiram sua perda. Venho de uma família de oficiais do exército. Fui educado como Testemunha de Jeová, com mentalidade liberal, tolerância e perdão. NÃO POSSO aceitar o que aconteceu a seu marido. Penso que os autores desse odioso crime jamais deveriam ser perdoados.

Por favor, seja forte e não se deixe amargurar pelo ódio. Estou com a senhora em seu luto...

Com meu amor e preces
Vasundhara Sirnate
Nova Délhi

❋ ❋ ❋

Nós, da Companhia Manufatureira Batesville American, gostaríamos de enviar nossas condolências pela trágica perda de Daniel Pearl.

Chorei ao assistir à CNN ontem à noite, quando ouvi a notícia da perda do Sr. Pearl. Eu tinha rezado para que ele voltasse à sua família. Podemos perguntar "por quê?" durante o resto de nossas vidas e jamais compreenderemos como um ser humano é capaz de tirar a vida de outro de maneira tão trágica.

Deus abençoe a família Pearl e que eles possam suportar a passagem do tempo recuperando-se da perda de uma pessoa tão maravilhosa.

Helen Williamson
Batesville American Mfg. Co.
Batesville, MS

❋ ❋ ❋

Sou jornalista norte-americana, morando e trabalhando em Berlim, Alemanha. Não conheci o Sr. Pearl, mas estou indignada e triste. Estou furiosa, sem palavras. Embora muitas vezes desiludida com minha profissão, muitas vezes pensando em deixar o jornalismo, não posso deixar que essa violência insensata apague as palavras que escrevemos ou silencie nossas vozes. Espero que a família, os amigos e os colegas saibam que todos nós compartilhamos sua tristeza e estamos decididos a prosseguir. Nossas vozes serão ouvidas, nossas fotos serão vistas e a verdade será dita.

Pilar Wolfsteller
TV Reuters
Berlim, Alemanha

❋ ❋ ❋

O primeiro-ministro do grão-ducado do Luxemburgo gostaria de expresar suas sentidas condolências à família de Daniel Pearl. As atrozes circunstâncias de sua morte, por mais insuportáveis que sejam para sua família e amigos, permanecerão como lembrete à humanidade de que a liberdade é acima de tudo liberdade de expressão e de pensamento. Daniel Pearl era uma luz num oceano de sombras. Que sua luz continue a brilhar, para todos nós. À sua esposa desejamos expressar nossos profundos pêsames pela perda de um marido e de um futuro pai. Nossos pensamentos estão também com Daniel Pearl e seu filho ainda não nascido. Que o exemplo de seu pai seja um farol em sua vida.

Jean-Claude Juncker
Primeiro-ministro do grão-ducado do Luxemburgo

❋ ❋ ❋

Foi com grande tristeza que soube da morte de Danny Pearl. Aqui na Irlanda todos têm acompanhado o assunto nos jornais e na TV com a esperança de um final feliz, ainda que fosse difícil. Sua alma e sua família estarão em meus pensamentos e preces. *Requiescat in pace.*

Terry O'Connell

❋ ❋ ❋

Foi um momento muito triste para nós aqui, ao sabermos do assassinato do Sr. Daniel. Lamentamos muito sua morte e nossos corações estão com sua esposa, filho não nascido, família, amigos e colegas.

Seu assassinato é um ato infame. Condenamos os que cometeram esse crime e esses atos covardes serão severamente punidos por nossa religião. Não há qualquer justificativa para esses atos criminosos.

Que Deus lhes dê coragem e forças para suportar sua perda e lembrem-se de que ele partiu como *herói* e está com *Deus.*

Que Deus os abençoe a todos, amém.

Sinceramente,
Abdurehman Jewaid Banihamed

e toda a minha família e amigos
Ana Banihamed, Ismael Abdurehman,
Adam Abduhreman, Joseph Abdurehman,
Salim Rawashdeh, Zaid Jebril,
Basim Mustafa, Mohammed Salih,
Abdu Al-Salam, Mansour Jewaid,
Mohammed Ali Sulieman, Sameh Jewaid
Yussef Jewaid, Wasfi Jewaid, Falah Jewaid

❋ ❋ ❋

Ao *Wall Street Journal,*

Minhas mais sinceras condolências pela morte prematura de seu repórter, Daniel Pearl. Seu brutal seqüestro e bárbaro assassinato me abalam profundamente. Como o Sr. Pearl, meu cunhado, Robert Stethem, foi também assassinado por terroristas. A insensatez da morte de Robbie e os pensamentos assustadores de então continuam comigo.

Que os amigos, colegas e pessoas queridas do Sr. Pearl se consolem sabendo que ele morreu fazendo o que amava — ser jornalista.

Que Deus os abençoe e conforte nessa época de necessidade, e que o Sr. Pearl repouse em paz por toda a eternidade.

Ray Sierralta

❋ ❋ ❋

Como cidadão paquistanês, desejo expressar minha tristeza e pesar pela morte de Daniel Pearl. O público de meu país está chocado e horrorizado pelo assassinato brutal de uma alma inocente e gostaria de oferecer condolências à sua família, amigos e compatriotas. Nossos corações estão com vocês na guerra contra o terrorismo. Que Alá nos ajude a derrotar esse inimigo disfarçado em defensores da fé.

Zaqi Haq
Karachi, Paquistão

❋ ❋ ❋

Cara Sra. Pearl,

Por favor aceite minhas sinceras condolências por ocasião da trágica morte de seu marido.

Ele caiu como mais uma vítima inocente das pessoas e organizações cuja profissão é cometer violência, seqüestrar, matar e espalhar o terror. O terrorismo internacional não conhece fronteiras nem nacionalidade. Existe no Paquistão e no Afeganistão, no Oriente Médio e nos Bálcãs, assim como em outras regiões do mundo. Infelizmente, na Rússia também vimos atos inumanos de terroristas que resolveram transformar uma parte de nosso país — a Chechênia — em sua base. Milhares de pessoas, cidadãos russos e estrangeiros, se tornaram vítimas de suas pilhagens, atos brutais de terror e tomada de reféns. Por isso compreendemos e compartilhamos de sua tristeza como se fosse a nossa.

Para lutar contra esse desafio global à segurança, o povo da Rússia, dos Estados Unidos e de outros países uniram seus esforços. Faremos tudo para erradicar esse mal, eliminar a ameaça do terrorismo e localizar e neutralizar os que trazem morte e destruição.

Por favor, transmitam minhas condolências aos pais de Daniel Pearl, a todos os seus parentes e amigos e a seus colegas do *Wall Street Journal.*

Sinceramente,
Vladimir Putin
Presidente da Federação Russa

❋ ❋ ❋

Sei que os senhores receberão milhares de *e-mails* lamentando a morte de Daniel Pearl, mas me sinto obrigada a dizer-lhes que, quanto a mim, segui muito de perto os relatos de seu seqüestro. Rezei por seu regresso são e salvo e assisti ao noticiário como uma mãe que vigia o filho recém-nascido ao dormir.

Até hoje, tal como sua família, ainda tinha esperança de que se reunisse à sua amada esposa.

Meu coração sangra por sua família, pela insensatez de tudo isso, e por ver que muita coisa neste mundo é inexplicável e está simplesmente fora de nosso controle. A morte do Sr. Pearl é uma tragédia nacional. Moro no maior país do mundo, não por sua força militar, e sim por sua compaixão e tolerância. Ver alguém perder a própria vida devido a uma causa maldefinida é muito triste.

Afinal de contas, percebemos, mais uma vez, que a vida é realmente muito frágil. Agora rezarei pela recuperação da Sra. Pearl. Ela terá lembranças a compartilhar com o recém-nascido e espero que seu pesar se torne mais suportável com o nascimento da criança. Se soubesse para onde mandar flores, mandaria um buquê tão grande, que não caberia na casa dela. Por favor, digam a ela que muitos de nós ainda lamentamos com ela. Não aliviará sua dor mas talvez a ajude ao saber que milhões de pessoas a acompanham em espírito.

Patricia DiSiena
Houston, Texas

❁ ❁ ❁

Sra. Pearl,

... Temos na Índia um ditado que diz: "Um ser humano vem a esta terra sem quaisquer posses e o mesmo acontece quando a deixa, e a alma é a coisa mais importante, e assim como mudamos de roupa, a alma muda de corpo." Assim, ele deve ter partido para a morada dos corpos celestiais e também Deus não pode ficar sem as pessoas que ama e por isso as chama cedo para que fiquem com ele.

Ele deve ter sido uma pessoa extraordinária, agora que todo o mundo lamenta coletivamente sua morte.

Cuide-se e tudo sairá bem.

Com bons votos,
Ravi Dixit

❋ ❋ ❋

Por favor aceitem minhas condolências pelo assassinato de Daniel Pearl. Esse incrível ato de selvageria reforça os motivos pelos quais lutamos de frente contra o terrorismo. Deve ser algo muito triste para a família.

Saudações,
Alan Taylor
Ayrshire, Escócia, Reino Unido

❋ ❋ ❋

Alô,

Meu nome é Jennifer e vou ser jornalista... Durante muito tempo não sabia o que queria fazer de minha vida. Queria seguir uma carreira que fosse útil para mim e para a comunidade global. Quando comecei a acompanhar a história de Daniel, compreendi que jornalistas como ele possuem muita coragem e devoção. Passei a ter respeito completo e absoluto por jornalistas como Daniel. Para mim, os jornalistas são o primeiro elo na cadeia de revolução e mudança. Levo uma foto de Daniel na carteira para recordar-me o motivo pelo qual finalmente resolvi ser jornalista. Espero que Adam, filho de Daniel, cresça sabendo que seu pai não morreu em vão, pois sei que não sou a única pessoa cuja vida foi influenciada por Daniel. Faço os melhores votos a Mariane e seu filho recém-chegado.

Obrigada,
Jennifer Taylor
Minneapolis, MN

❋ ❋ ❋

Fiquei muito emocionado com o trágico fim do Sr. Pearl e não consigo entender esse horrível crime contra ele e sua família. Sendo eu próprio jornalista, e também como ser humano, denuncio vigorosamente esse ato bárbaro. Nunca mais! Meu coração vai ao encontro da família, amigos e colegas do Sr. Pearl.

Sinceramente,
Werner Pochinger
Áustria

❋ ❋ ❋

Peço desculpas em nome de meus compatriotas por esse ato covarde e vergonhoso contra seu marido, cometido em nosso solo, supostamente por nossos compatriotas.

Muitas pessoas podem tê-la consolado usando várias frases e palavras. Sendo eu advogado e agindo em assuntos sociais, compreendo bem seu estado...

Sei que a senhora talvez esteja indecisa quanto ao futuro. Quero compensar seu sofrimento. Não posso, porém, oferecer melhor substituto a seu falecido marido senão dizer, se a senhora considerar adequado, que estou disposto a sustentá-la e compartilhar de sua dor, inclusive com uma estimada relação matrimonial, se a senhora assim desejar.

Saudações,
Muhammad Ahmed
(advogado)
Karachi

❋ ❋ ❋

Cara Sra. Pearl,

Escrevemos à senhora e sua digna família a fim de exprimir nossas profundas condolências pelo triste falecimento do Sr. Pearl. Por favor permita-me compartilhar esses momentos de tristeza porque ficamos conhecendo Daniel como homem nobre e como repórter.

Estamos profundamente entristecidos por sabermos da perda da vida de Daniel Pearl, devido ao respeito que temos um pelo outro. Minha tristeza e dor se vêem aumentadas quando recordo a amizade alegre e calorosa que tivemos durante os últimos anos. Sempre tive muito prazer em ler os artigos e outros escritos dele...

Daniel sacrificou a vida porque não se submeteu a nenhuma pressão em relação ao que será uma doutrina para a comunidade do jornalismo profissional em todo o mundo a fim de manter a chama da vida sempre brilhando e reinando.

Mais uma vez lhe fazemos chegar nossas sinceras condolências, à família, amigos e parentes do falecido, entre os quais sua falta será muito sentida.

Sinceramente,
Sultão Bin Zayed Al-Nayan
Vice-primeiro-ministro
Emirados Árabes Unidos

❋ ❋ ❋

Assisti ontem com meu filho mais jovem à notícia da confirmação da morte de Daniel. Meu filho, de nove anos, ficou muito emocionado com a tragédia e fez muitas perguntas sobre quem era Daniel e sobre sua vida, independente da experiência de jornalista. Estamos tristes pela perda de sua vida e não sabemos que maldade pode levar alguém a fazer o que fizeram com Daniel, homem que era evidentemente piedoso. Quando vejo meu filho, fico pensando na maneira pela qual as gerações futuras considerarão os acontecimentos que tiveram de enfrentar a partir de 11 de setembro, e como eles influenciarão o mundo. Rezo para que não se tornem empedernidos quanto a isso, e sim para que vejam a bondade das pessoas como um todo. Não tenho respostas simples para as [perguntas] dele sobre os motivos da morte de Daniel. Não tenho respostas simples sobre a existência do mal. Rezo por sua família, para que encontre a paz.

Debra Leverton

❋ ❋ ❋

Cara Mariane Pearl,

Como marido e pai tive vontade de chorar quando fiquei sabendo da morte de seu marido, Daniel. Ainda não posso acreditar que seja verdade.

Como ser humano comum e decente, não foi preciso que tivesse conhecido seu marido para que me sentisse indignado com seu assassinato brutal e insensato. Não entendo que alguma causa, política ou de outra natureza, possa justificar esses atos desumanos de brutalidade. Não é um ato somente contra os Estados Unidos, é um ato contra os seres humanos comuns que amam a paz e a liberdade em toda parte...

Que Deus Todo-Poderoso lhe dê conforto e paz neste momento muito difícil e que o filho que a senhora tem no ventre nasça em perfeita saúde. Que Deus a acompanhe nestes dias difíceis. Amém.

James Monday
Banjul
Gâmbia

❋ ❋ ❋

À família, amigos e colegas de Daniel Pearl apresento minhas sentidas condolências.

Nunca antes senti com mais intensidade estas palavras de John Donne:

"A morte de qualquer homem me diminui, porque faço parte da humanidade; portanto, nunca procures saber por quem os sinos dobram: dobram por ti."

Devido à morte do Sr. Pearl, os sinos dobram pelo mundo. Não conheci o Sr. Pearl, mas sinto sua morte muito profundamente. No entanto, espero e creio que seu espírito de compaixão, de bondade e de criatividade será instilado em alguns e reforçado em outros, como resultado dos terríveis atos cometidos contra ele. Por favor, saibam que não estão sós em sua dor.

Sinceramente,
Kim Mitchell

❋ ❋ ❋

Minhas mais profundas condolências pela morte de Daniel Pearl. Ele foi tudo o que me inspira como estudante de ciência política. Espero que nossa condição comum de sermos parte da humanidade faça com que nos unamos algum dia e detenhamos a violência em nossos dois países.

Firas Maksad
Beirute, Líbano

❋ ❋ ❋

Cara Mariane,

Sou jornalista espanhola e meu namorado é correspondente de guerra no Afeganistão. A morte de um jornalista é sempre trágica. As circunstâncias em que seu marido foi assassinado no Paquistão, enquanto executava uma tarefa difícil e corajosa, torna este crime especialmente intolerável e teve grande impacto em todos os jornalistas aqui na Espanha. Gostaria de enviar-lhe meus pêsames e um apertado abraço.

Melhores votos,
Cecilia Ballesteros

❋ ❋ ❋

Cara Sra. Pearl,

Todos nós aqui no *New York Times* ficamos profundamente entristecidos pela trágica notícia a respeito de seu marido. Nunca nos encontramos pessoalmente, mas eu não poderia deixar passar o sentimento de horror sem escrever-lhe para dizer à senhora e à família Pearl o quanto sofremos por Danny e por sua perda.

Todos de sua família estão em nossos corações e em nossas preces.

Calorosamente,
Arthur O. Sulzberger, Jr.
Nova York, N.Y.

❋ ❋ ❋

Senhor,

Em meu próprio nome e no de meus companheiros de trabalho expressamos sentido choque e dor pela morte prematura e trágica do Sr. Daniel Pearl, e nossas condolências ao *Wall Street Journal* e à família enlutada da alma que nos deixou.

Com os respeitos,
Ramezanali Youssefi,
diretor regional
Agência de Notícias República Islâmica

❋ ❋ ❋

Caro Adam,

Acabo de ver a foto de sua bela mãe, sorrindo enquanto você dorme em segurança em seus braços. Essa foto da mãe e do recém-nascido correu como relâmpago por todo o mundo, e provocou lágrimas em muitos olhos, inclusive nos meus. Esperávamos seu nascimento como se fôssemos parte de sua família.

Sou repórte em um jornal de Washington. Tenho pena de jamais haver conhecido seu pai, mas o mundo o conhece como homem corajoso e heróico. Era um jornalista de qualidade na melhor tradição, um idealista que fez brilhar a luz da verdade em lugares escuros. Queria mudar o mundo, e realmente mudou. Deixou-nos você, o filho que levará seu nome.

Por ser jornalista, seu pai não está em pessoa com você e sua mãe, mas isso não é o fator que o define como é, ou era, como pai. Creio que seu pai está agora com você em espírito e de muitas formas que você compreenderá quando crescer.

Lembre-se, sempre, da legião de jornalistas, seus "tios e tias", que estarão sempre à sua disposição durante toda a sua vida, se precisar de nós, para conselhos e apoio.

E quando pensar na maldade que causou a morte de seu pai, pense também nas cartas e nos bons votos de todo o mundo, que comemoraram seu nascimento. São o sinal da vontade de fazer o que é correto e honrar o que é bom. Quase todos temos essa vontade dentro de nós.

Adam Pearl, você será como uma criança em um conto de fadas, com uma palavra mágica — o nome de seu pai — que abrirá portas e suscitará boa vontade durante toda a sua vida.

Sinceramente,
Marsha Mercer
Media General
Washington, D.C.

❋ ❋ ❋

Caro Adam,

Bem-vindo a este mundo! Fico realmente feliz porque você tem boa saúde. Sua mãe também está muito feliz. Ela o ama muito.

Tenho pena por você não ter conhecido seu pai. Todos os que o conheceram dizem que era um grande homem. Ele o ama em espírito.

Minha esperança é que o mundo ao qual você chegou esteja em paz. Vou trabalhar muito para realizar essa visão.

Meus melhores votos, Adam. Que Deus o abençoe.

Sinceramente,
George Bush
Casa Branca

P.S. Um beijo para sua mãe.

❁ ❁ ❁

Cara Mariane,

Por favor, saiba que todos nós aqui em Littleton, Colorado, e em toda a região, nos sentimos inspirados por seu exemplo, mesmo em meio à sua imensa dor. Hoje, em meu *daimoku,** fiz sentidas preces por Danny, e senti brotar a gratidão em meu coração por sua coragem, pela importância de sua missão e por ter o privilégio de compartilhar com ele este planeta. Não, não o conheci pessoalmente, mas senti, e ainda sinto, um vínculo com sua vida, como tantas outras pessoas. Acredito verdadeiramente que o que você disse é verdade: que existe uma necessidade urgente de que todos nós, como indivíduos e como nações, examinemos nossa própria responsabilidade por ter criado e sustentado um mundo que gira em volta do temor, da injustiça e da discórdia. É hora de nos unirmos todos em paz, como irmãos e irmãs, transcendendo os limites artificiais das nações. Obrigado, Danny, por nos impelir nessa direção!...

Mariane, por favor saiba que sua dor é em parte a nossa própria dor; nosso desejo é compartilhá-la com você, e ao compartilhá-la, um pouco de sua tristeza diminuirá. Sem dúvida você e Danny estão unidos em espírito e sem dúvida serão reunidos para trabalhar juntos para o *kosen rufu*** em várias vidas futuras.

Seu filho ficará muito orgulhoso quando crescer, tanto de você quanto do pai! Com tanto *daimoku* vindo de sua voz e coração, com tantas preces de todo o mundo para trazer-lhe apoio, como seria possível a seu filho deixar de absorvê-las em sua vida?

As palavras parecem inadequadas para transmitir o que sinto enquanto você se conduz com nobreza como *Bodhisattva**** da Terra. Muito obrigada! Todos continuaremos a fazer

* Em japonês, o cântico budista relativo ao título do "Sutra do Lótus". (N. do T.)

**Em japonês, a "sociedade dos iluminados", que lograrão a paz universal através da difusão do budismo. (N. do T.)

*** Sábio, esclarecido, seguidor de Buda. (N. do T.)

nossas preces por você e por Danny e pela causa da verdade e justiça pela qual Danny viveu tão brilhantemente.

Com muito amor e respeito,
Pam Nelson
Littleton, CO

❋ ❋ ❋

Querida Mariane,

Sou uma mulher de 47 anos, psicóloga, casada e mãe de dois filhos, que se sentiu compelida a escrever a você após saber esta manhã a notícia da morte de seu marido. Chorei e rezei muito por você. Rezei para que Deus lhe dê forças para suportar essa perda, para que Deus lhe dê conforto em sua tristeza, e rezei pela felicidade de seu filho que ainda não nasceu.

Meus pais são sobreviventes do Holocausto, e saber que seu marido foi escolhido e acabou sendo morto por ser judeu me partiu o coração. É muito incompreensível.

Nunca mandei um cartão a uma pessoa que não tenha conhecido antes, mas precisava dizer-lhe que estou pensando em você com sentida compaixão e continuarei a rezar por você.

Sheri Noga
Royal Park, MI

❋ ❋ ❋

Querida Mariane,

Você e seu marido tiveram um profundo impacto em toda a nossa família. Nosso filho, David, é fotógrafo e trabalha pelo mundo afora. Pensar em seu Daniel me faz pensar muito em nosso David. Seu comportamento impecável e sua pura inteligência durante essa época de escuridão têm sido uma luz brilhante de esperança para muitos, em todo o mundo. Como mãe, escrevi centenas de "cartas" mentais a você. Por favor, aceite nossos sentimentos mais profundos por sua perda e nossa gratidão mais alegre pela dádiva que você nos trouxe.

Com respeito,
Suzanne McLain
Fredonia, N.Y.

❁ ❁ ❁

Sempre serei grata a Suzanne McLain, porque a carta dela trazia as palavras de um poema de Diane Ackerman chamado "Prece Escolar", palavras que eu procurei, e continuo procurando, incorporar à minha vida:

"Juro não desonrar
minha alma com o ódio,
e sim oferecer-me humildemente
como guardiã da natureza,
como alguém que cura o sofrimento,
como mensageira de maravilhas,
e arquiteta da paz."

IMPRESSÃO E ACABAMENTO:
YANGRAF Fone/Fax:
6198.1788